PUNIR ET DÉTRUIRE EN VENDÉE

DU MÊME AUTEUR

Les notables des Mauges. Communautés rurales et Révolution (1750-1830), Rennes, Presses universitaires de Rennes, 2004.

Cathelineau, généralissime de l'armée vendéenne (1759-1793), en 30 questions, La Crèche, Geste éditions, 2001.

Les colonnes infernales. Violences et guerre civile en Vendée militaire (1794-1795), Paris, Fayard, 2015.

Guerre et paix en Vendée (1794-1796), Paris, Fayard, 2019.

Après la guerre. Bonchamps par David d'Angers, avec Véronique Boidard, Emmanuel Fureix, Marc-Édouard Gautier, Patrick Le Nouëne et Éric Morin, La Crèche, Geste éditions, 2019.

*Des guerres civiles du XVI*e *à nos jours. Usages et enjeux des mémoires*, avec Bernard Michon (dir.), Rennes, Presses Universitaires de Rennes, 2022.

Anne Rolland-Boulestreau

PUNIR ET DÉTRUIRE EN VENDÉE

La justice d'exception en guerre civile (1793-1794)

Fayard

Couverture : Verrière dite de « Noël Pinot », G. Léglise, 1919,
Le Loroux-Béconnais.

Création graphique : Antoine du Payrat

ISBN : 978-2-213-72536-9

Dépôt légal : octobre 2023

Abréviations

ABPO : Annales de Bretagne et des Pays de l'Ouest
AHRF : Annales historiques de la Révolution française
RHMC : *Revue d'histoire moderne et contemporaine*
PUR : Presses universitaires de Rennes
PUF : Presses universitaires de France
CVRH : Centre vendéen de recherches historiques
SHD : Service historique de la Défense (Vincennes)
ADML : Archives départementales de Maine-et-Loire
AN : Archives nationales
BnF : Bibliothèque nationale de France
AP : Archives parlementaires

Avertissement

Après *Les colonnes infernales* en 2015 et *Guerre et paix* en 2019, *Punir et détruire* clôt un triptyque revendiquant une approche renouvelée de la guerre de Vendée. Elle se fonde sur une double démarche éprouvée de la microhistoire et de l'anthropologie historique, c'est-à-dire une histoire au ras du sol. Cette histoire des hommes se place à l'échelle des communautés et se construit au travers du prisme des trajectoires de destinées humaines multiples, complices ou concurrentes. Le premier livre suivait, jour après jour, les colonnes infernales qui ont dévasté la Vendée militaire, principalement entre janvier et mai 1794. Le second portait sur la sortie de guerre civile entre 1794 et 1796 et montrait combien la pacification avait été un processus difficile. Ces deux premiers ouvrages traitaient essentiellement des aspects militaires et politiques de la guerre de Vendée, replacés au paroxysme des violences, puis à leur point de déflation. Ils ont dévoilé les pratiques répressives d'une République contestée par les armes sur une partie de son territoire. Restait à connaître le système juridique révolutionnaire à l'œuvre dans la guerre civile, c'est-à-dire comprendre l'application d'une « justice d'exception » dans une région soulevée contre la République et accusée du crime de « lèse-nation ». C'est l'objet de ce troisième opus.

Ces trois volumes ont donc vocation à faire unité. Ils s'inscrivent dans une perspective singulière, celle des républicains en butte à une insurrection provinciale. Ces derniers écrivent beaucoup, souvent à « chaud », au jour le jour, s'inspirant du contexte dans lequel ils situent leurs actes. Au total, les Archives départementales de Maine-et-Loire, les Archives nationales, le Service historique de la Défense et les ouvrages de Savary ont été convoqués pour cette entreprise, soit plus de 6 800 sources (discours, correspondances, rapports, lettres, décisions, registres des lois, mémoires...). La justice en guerre civile en compte plus de 2 000 à elle seule[1]. Les échelons sont variés, du hameau à la commune, du district au département, qui échangent régulièrement entre eux et avec le Comité de salut public et la Convention nationale siégeant à Paris. Les émetteurs le sont tout autant. Civils et militaires, il peut s'agir de geôliers, de bourreaux, de membres des sociétés populaires, d'administrateurs des districts ou départementaux, de représentants du peuple aux suspects emprisonnés et à leurs familles. Les lettres, les interrogatoires, les jugements, les affiches, les rapports... abordent de multiples thèmes, réclamations, dénonciations, nominations, créations de nouvelles charges ou nouvelles instances judiciaires, déclamations patriotiques et condamnations.

Traiter de la justice révolutionnaire dans la guerre civile en Anjou, c'est donc couvrir un dernier champ de recherches afin de parachever notre connaissance historique d'une guerre fratricide dont les stigmates sont encore visibles aujourd'hui, sans doute parce que *Punir et détruire* participaient de la volonté de la République de combattre totalement la Vendée.

Introduction

Le 18 avril 1794, au Grand Séminaire, devenu l'une des quatorze prisons d'Angers, 55 femmes, toutes religieuses, comparaissent devant quatre commissaires républicains. Ils sont mandatés par la commission militaire Parein-Félix, constituée en juillet 1793 pour assurer le recensement de la population carcérale.

Pendant quelques heures, en milieu de journée, Gouppil, Obrumier, Lepetit et Leduc interrogent les suspectes. L'une d'entre elles se distingue d'emblée par sa répartie. Il s'agit de la sœur Joulain du couvent de la Visitation d'Angers qui fait, selon les interrogateurs, « grande impression » (comprendre « mauvaise »). Elle appartient à un ordre dévoué aux plus pauvres et aux malades, une congrégation bien implantée, depuis le XVIIe siècle, dans l'ancien royaume de France et très influente dans l'Ouest. Ce couvent angevin se situe dans le quartier Saint-Laud, l'un des faubourgs ouest de la ville. Depuis 1792, il est destiné à disparaître et ses biens, à être confisqués. Les moniales ont refusé la Constitution civile du clergé, aussi cette communauté se trouve-t-elle très tôt dans le collimateur des révolutionnaires. Les plus jeunes visitandines sont condamnées à la déportation. Les plus vieilles n'y sont pas soumises. C'est pourquoi la sœur Joulain, âgée de soixante-dix ans, âge vénérable pour l'époque[1], subit en ce 18 avril 1794 l'interrogatoire inquisiteur des recenseurs républicains.

Plusieurs arrêtés répressifs se sont succédé en 1793, de la mise hors la loi en mars à la loi des suspects en septembre. Tous désignent les religieux réfractaires aux serments comme contre-révolutionnaires. Pour cette raison, la sœur Joulain n'a pu échapper à la prison. Aucun registre d'écrou ne précise depuis combien de temps elle est internée. Fait aggravant, sa congrégation est d'autant plus suspecte qu'elle entretient, depuis sa création, une dévotion particulière au Sacré-Cœur de Jésus, emblème porté par les combattants vendéens de 1793 ; refus de serment et association avec les « brigands de la Vendée », il n'en faut pas plus, aux yeux des commissaires républicains, pour incriminer la religieuse Joulain incarnant pleinement l'esprit contre-révolutionnaire.

Pourtant, Gouppil, Obrumier, Lepetit et Leduc ne sont officiellement missionnés que pour faire un état des lieux des prisons et dénombrer les détenus angevins. Ils dépendent directement de la commission militaire, la plus haute cour de justice. Cette instance est la seule habilitée à juger les contre-révolutionnaires. Or, depuis trois mois déjà, les colonnes infernales de Turreau sillonnent le territoire insurgé, le soumettant à un régime de fer et de feu. Elles raflent, en grand nombre, des habitants des Mauges suspects d'actes antirévolutionnaires et les transfèrent jusqu'à Angers. Pour l'aider dans cette tâche punitive massive, la commission militaire recourt à des révolutionnaires qui établissent des pré-rapports sur les prisonniers. En aucun cas, la commission militaire ne délègue ses pouvoirs de justice. Cependant, prise de court, elle sursoit à la règle établie par la fameuse loi du 19 mars 1793, car, dans les faits, le recensement des prisons prend une tout autre tournure. Ainsi, les infractions à la loi révolutionnaire se multiplient.

Si Gouppil, Obrumier et, plus récemment nommé, Lepetit font bien partie de ladite commission, leur donnant pouvoir d'enquêter, en aucun cas ils ne sont habilités à rendre un quelconque verdict. Quant au quatrième protagoniste, Leduc, titulaire du comité révolutionnaire d'Angers, il n'est même pas membre de la commission militaire. À ce titre, il n'a donc aucune légitimité à participer au « tribunal » qui scelle le sort de la sœur Joulain. Qui plus est, avec trois juges, au lieu des cinq officiellement requis par la loi, le compte n'y est pas pour rendre de façon intègre la justice au nom de la République. Enfin, nos quatre protagonistes n'exercent pas leur tâche dans le cadre prescrit d'une cour de justice officielle. Dit autrement, loin d'être mandatés en tant que juges par la commission militaire, les quatre recenseurs s'improvisent juges en contravention avec la Loi. C'est donc dans un flou procédural, où sont piétinées aussi bien la légalité que la légitimité, que nos quatre commissaires ont fait comparaître la religieuse Joulain avec l'intention non avouée de frapper fort, d'en faire un exemple.

Dans un premier temps, ils décident que la « scélérate soit interrogées publiquement rapport à son fanatisme et au propos qu'elle à [*sic*] tenu[2] ». Des affiches sont même prévues pour rendre publics ses propos comme preuves éclatantes du crime contre la République. Pourtant, ils se ravisent. Les recenseurs craignent-ils que la visitandine retourne la situation à son avantage ? Plutôt qu'une confrontation publique, sitôt l'interrogatoire achevé, ils la condamnent à mort par la guillotine, alors même qu'ils n'en ont pas le pouvoir. Les 54 autres nonnes sont laissées en prison. La visitandine a été en fait l'avant-dernière religieuse à monter sur l'échafaud place du Ralliement avant Espérance Lavigne, fontevriste établie à La Fougereuse, guillotinée le 26 avril 1794 après avoir été accusée « d'avoir eu des intelligences avec l'ennemi ». Les « juges-recenseurs » ne le savaient pas encore, mais ils procédaient là aux toutes dernières auditions. À compter de cette date du 26 avril 1794, les magistrats de la commission militaire prononcent systématiquement la « déportation perpétuelle[3] » des religieuses réfractaires encore sous les écrous. Début mai 1794, le rappel à la Convention nationale du représentant du peuple Francastel en poste à Angers depuis octobre 1793 – de qui dépend le pouvoir de la commission militaire de la ville – et l'éviction du général en chef Turreau du commandement de l'armée de l'Ouest sont le double signal de l'inflexion de la Terreur en Anjou, une terreur révolutionnaire qui s'est déployée durant quinze mois.

Pourquoi mettre en lumière le sort funeste de la visitandine Joulain ? Parce que son « procès » expéditif dessine tous les contours d'une justice d'exception mobilisée sur le front de la guerre civile. Cette religieuse incarne l'ennemi, et son esprit antirévolutionnaire est perçu comme un danger de mort pour la République. Son exemple trace une frontière étanche entre les conceptions républicaines et contre-révolutionnaires. La sœur Joulain est la figure idéale et la preuve vivante d'un fanatisme archaïque qui gangrène l'Ouest insurgé, risquant, aux yeux des républicains, de corrompre la nation tout entière.

Le cas Joulain éclaire la dénaturation de la justice à des fins de destruction. La commission militaire ne repose pas seulement sur cinq juges, comme le prévoit la loi, mais, dans l'urgence du moment, elle s'affranchit des règles instituées et s'arrange avec la règle de droit comme elle manipule au gré des circonstances l'organigramme juridique. Dès lors, la justice d'exception révèle les carences légales des procédures judiciaires sous la Révolution.

De plus, la rencontre entre la sœur Joulain et la justice d'exception permet à l'historien de saisir au plus près les enjeux politiques, idéologiques et culturels de la confrontation entre l'accusée et ses juges. Dans son étude sur la bataille de la Montagne blanche, Olivier Chaline s'est interrogé sur la capacité de l'historien à embrasser l'expérience de la guerre : « Le danger a disparu, ne laissant le narrateur courir d'autres risques que ceux de l'erreur, de l'anachronisme et de la partialité [...]. La souffrance, le carnage et la mort n'ont guère leur place dans une histoire-bataille qui exorcise l'intolérable [...] une guerre en première personne dans laquelle je tue, je suis tué, je risque de rester un mort inconnu ou sans sépulture[4]. » Pour transposer sa réflexion à notre objet, nous affirmons que le chercheur doit rester humble face aux rapports humains à l'œuvre lors des procédures judiciaires. Dès lors, par-delà le filtre de la source écrite exhumée des archives, il doit tâcher de décrypter les passions et les sentiments, et comprendre les postures juridiques et politiques propres à un temps d'exception. Ces précautions d'usage, heuristiques et épistémologiques, sont autant d'atouts pour le chercheur, conscient de sa démarche, soucieux de valider sa méthodologie au fur et à mesure de l'enquête, qui veut saisir et interroger le passé, en se situant à l'échelle des hommes jetés dans la tourmente révolutionnaire et contre-révolutionnaire. Dans son dictionnaire des sciences historiques, André Burguière rappelle d'ailleurs que « ce qui donne du prix au travail de l'historien, ce n'est pas la qualité des sources qu'il a pu découvrir, mais la qualité des questions qu'il leur pose[5] ».

Il y a bien là un sujet d'histoire soulevé par l'exécution de la sœur Joulain, celui d'appréhender la mise en œuvre de la justice d'exception en Anjou dans un contexte spécifique, d'en dégager les motivations et d'en circonscrire les limites. Ce cas montre que l'illégalité judiciaire peut croiser le chemin de la légitimité politique et juridique au point de générer une dangereuse confusion de forme, de sens et d'objectif. Il est révélateur du problème posé par l'exercice de la justice républicaine au temps d'une crise paroxystique telle que la guerre civile, mais sans doute aussi révélateur des représentations de soi et sur soi, de l'autre et sur l'autre. En somme, le cas de la condamnation arbitraire de la sœur Joulain est l'occasion de requestionner le paradigme de la justice d'exception sous la Révolution française à l'époque de la Terreur entre 1793 et 1794[6].

Cette justice révolutionnaire a eu ses agents plus ou moins zélés. La terreur provinciale repose sur des hommes. Certes, ils sont moins connus que les chefs politiques parisiens – à quelques exceptions près –, mais ils sont autant engagés, si ce n'est davantage encore, notamment en Anjou, où ils ont conscience de se trouver sur une ligne de front qu'ils doivent défendre coûte que coûte, au risque d'une déréliction nationale. La justice angevine a ceci de particulier que le « jeu des acteurs et des pratiques ne répondent pas toujours aux intentions des autorités politiques[7] ». L'étude des organigrammes politico-judiciaires constitués sur ce territoire permet de définir les institutions, de comprendre la hiérarchie des pouvoirs et de connaître leur mise en réseau. En ces temps extraordinaires, des missions exceptionnelles sont confiées à des individus, civils et militaires, placés dans des groupes au sein desquels ils agissent, évoluent et s'adaptent au gré de la conjoncture politique et militaire, et de leur personnalité[8]. L'action n'est pas seule en cause, car il y a aussi le facteur mental propre à chacun, l'effet du groupe qui influe différemment sur les tempéraments, mais encore la part de l'expérience individuelle qui est parfois insaisissable.

Entre psyché et histoire, Hervé Mazurel souligne à quel point « la personnalité de l'individu ne se forme jamais que *par* des groupes et *dans* des groupes [...]. Et que c'est la tâche du savant que d'analyser les régularités et les structures de ces relations en même temps que d'en repérer l'histoire et les dynamiques propres. Sans jamais oublier ce faisant que, si l'acteur évolue toujours dans un système plus ou moins strict de contraintes et d'autocontraintes, son "*agency*", ou sa marge d'action, n'en demeure pas moins réelle[9] ». Le contexte joue naturellement sa partition.

L'*agency*, ou l'agentivité, permet de délimiter le champ politique et judiciaire dans lequel évoluent nos acteurs. C'est ainsi qu'une « conception de la politique résulte de la conversion des passions individuelles – telles que l'émotion, la violence, la haine ou l'amour – en des actes sociaux et collectifs, ce qui aboutit à mettre en évidence de nouvelles structurations des rapports communautaires[10] ». Les agents républicains se considèrent comme investis d'une responsabilité essentielle, pour ne pas dire existentielle, celle de sauvegarder la République contre les complots intérieurs. Comme l'écrit Haïm Burstin, sous certaines conditions de crises extrêmes, « la politique atteint la vie ordinaire et pousse des gens du commun à se lancer dans un domaine inconnu ». Il évoque même l'événement « traumatique » face auquel, dès qu'il « atteint un corps social et parvient à mobiliser l'attention collective, les individus deviennent non seulement témoins et spectateurs, mais ont aussi tendance à intervenir en tant que participants, à devenir en somme de véritables protagonistes de l'Histoire »[11].

Protagonisme et agentivité sont donc deux concepts décrivant des réalités différentes, mais complémentaires. Le premier s'attache essentiellement à désigner l'engagement et le dépassement de soi au service d'une grande cause, depuis une position établie et selon son propre point de vue ou sa propre vision du monde ; le second correspond à la conscience particulière, intériorisée, de l'agent dans son champ d'action et dans celui de son groupe[12].

Les deux états se nourrissent des sentiments des acteurs, ici révolutionnaires, de leur haine, de leur détestation, de leur jalousie, voire de leurs rancœurs, mais aussi de leurs amitiés, de leurs complicités et de leurs solidarités politiques. En 1956 déjà, Lucien Febvre, dans *Combats pour l'histoire*, soulignait combien les historiens se devaient de reconstituer « la vie affective » des acteurs d'une époque donnée et ne pas « déserter » devant la difficulté de l'entreprise. Durant plusieurs décennies, son appel a été timidement suivi d'effets. Dans les années 1990, Georges Vigarello et Alain Corbin se sont faits pionniers d'un nouveau champ de recherches, l'histoire du sensible et des mentalités, et leur approche a fini par s'imposer dans l'historiographie française et européenne. Il suffit de consulter la récente revue *Sensibilités. Histoire, critiques et sciences sociales* dirigée par Hervé Mazurel, Quentin Deluermoz, Clémentine Vidal-Naquet et Thomas Dodman pour s'en convaincre. Désormais, les émotions entrent pleinement dans le champ de recherche des historiens, à tel point qu'une certaine historiographie, sensible aux « tournants », a même forgé le terme d'« *emotional turn*[13] ».

« Comment est-il possible de prétendre sonder les abysses d'une passion, qui semblerait au premier abord relever d'une dialectique sans fin ni finalité[14]... ? » s'interroge Yann Rodier. Pour autant, Jean-Clément Martin rappelle que les « affects[15] » des acteurs de la Terreur rendent « compréhensible » la violence de masse par le ressort de la pulsion collective. Antoine de Baecque les inscrit même dans la loi révolutionnaire qui, selon lui, est « une manière de répondre et de canaliser la revendication de Terreur formulée par les délégations populaires à l'été et l'automne 1793 : la Convention semble traduire en lois les émotions du peuple [...]. Mais la Terreur n'est pas qu'un rêve de gouvernement des émotions de l'homme nouveau, elle est elle-même une politique gouvernée par les émotions, parfois submergée par elles[16] ».

Faire l'étude de la justice révolutionnaire dans l'Anjou insurgé des années 1793-1794, c'est d'ailleurs se situer dans un contexte d'exceptionnelle gravité. La Terreur est un moment particulier de la Révolution, car, sans être toute la Révolution, elle l'a frappée de son sceau. En premier lieu, l'historien Hervé Leuwers avertit pertinemment que « la "terreur" des contemporains de la Révolution n'est pas la "Terreur" des historiens[17] ». En Anjou, ses effets sont visibles dès mars 1793, au moment où éclate la guerre de Vendée, précisément les 3 et 12 mars 1793, alors que de sérieux troubles éclatent à Cholet et Saint-Florent-le-Vieil. Ces journées sont des dates traditionnellement retenues pour marquer le début de la Contre-Révolution qui se propage sur environ 15 000 km^2 entre le sud de la Loire-Atlantique, du Maine-et-Loire et le nord des Deux-Sèvres et de la Vendée[18]. Les révolutionnaires, comme sidérés, ont d'abord du mal à prendre la mesure de l'opposition émergente. Mais, dès la troisième semaine de mars 1793, ils y répondent avec détermination. Ils profitent de la mise hors la loi du 19 mars 1793, qui cible les ennemis de la République accusés de crime de « lèse-nation », pour appliquer progressivement leur terreur en Anjou par des mesures législatives, administratives, judiciaires et militaires spécifiques sans qu'on y décèle toutefois une quelconque intentionnalité globale ni définitive.

La fin de la Terreur, en Anjou comme ailleurs en province, est plus difficile à repérer. Assez paradoxalement, elle diminue d'intensité dans le département de Maine-et-Loire, alors même que, dans le reste de la France, l'adoption des lois de Prairial, au printemps 1794, qui aggravent les procédures judiciaires, conduit à ce qui a été qualifié dans l'histoire de la Révolution de « grande Terreur ». « Les têtes tombaient comme des ardoises[19] », remarquait alors l'accusateur public Fouquier-Tinville. Les chiffres tirés des recherches de Patrice Gueniffey indiquent la suractivité du tribunal révolutionnaire de Paris, quand en un mois et demi, du 10 juin au 31 juillet 1794, il passe de 100 condamnations à mort par mois à 200 par semaine, soit huit fois plus de victimes[20].

À l'inverse, dans les départements insurgés de l'ouest de la France, les condamnations à mort se font plus rares depuis le printemps 1794. On y assiste à une déflation subite de la violence politique et judiciaire. En mai 1794, des justiciables accusés de crimes contre-révolutionnaires échappent à la peine capitale, là où, quelques semaines auparavant, ils auraient été fusillés ou guillotinés sans hésitation. C'est qu'en Anjou les républicains ont entamé les négociations avec des Vendéens. Si les premières propositions de conciliation ne sont pas acceptables en l'état, la République est consciente qu'elle a gagné la guerre et qu'il lui faut désormais s'engager dans la voie de la pacification[21]. L'armée républicaine change alors de général en chef. Dénoncés à la Convention nationale, Turreau et sa stratégie des colonnes sont écartés[22]. Les soldats sont désormais moins engagés dans le pays rebelle. La plupart du temps, ils restent casernés à la périphérie de la Vendée militaire, nonobstant des sorties ponctuelles, encore meurtrières contre les populations civiles, jusqu'à l'été. Le dernier grand massacre, commis par le général Huché, date de juillet 1794.

Antoine de Baecque constate que les lois terroristes « effrayent, galvanisent, s'appropriant une fonction affective[23] ». La Terreur est, en effet, un système de pouvoir qui menace et punit les individus non pas pour ce qu'ils ont fait, mais pour ce qu'ils sont[24]. La loi répressive s'alimentait alors d'elle-même. Celle pesant sur les suspects relevait à la fois d'une représentation et d'un fantasme de l'ennemi. Pour combattre l'arbitraire de la justice, les révolutionnaires ont dû surmonter un paradoxe politique. D'un côté, ils célébraient le « culte de la loi[25] », une forme de « systématisation juridique » qui reste cependant inaboutie[26], avec environ 500 arrêtés et décrets pris entre le 11 août 1792 et le 10 juin 1794[27]. De l'autre, le contexte de la Terreur est subi comme « un ressenti, un vécu, une subjectivité individuelle, et qui, additionnée à toutes les périodes de terreur personnelle, a fini par donner l'impression d'une politique concertée et réifiée de la façon la plus efficace qui soit de la part des députés de la Convention, à l'origine soucieux de retourner les angoisses qu'ils ressentaient contre leurs ennemis avec lesquels ils étaient engagés dans un combat à mort[28] ». Dit autrement, la Terreur n'est pas « un système politique, pensé et organisé[29] », mais plutôt un « effroi » ressenti par les révolutionnaires eux-mêmes qu'ils surmontent en le projetant à leur tour vers les opposants. Ils passent ainsi d'« une peur obsidionale métamorphosée en une représentation retournée contre l'ennemi[30] ».

Dans sa magistrale étude sur le déshonneur en République, Anne Simonin montre enfin que la Terreur est un état d'exception, une « mise entre parenthèses de la légalité théorisée par les juristes romains et médiévaux et la pensée politique du XVIe siècle ». Ce n'est pas la première fois qu'un État d'exception se met en place en France et en Europe[31], mais, sous la Révolution française, il poursuit un autre objectif : « créer un ordre public nouveau »[32]. Robespierre ne liait-il pas Terreur avec « justice sévère, inflexible[33] » ? Michel Biard et Marisa Linton rappellent d'ailleurs à quel point, dans les premiers temps de la Révolution, l'adjectif « extraordinaire » revient le plus souvent dans les débats sous son acception politique la plus banale, pour désigner ce « qui n'est pas la pratique ordinaire »[34].

L'extraordinaire passe immanquablement par la violence qui, selon Marat, « doit établir la vérité[35] ». S'il est certain que, dans « l'historiographie récente, la violence extrême fascine nombre d'historiens par ce qu'elle pourrait révéler de l'inconscient de notre modernité[36] », le couple Terreur/violence réintroduit spectaculairement la peine de mort dans l'espace public angevin, ce qui en dit long sur le sens de la guerre civile conduite dans l'ouest de la France.

Dans son ouvrage sur la civilisation des mœurs, Norbert Elias avait montré à quel point la société européenne s'était policée à partir du XVIe siècle[37]. Même si le processus était loin d'être linéaire et systématique, la sociabilité, des notables aux couches populaires, se plaçait dans une humanité revendiquée. La justice du XVIIIe siècle était au diapason. Les débats sur les sentences et l'efficacité de la torture le révèlent clairement. En France, les peines capitales étaient de moins en moins prononcées à Paris comme en province[38]. Par exemple, 72 arrêts de la chambre de la Tournelle du parlement de Paris sont rendus de 1715 à 1785[39], soit *grosso modo* une exécution par an. Entre 1764 et 1789, les jugements de la commission de Saumur, chargée des crimes liés aux faux-saunage dans tout l'Ouest, conduisent à mort 50 individus, sans que l'on sache si la peine fut réellement effective[40]. Plus globalement, de 1700 à 1790, Benoît Garnot parvient à un total de 134 exécutés en Anjou (dont 21 femmes)[41], soit un à deux exécutés par an.

La Révolution a donc modifié la donne, car la violence judiciaire change alors de nature, de degré et d'échelle.

Sur huit mois de fonctionnement, les commissions militaires ont envoyé un individu par jour à la guillotine[42] ! Encore, les fusillades, auxquelles on procède à l'écart des villes, ne sont pas ici prises en compte. C'est dire si la violence judiciaire, spectaculaire, sidérante et publique, s'inscrit dans le paysage des centres-villes d'Angers et de Saumur et si les habitants sont à nouveau exposés à un rapport cru et sans appel à la violence judiciaire.

La justice révolutionnaire dans ces temps troublés de la Terreur pose ainsi la question des effets de la guerre civile sur la société, les institutions et le régime. Jean-Yves Guiomar en fait une composante de la guerre totale qui « se caractériserait donc par une extension du conflit à tous les aspects de la vie des sociétés[43] », de la finance à l'industrie, du commerce à la culture, de la politique à la justice. Elle viserait « à la destruction absolue de l'ennemi, et où toute distinction entre combattants et non-combattants a été abolie[44] ». Or la guerre totale renvoie à un idéal, plus qu'à une rationalité, tout comme la justice d'exception, objet de cette troisième enquête sur la guerre civile en Vendée militaire[45].

Dans l'Anjou des années 1793-1794, la justice révolutionnaire s'insère dans un organigramme politico-judiciaire qu'elle outrepasse largement. Le contexte vendéen la contraint en effet à se transformer, voire à se transcender. Postée sur une ligne de front intérieur où pouvoir politique, administration et armée doivent marcher de concert contre les ennemis de la République, placée au contact direct des réalités de la guerre fratricide, la justice du temps ordinaire est nécessairement détrônée par une justice d'un temps extraordinaire, chargée d'être le bras punitif ferme et destructeur d'une République française qui se sait en danger de mort.

En somme, il s'agit de comprendre quels ont été les effets de la guerre civile sur l'exercice de la justice révolutionnaire, sur ses agents et sur les justiciables. Comment lois et contexte interagissent à l'échelle d'un département, celui du Maine-et-Loire, pour réprimer un soulèvement contre-révolutionnaire massif? Faire l'histoire de la justice d'exception révolutionnaire à l'œuvre dans l'Ouest intérieur insurgé entre mars 1793 et décembre 1794, c'est établir le cadre institutionnel dans lequel les agents révolutionnaires travaillent (I) ; mais aussi comprendre comment les suspects vendéens sont embarqués dans une redoutable chaîne de captivité (II) ; pour enfin mesurer combien la mécanique judiciaire, perméable à l'arbitraire, détruit le justiciable-ennemi au nom de la République (III).

Première partie

Instituer une justice d'exception contre les ennemis de la République

Le fonctionnement de la justice d'exception repose sur des lois héritées de réflexions initiées bien avant la Révolution, notamment autour de la question de l'arbitrage de l'État, et sur des innovations administratives de la fin du XVIIIe siècle. Mais, sous la République naissante, selon Michel Biard et Marisa Linton, entre mars et avril 1793, « l'exception commence à s'institutionnaliser[1] ». Dans le cadre de la Terreur, les instances traditionnelles, comme le tribunal criminel, côtoient des rouages nouvellement implantés, tels que les commissions militaires et les comités révolutionnaires. Tous doivent trouver leur place dans le contexte de crise de la guerre de Vendée. En témoigne l'initiative des agents qui, sur le terrain, façonnent leurs fonctions judiciaires au gré des circonstances. Leur personnalité joue aussi sa partition.

D'une certaine manière, ce type d'adaptation s'est déjà rencontré. L'agentivité dessine au plan de la justice révolutionnaire des relations nouvelles, marquées par des solidarités ou, au contraire, des rivalités, voire des détestations, qui interfèrent dans les organigrammes politico-judiciaires. Au XVIIe siècle déjà, Louis XIV estimait qu'il fallait « de la force assurément pour tenir toujours la balance de la justice droite entre tant de gens qui font leurs efforts pour la faire pencher de leurs côtés[2] ». Ainsi, au-delà de la production de nouveaux textes juridiques, de la mise en branle de la justice révolutionnaire en Vendée au début 1793, le jeu des acteurs a eu toute sa place dans l'exécution des lois terroristes.

Chapitre I

Lois et décrets :
un cadre inédit pour une justice révolutionnaire d'exception

La mise hors la loi de mars 1793 est le premier dispositif judiciaire d'importance visant à « criminaliser » la Vendée militaire. Cette loi permet aux juges et aux agents de la justice d'exception de « juger révolutionnairement » les ennemis de la nation. Elle justifie un cadre procédural et conceptuel pour tout le personnel judiciaire de la République en Anjou. Mais cette nouvelle boîte à outils juridique permet également une certaine latitude d'action à l'encontre des justiciables vendéens, autorisant très facilement un glissement répressif de nature politique. Dans ce temps d'exception, l'organisation des instances juridiques angevines confond naturellement l'enjeu juridique avec l'objectif politique.

La loi du 19 mars 1793 : la Vendée criminalisée

En mars 1793, la mise hors la loi est votée par la Convention nationale, pas encore alertée des bruits de révolte dans l'ouest de la France. Les circonstances placent rapidement ce texte dans le dispositif de la justice d'exception en Vendée militaire. La guerre civile donne en effet un sens opportun à l'arbitrage d'État républicain confronté à un contexte dangereux pour sa survie.

Une loi de circonstance

Le 19 mars 1793, Cambacérès, spécialiste des questions juridiques[1], propose à la Convention nationale les mesures suivantes :

> « Ceux qui sont ou seront prévenus d'avoir pris part aux révoltes ou émeutes contre-révolutionnaires qui ont éclaté ou qui éclateraient à l'époque du recrutement dans les différents départements de la République et ceux qui auraient pris ou prendraient la cocarde blanche ou tout autre signe de rébellion, sont hors de la loi[2]. »

Des commissions militaires, « sortes de tribunaux spéciaux qui marcheraient à la suite des armées », sont ainsi imaginées « pour juger immédiatement les individus qui auraient pris part aux révoltes ou émeutes contre-révolutionnaires »[3]. Les députés adoptent ces dispositions le jour même[4]. La justice d'exception est née.

Déjà, à la fin du XVIIIe siècle, des juristes – dont Beccaria est le plus connu – réfléchissent à la fonction punitive, mais aussi préventive, des peines et donc aux « notions à double tranchant de prévention et de sûreté[5] ». La journée du 10 août 1792 accélère la réflexion des juristes sensibles aux questions de sécurité de l'État. Le château des Tuileries, résidence surveillée de la famille royale, avait été pris d'assaut par des révolutionnaires persuadés que le roi jouait un double jeu et manœuvrait en sous-main pour rétablir l'entièreté de son pouvoir. Deux camps s'opposent alors, le premier, antiroyaliste, constitué des fédérés marseillais et des sectionnaires parisiens ; le second, favorable au roi, composé d'un mélange hétéroclite de gardes suisses, gardes nationaux restés à leurs postes et « aristocrates » partisans de l'action militaire[6].

À l'issue de cette journée du 10 août, le roi et sa famille se réfugient à l'assemblée et y demeurent reclus dans la loge du logographe pendant trois jours avant d'être conduits au Temple. Les défenseurs des Tuileries paient un lourd tribut, déplorant autour de 600 morts dans leurs rangs. Les survivants sont emprisonnés. Une semaine plus tard, un tribunal exceptionnel est créé pour juger leur attitude considérée criminelle à l'encontre de la nation et de l'État. Les débats sur le procès et la condamnation du roi prolongent ensuite la question de l'usage de la violence et de l'exceptionnalité de la loi pour abattre les ennemis de la République[7].

Quelques mois plus tard, dans un contexte dégradé de désordre intérieur et de périls extérieurs, d'ambiance complotiste et d'obsession suspicieuse de trahison anti-républicaine, la loi du 19 mars 1793 propose une solution radicale : tout individu pris les armes à la main doit être immédiatement condamné à mort. Si cette « mise hors de la loi » est un texte de circonstance, elle n'est donc pas uniquement imputable à la rébellion vendéenne[8]. Ce serait en effet rétroactif[9]. Certes, les conventionnels reçoivent des avertissements depuis l'Ouest indiquant que la levée des 300 000 hommes se passe mal. Des rapports émanant des autorités départementales de Maine-et-Loire font même état de difficultés croissantes dès la fin février. Ils évoquent un « orage » qui se lève, des « menaces et des voyes de fait » et la nécessité de recourir « à la force armée pour faire exécuter la loi du 24 février dernier »[10].

Le jour où la Convention nationale promulgue la fameuse mise hors la loi, elle reçoit une lettre alarmante de Goupilleau et Richard, deux représentants du peuple stationnés à Ancenis en Loire-Inférieure. Premiers à rendre compte de la gravité du contexte politique dans l'ouest de la France, ils dénoncent une « véritable guerre » conduite par « une armée royale et papiste »[11]. L'assemblée vient donc à peine d'être alertée des événements de l'Ouest qu'elle vote précisément ce même 19 mars la mise hors la loi. Il n'y a donc pas lieu d'y voir une relation de cause à effet directe.

Le texte du 19 mars 1793, certes assez « hétérogène, fait d'éléments empruntés à diverses sources, au droit commun, au droit pénal militaire, à la législation d'exception[12] », n'en demeure pas moins une rupture franche avec le droit pénal en vigueur. Il écarte en effet la procédure criminelle ordinaire, fondée sur le recours aux jurés[13]. La sentence judiciaire est anticipée, car l'individu pris les armes à la main est considéré *de facto* comme un traître à la nation. Dans ce cas, nul besoin de délibérer, d'instruire et de défendre. L'idée d'un « droit pénal de l'ennemi[14] », déjà discutée avant mars 1793, est légitimée par les événements et légalisée par le vote de la Convention. Le temps judiciaire est par conséquent formidablement raccourci et la rigueur de la procédure juridique galvaudée au nom de l'urgence et de la gravité du contexte.

État arbitre ou arbitraire d'État?

L'étude magistrale du juriste Éric de Mari montre les effets de la loi de mars 1793 à l'échelle de toute la France révolutionnaire. Pour autant, les chercheurs ne sont pas d'accord sur sa portée et son sens. Pour les uns, cette loi d'exception sort du champ judiciaire et relève de l'illégalité. Ainsi, distinguant loi terroriste et loi martiale, l'historien Patrice Gueniffey estime que la « terreur est étrangère à la justice par l'arbitraire de ses arrêts et de ses formes, par son universalité et son absence de terme marqué[15] ». La loi du 19 mars serait donc « disproportionnée et mieux faite pour aviver l'incendie que pour l'éteindre[16] ». Selon lui encore, de façon générale, les lois d'exception sont opposées à la justice et contribuent à la terreur qui vise des délits « si vaguement définis qu'elle atteint les actions aussi bien que les intentions et jusqu'à la passivité même[17] ».

Pour d'autres, la mise hors la loi s'inscrit bien dans une procédure légale. C'est le cas de la politiste Vanessa Codaccioni qui considère que « toute justice politique d'exception est, par nature, destinée à déroger explicitement au droit commun en renonçant aux procédures habituelles, en violant la séparation des pouvoirs, en exagérant la dangerosité des accusés et en privant ces derniers d'une partie de leurs droits[18] ». L'historien Loris Chavanette estime, quant à lui, qu'elle n'appartient pas aux mesures terroristes, car, « en effet, les peines ne sont pas de nature à terroriser la population[19] ». Enfin, selon Jean-Clément Martin, la loi de mars 1793 ne souffre pas d'ambiguïtés, car le texte recense et clarifie les motifs d'accusation et définit clairement les crimes des ennemis de la République[20].

La notion de « l'arbitraire » des arrêts et des formes de la loi, soulignée par Patrice Gueniffey, est pourtant intéressante à plus d'un titre. Elle appartient à un trait juridique essentiel du droit français depuis l'Ancien Régime. Le pouvoir politique le reconnaît même comme l'un des principes de base de la justice pénale. Les magistrats ont le droit d'« arbitrer » les peines. Ils doivent donc choisir dans chaque affaire la sanction la plus adaptée « aux exigences du cas ». Il est cependant certain que, pendant la Révolution, les procédures se simplifient à l'extrême[21]. Autrement dit, comme le rappelle Éric de

Mari, cette mise hors la loi relèverait bien d'une « procédure légale et judiciaire », délibérément « violente » afin de suppléer légalement à « la violence populaire, incontrôlée, débridée, massacreuse »[22]. La fabrique juridique de la Révolution, même de nature exceptionnelle et soumise à une contingence politique et militaire chaotique, reste bien le fruit de la raison humaine.

Toutes ces analyses divergentes autour d'une loi essentielle montrent combien les enjeux historiographiques sont importants. Derrière la mise hors de la loi des ennemis de la Révolution se profile le sens à donner à la Terreur en France. Anne Simonin démontre qu'elle « est un état d'exception exceptionnel, une solution juridique à hauteur de révolution et de guerre[23] ». « État d'exception exceptionnel », la redondance est pertinente pour qui veut comprendre le contexte dans lequel s'inscrit entre autres la répression de la Contre-Révolution de l'Ouest. L'histoire de l'application de la loi du 19 mars 1793 pose aussi la question du rapport entre l'État et la société civile[24]. Le juriste Jean-Pierre Royer l'a montré à propos de l'arbitraire des juges d'autant plus effectif que le pouvoir politique est engagé sur une multitude de fronts, depuis la guerre extérieure jusqu'aux rivalités politiques et militaires internes. La latitude des acteurs politiques et judiciaires dans la mise en œuvre des arrêtés est d'ailleurs instructive. En effet, « dans les provinces éloignées des champs de bataille de l'Ouest, certains magistrats ont pu considérer le recours à une justice d'exception contre les insoumis armés comme une réaction tragique et exagérée[25] ». C'est le cas de certains tribunaux, notamment ceux du Centre ou dans le Finistère qui ne les appliquent pas. On mesure bien la part du contexte local pour justifier ou non le recours à la justice d'exception comme arme de défense d'une République en danger.

Si, en Vendée militaire, la mise hors de la loi marque profondément la conduite de la guerre et la répression de l'insurrection, elle n'a cependant pas fait l'objet jusqu'alors d'une étude spécifique quant à son application dans une province en guerre civile. La loi du 19 mars 1793 n'a pas été votée pour lutter précisément contre les insurrections de l'Ouest, c'est pourtant là qu'elle a trouvé son terrain d'expérimentation le plus considérable durant la Révolution française, sans doute parce que la guerre civile a mis à l'épreuve et rendu plus complexes, et par nécessité plus radicales, les procédures judiciaires d'un nouveau régime refusé, déstabilisé et tenu en échec.

La réception en Anjou de la mise hors la loi de la Vendée

Dans ses travaux portant sur la justice d'exception, Éric de Mari a signalé la rareté des sources mentionnant directement cette question, allant jusqu'à écrire qu'elle était « presque absente[26] » des archives, notamment celles du Service historique de la Défense. Ce n'est pas le cas dans les sources conservées au département de Maine-et-Loire où cette loi du 19 mars est régulièrement et très largement médiatisée.

Les *Affiches d'Angers*, journal local et diffusé dans tout le département de Maine-et-Loire, sont les premières à annoncer aux nombreux abonnés angevins, qu'ils soient ruraux ou urbains, la promulgation de cette nouvelle loi dans l'ouest de la France, et ce dès le 23 mars 1793[27].

En revanche, ni le tribunal criminel d'Angers, ni les officiers militaires, ni, plus tard, les généraux des colonnes n'y font référence. Pourtant, ils sont au premier chef concernés par les sentences à prononcer en temps de guerre civile. Les rouages administratifs inférieurs, essentiellement les comités de surveillance, ceux-là mêmes qui nourrissent la procédure judiciaire en établissant les premiers procès-verbaux contre des suspects, ne s'y réfèrent pas davantage. Pour autant, leurs interrogatoires prouvent qu'ils en ont bien compris les effets, car ils se font insistants auprès des captifs, les interrogeant sur les motifs de leur engagement dans les combats en Vendée militaire comme sur leur armement : « bâtons », « fusils », « fourches », « sabres », « pistolet et couteau à ressort »[28]. Les comités de surveillance ont vite soupesé les atouts judiciaires de la nouvelle réglementation d'exception de mars 1793, car leurs interrogatoires constituent des actes d'accusations pleins et entiers, selon l'adage bien connu « *dura lex sed lex* ».

Seule la commission militaire, nouvelle instance qui double et très vite dépasse le tribunal criminel, y fait constamment référence. L'architecture judiciaire doit nécessairement être adaptée. Pour appliquer la procédure de mise hors la loi des ennemis de la République, la hiérarchie est réformée. Dans les provinces, dès le

27 mars 1793, les tribunaux criminels sont subordonnés au tribunal révolutionnaire de Paris. Dans l'Ouest, ils s'appliquent à combattre les réticences face à la levée des 300 000 hommes ; ils jugent également les affaires liées à l'insurrection naissante[29]. Cependant, par la volonté des représentants du peuple, les commissions militaires les épaulent, jusqu'à devenir vite prépondérantes dans la répression judiciaire contre les Vendéens. La justice révolutionnaire mobilisée en temps de guerre revêt à l'évidence un nouveau caractère, une identité politique en surplomb de la fonction juridique.

C'est ainsi que, dès fin juin 1793, après avoir mesuré la dangerosité de l'insurrection pour la survie du régime révolutionnaire, les représentants du peuple Richard et Choudieu ordonnent la mise en place d'une commission militaire, « la première d'une longue série[30] », puisqu'au total il y en aura huit. Leur mission est légitimée par le projet révolutionnaire : « Songez qu'étendre, limiter, interpréter, commenter la loi, c'est exercer un acte qui n'appartient qu'à l'assemblée des représentants du peuple ; ils s'en réservent, suivant les articles des décrets, le droit exclusif, les principes. » Les juges ont donc à respecter scrupuleusement les directives du Comité de salut public qui leur enjoint, à eux, aux commissions militaires et aux tribunaux criminels, d'agir avec « célérité ete précision »[31]. « Dès qu'on est obligé de punir, il faut punir promptement », de façon exemplaire. Le comité les encourage à purger leur « âme de toute faiblesse ». Ils ne doivent cependant pas « aggraver le poids de la loi, en corrompre l'esprit, en supposer le sens, en contourner l'explication, en froisser les dispositions », expressions certes vagues, suivies par une menace à peine voilée contre les juges mal intentionnés : ce serait alors « un crime qui appelle la peine sur la tête du juge même ». La loi d'exception frappe l'institution judiciaire elle-même.

La commission militaire respecte un cadre toujours bien balisé : les affiches des condamnations à mort sont placardées à Angers ou dans les petites villes de la région[32], spécifiant les noms des condamnés et la nature de leurs « crimes », sans omettre le rappel de la loi du 19 mars 1793. Consciente d'être placée en première ligne contre les insurgés, la commission militaire montre ainsi la puissance de ses prérogatives et le fondement de sa légitimité[33]. Pour autant, dans le cadre des procès, elle ne se réfère quasiment jamais à la mise hors la loi, comme si, à partir du moment où un prisonnier était déféré devant elle, la procédure allait désormais de soi. Dans les faits, si les condamnés n'ont pas « conscience d'avoir été frappés[34] » par la loi du 19 mars 1793, nul n'est besoin de la mettre en avant : preuve est faite que la loi républicaine doit passer naturellement.

La règle est limpide : tout suspect pris « les armes à la main » souffre d'une charge suffisante pour être condamné à mort. Les articles sont connus à chaque échelon politico-judiciaire, comités révolutionnaires sur le terrain ou tribunal criminel et commissions militaires dans les places fortes. Le travail des différentes instances, depuis l'interrogatoire jusqu'au jugement, atteste de la célérité et de l'efficacité redoutable de la mise hors la loi. La loi d'exception est donc vite adoptée par des révolutionnaires conscients de devoir mener une guerre juste, armés d'une justice légitime contre les rebelles de la Vendée. Dès lors pouvait se justifier une répression abritée derrière la rigueur du droit positif révolutionnaire. De cette façon, la mise hors la loi fédérait la communauté révolutionnaire et surtout rassurait ses agents en leur promettant une victoire irréprochable contre les insurgés.

« Juger révolutionnairement » par les instances judiciaires d'exception

Le tribunal criminel, instance judiciaire établie depuis 1791, ne fait pas ses preuves face à la Vendée militaire. Dès 1793, il est concurrencé par les commissions militaires. Celles-ci s'appuient sur les comités révolutionnaires qui forment un maillage politico-judiciaire, pas forcément dense, mais redoutablement efficace, car ancré sur le territoire insurgé. Ils jouent également leur propre partition dans un organigramme mouvant. Bon gré, mal gré, toutes ces institutions doivent composer les unes avec les autres, et leurs agents sans cesse trouver un *modus vivendi* acceptable pour répondre au mieux à la situation exceptionnelle à laquelle leur département, embrasé par la guerre civile, fait face depuis mars 1793.

Le tribunal criminel, une instance révolutionnaire mise en retrait

Sous la Révolution, le Maine-et-Loire, comme tous les départements français, dispose d'un tribunal criminel pour juger les actes les plus graves commis contre l'État[35]. « Seule instance judiciaire[36] » départementale, sa tâche s'alourdit sensiblement, au moment où éclate la guerre de Vendée. Il a ordre de juger révolutionnairement, c'est-à-dire sans possibilité d'appel ni de cassation[37].

Le travail du tribunal criminel consiste à enquêter sur les suspects et à instruire sur leur cas. Si les faits sont suffisamment graves et prouvés, le dossier est transmis au jury d'accusation[38]. Composé de « douze jurés de jugement spécial[39] », ce dernier suit soigneusement une procédure judiciaire clairement définie depuis la loi de septembre-octobre 1791[40]. À chaque procès, l'accusé est introduit dans la salle du prétoire. Puis les témoins entrent tour à tour et déposent publiquement les uns après les autres. Les preuves sont ensuite produites et, enfin, le jugement est argumenté et rendu.

Mais deux événements remettent en question cette mécanique : la loi du 19 mars 1793 et le début de l'insurrection vendéenne dont les républicains ne comprennent la portée que fin mars, soit plus de quinze jours après son déclenchement. Même les personnes capturées sans armes mais soupçonnées d'avoir participé à un attroupement n'ont pas droit à un procès « normal »[41]. Comme il s'agit seulement de confirmer les faits, le tribunal criminel finit par s'effacer au profit de cours martiales.

Autrement dit, bousculé par ce contexte insurrectionnel et par cette nouvelle disposition législative, le tribunal criminel suspend ses séances. Il ne les reprend que le 29 mai suivant, soit deux mois plus tard, mais pour quatre jours seulement, avant d'être mis en sourdine jusqu'en août[42].

Après juillet 1793, il juge en effet à nouveau. Si Bernard Schnapper affirme qu'à cette date les tribunaux criminels en France prennent une place considérable dans la justice d'exception, c'est tout le contraire en Anjou, surtout à partir de l'été où les commissions militaires sont omnipotentes[43]. En théorie, tous les juges poursuivent un objectif identique, à savoir détruire la Contre-Révolution. En pratique cependant, le tribunal criminel, toujours en place, se plaint ouvertement et régulièrement de l'ingérence des commissions militaires qui le dépouillent peu à peu de son pouvoir. En décembre 1793, il dénonce, notamment au ministre de la Justice, des procédures abusives, car les commissions militaires l'ont dessaisi d'affaires relevant directement de sa compétence. Pour se faire bien comprendre de son autorité de tutelle et recouvrer ses pouvoirs, il appuie sa plainte sur un cas précis, celui de La Planche de Ruillé. En juin 1793, au moment du siège de la ville par l'Armée catholique d'Anjou, ce notable angevin accepta, à la demande des édiles municipales, la redoutable tâche d'occuper les fonctions de maire intérimaire d'Angers. À ce titre, il négocia une reddition avec les insurgés. Inquiété une première fois en août, mais finalement disculpé pour « avoir protégé » les habitants, il est pourtant emprisonné en décembre 1793. Cette fois, au moment de la débâcle vendéenne lors de la Virée de galerne, le contexte joue contre lui. Quoi qu'il en soit, c'eût été une belle occasion pour le tribunal criminel d'affirmer sa place à Angers. La Planche de Ruillé « n'a jamais porté les armes contre sa patrie ny fait partie de l'armée des brigands[44] ». Selon la mise hors la loi, son cas relèverait alors sans conteste du tribunal criminel. Or La Planche de Ruillé est déféré devant la commission militaire qui le condamne à la peine de mort. Le tribunal criminel a bel et bien été contourné.

En fait, à l'hiver 1793-1794, le tribunal est placé sous la coupe des représentants du peuple qui ont reçu le pouvoir de supprimer « sans élection toutes les autorités défaillantes ou suspectes[45] ». Les représentants du peuple peuvent dès lors s'affranchir des cours de justice traditionnelles et établies, s'ils jugent que la lutte contre les ennemis de la République n'est pas suffisamment efficace. Le représentant Francastel est justement peu convaincu par ces magistrats qu'il juge trop lents et trop procéduriers. Il les escamote en ordonnant au comité révolutionnaire d'Angers, premier rouage de la justice d'exception, de transférer la plupart des affaires aux commissions militaires. Il les accuse également d'avoir outrepassé leurs droits en s'occupant de délits militaires[46]. Selon lui, le tribunal criminel révolutionnaire ne serait plus à même de répondre ni de s'adapter à la situation exceptionnelle de guerre civile.

Par la loi du 14 frimaire an II (4 décembre 1793), le tribunal criminel est finalement évacué de l'organigramme judiciaire. Les juges, obligés de rendre un compte décadaire au ministre de la Justice, mentionnent de moins en moins d'affaires, de sept à deux, puis plus une seule à partir de germinal an II (avril 1794). À la fin du mois de décembre 1793, le conseil exécutif départemental devient son seul interlocuteur. En quelques mois, l'humiliation a donc été double pour les magistrats : le tribunal ne traite plus d'affaires importantes et ses autorités de tutelle passent de l'échelon national à celui départemental. En avril 1794, les juges tentent un dernier baroud d'honneur, en alertant le ministre sur leur inactivité[47]. Priés de ne s'adresser qu'au « commissaire des administrations civiles, police et tribunaux » du département, ils constatent ainsi la dégradation de leurs pouvoirs et leur déclassement institutionnel.

Depuis mars 1793, le tribunal fonctionne avec un président, Rabouin, un greffier, Bouchet, et un accusateur public, Gautret. Ces trois hommes forment le noyau dur de cette juridiction, aidés dans leurs tâches par trois juges de tribunaux de district choisis pour un trimestre. Durant la phase d'inactivité de la cour criminelle, entre mai et août 1793, Rabouin, accompagné de Duval, part au Mans et à Chartres où sont emprisonnés des Angevins. Rabouin joue donc son rôle de juge, bien loin cependant des limites habituelles de sa juridiction. Au printemps suivant, en avril 1794, Francastel destitue Gautret au profit de Simon[48]. C'est un coup dur pour les permanents du tribunal : ils travaillaient ensemble depuis plus d'un an, notamment à la défense d'une institution à laquelle ils étaient tous trois attachés.

Simon, le nouvel accusateur, vient du comité révolutionnaire de Saumur. Dès l'hiver 1793-1794, il a été repéré par les représentants du peuple Hentz et Francastel qui consacrent son ascension. Président du district de Saumur et, à ce titre, en relation avec le comité de Sûreté générale[49], Simon est engagé sur tous les fronts, au sens propre comme au sens figuré. Il sillonne, à cheval et avec les soldats républicains, la zone insurgée à la recherche de « brigands ». Puis il s'installe à Angers pour siéger au tribunal criminel du département.

Simon n'a pas été nommé pour redorer les fonctions de cette cour de justice d'exception déjà quasiment vidée de sa substance, mais pour la contrôler et achever de renforcer la tutelle des représentants du peuple sur elle. Il veille aussi à ce que le comité révolutionnaire d'Angers adresse bien les affaires liées à la guerre de Vendée aux seules commissions militaires. Désigné par Francastel à la tête d'une juridiction devenue secondaire, Simon surveille même depuis sa position les relations entre les différentes institutions angevines. Il n'est plus question que le tribunal criminel contacte directement les instances parisiennes, comme il le fit en décembre 1793. Ainsi couverts les arrières du représentant du peuple, ce dernier muselle les oppositions locales. Ce rôle de vigilance est une belle illustration de l'atmosphère de crise aiguë qui existe alors en Anjou, mais surtout d'une forme hypertrophiée de la justice d'exception dans la zone insurgée.

La réévaluation *a minima* de la place du tribunal criminel en Anjou montre combien la mise hors la loi repose sur des institutions qui se jaugent, se concurrencent et se neutralisent. À ce jeu-là, le tribunal criminel perd de son importance aux échelles départementale et nationale. En 1795, au moment où sont diffusés les traités de paix de La Jaunaye et de Saint-Florent-le-Vieil auprès des Vendéens, cette cour de justice tient sa revanche, car elle reçoit les dénonciations contre des généraux des colonnes, notamment Moulin, Cordelier, Turreau… Simon, tout membre du tribunal criminel qu'il est, est lui aussi incriminé[50] ! Gautret, qui avait été démis de ses fonctions par Francastel en avril 1794, est chargé d'instruire le dossier des généraux républicains, en reprenant son rôle d'accusateur public[51].

Le tribunal criminel révolutionnaire, première instance de la justice d'exception, a donc été affaibli en quelques mois par les effets cumulés de la loi de décembre 1793 et par la volonté du représentant du peuple Francastel qui lui a préféré les commissions militaires. Son éviction provisoire est l'un des symptômes d'un dysfonctionnement des instances juridiques angevines. La modification de l'organigramme politico-judiciaire s'est faite au détriment du tribunal sur volonté du pouvoir politique central. Le représentant du peuple, et par lui la Convention nationale, préfère la vélocité plutôt que l'embarras des auditions et autres procédures complémentaires. Officiellement, le représentant du peuple empile les structures judiciaires en doublant les fonctions du tribunal par celles de la commission militaire. En réalité, il le vide de sa substance, sans que le ministre de la Justice Gohier y trouve à redire, bien au contraire. Seule compte l'efficacité révolutionnaire, au travers d'une redoutable justice d'exception à l'encontre des ennemis de la République. Jusqu'à la pacification de la Vendée au printemps 1795, les prérogatives du tribunal criminel s'étiolent : cette institution ne s'occupe plus que des « bagnards[52] » qui demandent la révision de leurs jugements.

À la tête des institutions judiciaires, les commissions militaires

En mars 1793, quand il dessine les contours de la mise hors la loi, Cambacérès propose à la Convention nationale un projet de commissions militaires. Il conçoit ces instances comme des « sortes de tribunaux spéciaux qui marcheraient à la suite des armées, pour juger immédiatement les individus qui auraient pris part aux révoltes ou émeutes contre-révolutionnaires[53] ». Les insurgés sont déclarés *de facto* « hors de la loi » et ne peuvent pas, selon le juriste Jean-Louis Halpérin, « bénéficier des dispositions de la procédure criminelle avec la garantie d'un jury et doivent seulement être reconnus (identifiés) par une commission militaire ou un tribunal criminel siégeant révolutionnairement, sans jury, avant leur exécution[54] ». *In fine*, les commissions sont créées « à partir d'un ensemble de textes assez hétérogène, fait d'éléments empruntés à diverses sources, au droit commun, au droit pénal militaire, à la législation d'exception[55] ». Elles suppléent le tribunal révolutionnaire parisien et celui du département de Maine-et-Loire.

En décembre 1793, submergé par les Vendéens qui refluent de la tragique Virée de galerne, le représentant du peuple basé au Mans, Garnier de Saintes, encourage les juges à prononcer des verdicts sévères : « Il suffit de votre conviction pour prononcer et juger, [...] il faut donc que vous vous dépouilliez de l'idée que vous n'êtes que des juges que la loi a environnés de forme. Vous prenez ici un caractère différent, révolutionnaire, vous devez révolutionnairement juger, débarrasser promptement la société de ces monstres qui, après l'avoir assassinée, l'empoisonnent aujourd'hui. Chaque jugement sera un bienfait envers elle. Justice et justice prompte, voilà votre devoir, votre conviction, vos témoins[56]. » Ce représentant place d'emblée cette justice d'exception hors de toute nécessité de preuves. Poison et crime, voilà l'apanage des Vendéens selon Garnier de Saintes, incitant les magistrats à s'affranchir impérativement des règles habituelles de procédure. En quelque sorte, le représentant du peuple donne aux juges appelés à participer à la grande régénération politique de la France révolutionnaire les pleins pouvoirs redoutables et aléatoires.

L'Ouest s'y essaie dès fin mars 1793, en créant quatre commissions militaires, l'une à Angers, les trois autres à la suite de l'armée de l'Ouest, à Ingrandes, Saint-Lambert et Doué[57]. Dans les faits, elles jugent peu d'affaires contre-révolutionnaires, sans doute moins d'une quarantaine[58]. La première concerne Joseph Cathelineau du Pin-en-Mauges, le frère de l'un des principaux chefs de l'insurrection vendéenne, Jacques, qui deviendra quelques semaines plus tard généralissime de « l'armée catholique et royale de l'Anjou ». Si la commission Léger le condamne à mort le 25 mars 1793, elle ne comprend pas vraiment ce qui se joue alors sur le territoire angevin, mais exerce, sans sourciller, la nouvelle norme judiciaire de temps de crise.

C'est pour son président Léger l'occasion d'appliquer la justice d'exception. Il sait que ses fonctions « sont pénibles, en n'écoutant que le cri de l'humanité, mais, en considérant les maux infinis qu'ont occasionnés les contre-révolutionnaires, nous prononcerons avec courage la peine qui leur est infligée ». Il ne cache pas la responsabilité civique qui lui incombe, prononcer la peine de mort, au nom des vertus patriotiques à sauvegarder coûte que coûte. La mise hors la loi le décharge du fardeau de soupeser la culpabilité d'un suspect, fusse-t-il un civil : à partir du moment où celui qui comparaît a été pris les armes à la main, il est *de facto* coupable de crimes contre-révolutionnaires passibles de la mort. Léger avertit : « Puisse cet exemple terrible faire rentrer dans le devoir ceux qui étaient égarés sans avoir le germe du crime[59]. » Il précise aussi ce qu'il entend par « juger révolutionnairement ». Pour lui, l'agent judiciaire de la République doit avoir conscience d'être un « soldat du droit » révolutionnaire mobilisé sur un front guerrier, d'y punir sans état d'âme les combattants rebelles et d'y faire des exemples pour lancer un avertissement clair à tous ceux qui seraient tentés de rejoindre les rangs insurgés. Autrement dit, il faut, selon lui, juger sévèrement le crime politique de lèse-nation pour en éviter de plus grands.

Il rejoint d'ailleurs les propos de Garnier de Saintes sur l'inutilité de la preuve.

Fin juin 1793, trois mois et demi après les débuts de l'insurrection vendéenne, une autre commission est créée par le général Duhoux. D'abord implantée à Tours, elle ralliera Angers[60]. Présidée par le général de brigade Fabrefonds, elle est vite renforcée par son collègue Sénart, desquels elle tire son nom. Comme le préconise la loi[61], elle se compose également de quatre autres militaires, deux officiers, un sous-officier et un « soldat volontaire ». Les prévenus de la Vendée militaire, prêtres, civils et soldats républicains déserteurs, entrent dans ses compétences. Est-ce parce que la pratique est nouvelle qu'elle se heurte à des rumeurs alimentées par des « malveillans [qui] cherchent publiquement a la compromettre[62] » ? Concurrence-t-elle les tribunaux militaires et criminels déjà en place ? Toujours est-il qu'elle décide de liquider les affaires en cours et de se dissoudre à la mi-juillet 1793, trois semaines seulement après sa prise de fonctions[63]. La commission n'a donc pas fait ses preuves et a été à la peine pour prendre ses marques dans l'organigramme judiciaire départemental.

Une autre « commission centrale », celle de Parein-Félix, lui succède, cette fois-ci avec un tout autre résultat, car elle finit par surplomber toutes les autres instances judiciaires de la région. Talonnant l'armée de l'Ouest, extrêmement mobile, elle sillonne une zone comprise entre Angers, Chinon et Saumur et, en quinze jours, du 13 au 25 juillet 1793, elle parcourt plus de 150 kilomètres.

Elle stationne ensuite à Angers jusqu'en novembre, puis elle se déplace à nouveau, cette fois jusqu'à Laval. En décembre, elle redescend à Doué. En deux mois, elle a fait 250 kilomètres. Le 31 décembre, elle revient à Angers qu'elle ne quittera plus. La justice d'exception en guerre civile est une justice itinérante.

Sa mission y est de plus en plus considérable, car elle reçoit régulièrement les prisonniers vendéens raflés lors de leur retour de la Virée de galerne, puis lors des opérations des colonnes infernales. Pendant onze mois, de juillet 1793 à mai 1794, la commission centrale juge sans discontinuité plus de 2 000 ennemis de la République[64]. Comme elle ne suffit pas à la tâche, une autre commission militaire lui est adjointe : la commission Proust qui opère entre Laval, Le Mans, Sablé et Angers, du 5 octobre 1793 au 14 janvier 1794[65]. Cette dernière juge, quant à elle, une centaine de suspects[66].

Au début de la guerre de Vendée, l'armée de l'Ouest entretient des liens assez distendus avec les commissions militaires. Entre mars et décembre 1793, elle les saisit deux à sept fois moins que les tribunaux militaires. En revanche, entre janvier et juin 1794, la proportion s'inverse, car elle y recourt cinq fois plus souvent qu'à l'autre instance[67]. C'est que le contexte des colonnes infernales a changé la donne.

Dans leur dictionnaire critique de la Révolution française, Mona Ozouf et François Furet estimaient qu'en créant « des commissions judiciaires *ad hoc* pour diriger la répression contre les adversaires de la Révolution [...] le gouvernement révolutionnaire a ainsi suspendu un peu partout les droits de l'homme au nom de la raison d'État[68] ». Pour les membres des commissions, le débat ne se pose pas en de tels termes contemporains, mais se justifie plutôt au nom de la défense de la République attaquée et affaiblie par la Vendée militaire. La mise hors la loi est leur bréviaire, la peine de mort, leur credo, et la lutte contre le fanatisme, leur foi. Sans état d'âme, les juges républicains de l'Ouest insurgé punissent et détruisent les ennemis de la Nation en état de légitime défense.

Dès le XIXe siècle, les commissions militaires ont fait l'objet de nombreuses recherches. Celle de Parein-Félix les a, à elle seule, concentrées. Elle incarne tous les excès, mais aussi les moyens redoutables mis à disposition de la répression révolutionnaire : solidarité entre les membres qui la composent et avec ceux du comité révolutionnaire d'Angers, obéissance absolue aux représentants du peuple et à la ligne sans-culotte. L'intérêt des chercheurs s'explique aussi par la variété des dossiers traités par l'instance. Beaucoup sont tragiquement « ordinaires », mais d'autres exceptionnels par la « qualité » socioprofessionnelle et politique des prévenus. C'est une source importante pour comprendre les protagonistes de la Contre-Révolution et les motivations de leur engagement contestataire.

Cependant, l'étude de l'ensemble des commissions militaires montre que celle de Parein-Félix est la seule à choisir résolument une répression brutale et sans concession. Même l'instance qui lui est accolée pour l'aider dans sa tâche répressive, la commission Proust, prend plus de temps et de soin à instruire les dossiers et à juger les prisonniers de la Vendée.

Les comités révolutionnaires de surveillance

Les comités de surveillance forment le dernier échelon visible de la justice d'exception en cas de crise politique et sécuritaire, car placé au contact direct du citoyen. En effet, ils exercent leurs prérogatives dans le cadre plus restreint de la commune. Leur genèse serait à trouver dans la loi du 11 août 1792, « par laquelle l'Assemblée législative attribue aux municipalités le soin de la police de sûreté générale [...]. C'est à juste titre qu'A. Soboul classe le texte en bon rang parmi ceux qui établissent, dès ce moment, un "régime d'exception"[69] ». Le 21 mars 1793, les municipalités reçoivent le pouvoir de créer des comités de surveillance pour les aider dans leur rôle policier initial. Mais, très rapidement, ces comités supplantent le pouvoir municipal de police en étant, « avec les agents nationaux, les yeux, les oreilles et le poing du gouvernement sur le territoire. De ce fait, ils sont pour beaucoup de Français de l'an II une réalité palpable des instances révolutionnaires[70] ». Un arsenal de dispositions législatives vient encore les renforcer, le 24 juin 1793, quand ils sont qualifiés de comités de surveillance et révolutionnaire. Le 17 septembre 1793, la loi dite « des suspects » les impose dans leur rôle de « sentinelles » de la liberté. Enfin, la loi du 14 frimaire an II (4 décembre 1793) couronne ce dispositif : les membres doivent activement surveiller les habitants.

Dans la France intérieure, la Haute-Normandie, le Puy-de-Dôme, l'Ain, la Lorraine ou encore l'Ardèche, essentiellement à partir de 1793, les municipalités créent les comités sans rencontrer de difficultés particulières. Élus ou nommés, leurs membres sont plutôt des modérés, surtout lorsqu'ils sont des ruraux. Ils favorisent une sociabilité politique qui contribue à la diffusion des idéaux révolutionnaires et à l'affirmation d'un pouvoir local, même s'ils restent sous la coupe des représentants du peuple[71]. Encore faut-il trouver suffisamment de volontaires pour former cette instance. Danièle Pingué, spécialiste de cette question, rappelle « la barre des 200 habitants », « particulièrement répulsive »[72]. Le Choletais, zone densément peuplée, aurait dû compter des comités dans quasiment toutes les communes. Or il n'en a rien été, du fait de la guerre civile. Ingrandes, Montjean, Cholet sont les trois seules communes maugeoises à disposer d'un comité révolutionnaire actif et pérenne. Toutes les autres municipalités sont soit en fuite, soit passées du côté des insurgés, soit réduites et, de ce fait, incapables d'exercer leurs pouvoirs faute d'agents, de créer des relais de surveillance ou de réunir suffisamment de volontaires ou d'élus. Le contexte troublé de la guerre distingue fortement la région du reste de la France.

Si, officiellement, chaque comité se compose d'au moins « douze citoyens[73] », la loi de septembre 1793 assouplit les règles. Sept membres suffisent désormais et la majorité de ce petit nombre peut déférer un administré devant les tribunaux[74]. La crise sécuritaire, les épurations et les démissions rendent pourtant ces effectifs réduits bien difficiles à réunir, y compris sur l'arrière. Celui d'Angers, par exemple, après avoir compté fin octobre-début novembre 1793 jusqu'à vingt et un membres, se restreint, à la mi-mars 1794, à huit. Celui de Cholet, en revanche, affiche apparemment une belle constance, avec ses douze participants, malgré ou à cause de la position enclavée de la ville, au cœur de la zone insurgée, et d'une armée de l'Ouest incapable de sécuriser totalement le ressort de la municipalité. Cependant, en février 1794, la situation n'est plus tenable. Une moitié des membres du comité est partie se réfugier à Saumur, quand l'autre demeure sur place. Les deux groupes se revendiquent « comité révolutionnaire de Cholet ». Si sa composition numérique reste officiellement identique, sa puissance sort amoindrie de cette scission.

D'un département à l'autre, les travaux des comités diffèrent. Ceux du sud de la France portent leur attention essentiellement sur les grains, la diffusion et l'application de la loi[75]. Ceux de l'Ouest n'ont pas été étudiés avec autant de soin, mais il est certain qu'étant sur la ligne de front, leur mission est d'une tout autre nature. Dans le Maine-et-Loire, ils sont étroitement associés aux manœuvres militaires : non seulement ils surveillent les habitants de leur municipalité, mais ils doivent encore pourvoir au ravitaillement et à l'équipement du soldat[76]. C'est pourquoi matelas, linges, serviettes, jusqu'aux nappes réquisitionnés, convergent vers les comités révolutionnaires de la zone insurgée, pour être ensuite redistribués à l'armée[77]. Le vin, les grains, les bœufs entrent également dans leurs compétences logistiques.

Leur tâche sécuritaire est écrasante, car ils ont aussi en charge d'établir les passeports. En pleine guerre civile, les déplacements sont bien évidemment surveillés avec soin. Il ne s'agirait pas que des civils, des militaires ou des étrangers rejoignent et renforcent l'insurrection vendéenne, que des espions en profitent pour se glisser dans les rangs républicains, ou encore que des suspects puissent échapper à la justice. La mésaventure de Courtin, juge de paix et membre du comité de Montfaucon, qui a failli lui coûter cher, illustre le climat d'insécurité locale. Son cachet a en effet été volé par les « brigands disposant désormais d'un sésame fort précieux pour faire des laisser-passer [...], s'ils en voyent de semblables, ils ne seront pas de lui[78] ». L'homme de loi sait qu'il peut être soupçonné de complicité avec l'ennemi. Il s'empresse de déposer une plainte auprès de ses collègues du comité de Cholet pour se couvrir.

Les comités révolutionnaires établissent également des certificats de civisme. Avant la guerre de Vendée, militaires, receveurs, administrateurs, pouvaient en rédiger. Après 1793, ces documents sont indispensables à tout suspect ou tout prisonnier qui souhaite attester de sa bonne foi républicaine. Ils les demandent en premier lieu à leur municipalité ou au comité révolutionnaire qui y répondent toutefois rarement favorablement[79]. Le faible nombre de ce type de documents montre que les comités révolutionnaires – et les municipalités également

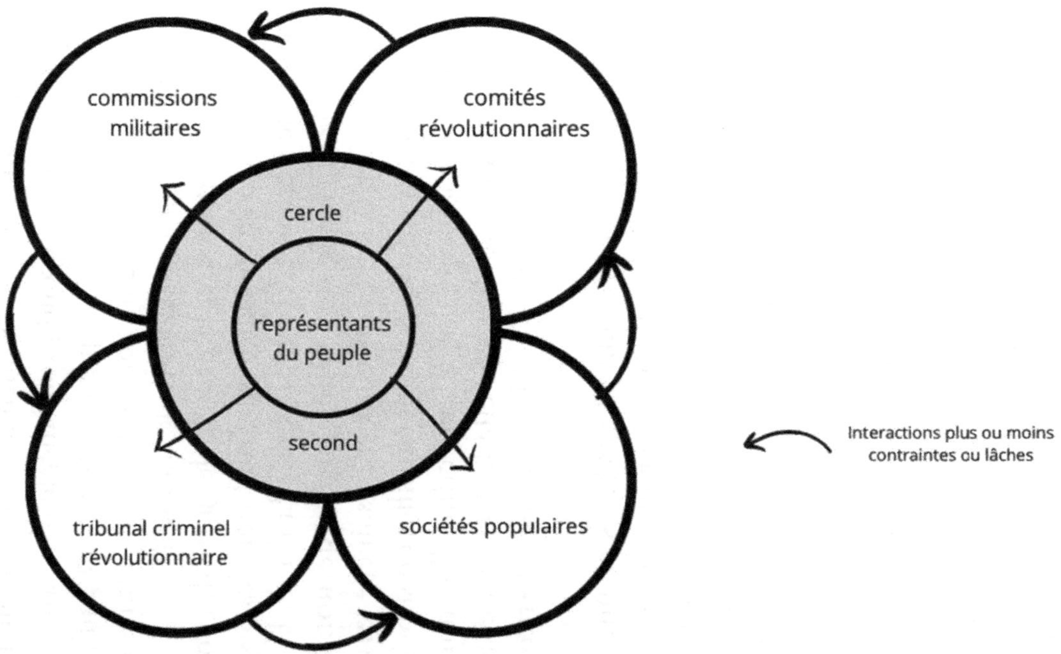

Armature du pouvoir répressif en Anjou (été 1793-printemps 1794)

en charge de ce dossier – se heurtent à deux écueils. Au gré des aléas de la guerre, les instances sont parfois obligées de s'éloigner du front et de se réfugier à Angers, à Saumur, à Doué. Les demandeurs ont alors bien du mal à les contacter. Le second problème, le plus attesté dans les archives, vient du fait que les comités ne souhaitent pas s'engager pour leurs concitoyens de crainte d'être accusés de complaisance, voire de trahison[80].

En Vendée militaire, la principale tâche des comités révolutionnaires se concentre sur l'audition des suspects. À partir de décembre 1793, date de la fin de la Virée de galerne, l'armée de l'Ouest arrête de nombreux Maugeois. Deux choix s'offrent à elle : soit elle les considère comme des rebelles qui sont « fusiliés ou suby d'une autre manière la peine düe à leurs crimes[81] » immédiatement après la bataille; soit elle les défère devant les comités révolutionnaires qui les interrogent et font un premier tri.

Entre octobre et décembre 1793[82], les comités de la région insurgée veillent à énumérer soigneusement les motifs d'accusation des suspects, même s'ils avouent manquer de temps pour interroger tous les arrêtés, « vu qu'il était urgent de les faire partir pour exécuter l'arrêté des représentants du peuple[83] ». Le procès-verbal suit des règles strictes. Le suspect comparaît devant un ou deux membres du comité. Ses réponses sont soigneusement consignées.

D'une certaine manière, s'ils ne jugent pas, car ils n'en ont évidemment pas les pouvoirs, ils interviennent dans le processus judiciaire en amont. Les comités révolutionnaires orientent en effet les conclusions accusatoires dans leurs procès-verbaux, en ajoutant dans la marge des commentaires à charge qui valent quasiment sentence avant l'heure, surtout si l'on est jugé « brigand », « suspect » et même « bonne à fusiller »[84] ou « gibiers de guillotine[85] ». Leur constat pèsera rétroactivement lourd devant la commission militaire. Le comité de Montjean en prend d'ailleurs conscience après coup, une fois le procès-verbal expédié à Angers. Le 22 mars 1794, il établit une liste de « fanatiques ». Il aggrave certains cas en les qualifiant d'« outrés ». Quelques heures plus tard, sans doute conscient des conséquences de ces qualifications, il demande à la commission militaire d'Angers de « ne pas donner au mot fanatique plus d'extension qu'ils n'ont entendu à lui donner. Ils ont seulement entendu dire que tous les détenus de leur commune avaient plus de confiance dans les prêtres insermentés que dans ceux qui se sont conformés aux loix[86] ». La précision s'avère tardive et vaine, car les prisonniers sont fusillés. Par cette expérience de la violence judiciaire à l'échelle locale des communautés en guerre, qu'il a alimentée malgré lui, le comité de Montjean vient de comprendre qu'il est un rouage déterminant dans l'exécution de la justice d'exception au point de s'en effrayer lui-même.

D'autres, à l'inverse, assument pleinement ce rôle, voire l'outrepassent. Sur les 323 procès-verbaux dressés par le comité révolutionnaire de Cholet, l'un de ses membres, Cadet, est tellement « indigné de la conduite » d'un certain Jacques Pillard qu'il ne prend pas la peine de l'envoyer à la commission militaire. Ce tisserand du May est accusé, en effet, d'avoir « coupé les deux bras à un prisonnier qu'on disait prêtre assermenté ». Il s'en justifie parce que « cet homme était condamné par Marigni chef de l'artillerie brigantine »[87]. Le crime est tellement affreux pour le comité que la procédure judiciaire s'arrête là. À peine interrogé, Pillard est déféré devant l'armée et conduit devant un peloton d'exécution.

S'il est difficile de dresser un bilan exact du sort des prisonniers passés devant les comités révolutionnaires maugeois, les trois quarts des interrogés par l'instance de Cholet sont finalement présentés devant la justice révolutionnaire. Le quart restant est laissé sous les écrous, en attendant de plus amples informations, ou bien « élargi » quelques heures après l'audition.

Le comble du climat de suspicion générale, produit par les temps d'exception, est que les comités eux-mêmes sont placés sous surveillance. S'ils forment entre eux un réseau évoluant en fonction des succès ou des revers de l'armée de l'Ouest, l'action des représentants du peuple est déterminante. Richard et Choudieu, les conventionnels envoyés en mission dans l'Ouest à l'été 1793, distinguent particulièrement le comité d'Angers attaché au département de Maine-et-Loire. Dès juin 1793, une fois la ville reprise aux Vendéens, ils décident de le doubler par un nouveau « comité révolutionnaire de surveillance ». Officiellement, son rôle est similaire à celui de ses collègues du département et des autres municipalités, à savoir le contrôle des étrangers de la commune, l'établissement des certificats de civisme, les affaires courantes et celles liées à l'insurrection vendéenne[88]. Officiellement, il épaule donc le comité du département. Mais il doit aussi mener l'enquête sur la récente humiliation angevine du camp républicain, incapable de repousser l'armée catholique et royale lors de la prise du chef-lieu de département. Le comité doit trouver les éventuelles complicités qui ont conduit à la reddition de la ville. Resserré autour de révolutionnaires convaincus, tels Brutus Thierry ou Jean-Antoine Vial[89], il a pour tâche exclusive tout ce qui relève de la Contre-Révolution[90]. Entre juin et août 1793, l'insurrection vendéenne a laissé planer un doute sur la capacité du comité de surveillance à mener correctement sa mission. Le fait qu'il soit dessaisi du dossier prouve que les autorités supérieures n'ont plus confiance en lui.

Le 12 août 1793, sous le nouveau nom de « comité de surveillance extraordinaire et révolutionnaire[91] », il exige de ses collègues du comité du département les pièces, interrogatoires et avis motivés qui les avaient conduits à déférer les prévenus devant la justice ou, à l'inverse, à les relaxer. Sans surprise, les querelles sont nombreuses. Fin juillet 1793, Richard et Choudieu, les représentants du peuple, arbitrent tout logiquement en faveur du comité d'Angers qu'ils ont eux-mêmes créé.

Le comité révolutionnaire d'Angers prend ensuite l'ascendant sur tous ceux de la région. En mai 1794, celui d'Ingrandes, par exemple, a reçu des suspects dénoncés par diverses municipalités de son canton. Normalement, c'est à lui de statuer sur leur sort et d'effectuer un premier tri. Or, sous prétexte que les « dits dénoncés dsonts hors de leurs communes », il les dépêche auprès de ses homologues angevins pour « faire à cet égard ce qu'ils jugeront convenable[92] ». Les formes légales ne sont plus vraiment appliquées ni respectées. Par prudence ou par lâcheté, ou les deux à la fois, le comité révolutionnaire d'Ingrandes se subordonne à celui d'Angers. En renvoyant des dizaines de suspects dans le chef-lieu du département, il joue un rôle important dans la répression[93]. En se soumettant et en ne jouant plus sa partition au niveau local, il renforce mécaniquement la centralisation de la répression vendéenne.

Autre soumission des comités maugeois, celui de Cholet détient, dans ses prérogatives, l'administration des prisons. Mais la ville étant en « état de siège[94] », comme le rappelle le général Boucret, « il ne peut entrer en prison ni sortir personne que le rapport » ne lui en soit fait. L'officier devient le seul maître à bord, même s'il s'en défend : il ne veut s'opposer « en rien » au travail du comité. En réalité, ce dernier est obligé de justifier toutes ses procédures auprès de l'armée. Le voilà totalement sous sa coupe. Au mépris du comité choletais, des militaires viennent prendre des prisonniers à la sortie des interrogatoires et, sans autre forme de procès, les fusillent. Ce type de comportement chaotique de la justice révolutionnaire est attesté à cinq reprises par un comité de Cholet suffisamment désarmé par le procédé expéditif pour protester auprès du général en chef de l'armée de l'Ouest.

Le même comité doit aussi affronter Lefort, commandant de la place de Cholet, à qui il est reproché de mettre trop de zèle à arrêter les suspects[95]. Ceux-ci risquent de prendre « la fuite et iront trouver quelques morceaux de l'armée de Charette qui quelque fois ne viennent pas loin d'ici ». Voilà un comité pris en étau entre ses deux autorités de tutelle, obligé de louvoyer entre deux injonctions contradictoires, suivre sans discuter des ordres susceptibles d'alimenter en hommes la guerre civile ou libérer en plus grand nombre les habitants raflés de façon arbitraire, quitte à affronter les foudres des militaires. Comme si ces difficultés bureaucratiques ne suffisaient pas, la commission militaire d'Angers exige qu'il défère au chef-lieu du département les prisonniers accompagnés de leurs interrogatoires circonstanciés. Or le contexte de guerre civile ne le permet pas toujours. Prudent, pour ne pas irriter cette puissante cour judiciaire, le comité demande régulièrement aux militaires des attestations de bons et loyaux services[96].

Les comités forment un réseau hiérarchisé, évoluant en fonction des succès ou des revers de l'armée de l'Ouest. Le comité révolutionnaire d'Angers prend peu à peu l'ascendant sur ceux de la région et les autres institutions répressives angevines. Ainsi, en février 1794, ce dernier dénonce par deux fois la négligence des administrateurs du département[97] et les tance vertement, alors qu'en théorie il est placé à un échelon politique inférieur.

En Vendée militaire, les comités révolutionnaires entrent pleinement dans le dispositif judiciaire d'exception. Institution de terrain, aux premières loges de la guerre civile, ils ont un rôle déterminant sur le sort des prisonniers. Leur fonction évolue nettement au gré des circonstances politiques et militaires. Peu à peu, ils délaissent toutes les questions de logistique et de surveillance pour se concentrer sur les auditions des captifs, c'est-à-dire sur des missions répressives. Ce faisant, ils deviennent le premier rouage de la justice d'exception.

Au final, trois instances judiciaires participent à la justice d'exception dans l'Anjou insurgé : le tribunal criminel, la commission militaire et les comités révolutionnaires. Ces organes convoquent principalement deux lois, la mise hors la loi du 19 mars, simplifiant les procédures judiciaires à l'encontre des ennemis de la République, et la loi du 14 frimaire an II (4 décembre 1793) qui touche essentiellement à l'organisation des tribunaux et des comités révolutionnaires. Pas de permanence, donc, dans l'organisation ni non plus de cohésion entre les pouvoirs judiciaires locaux. Alors même que les Vendéens sont défaits lors de la Virée de galerne (octobre-décembre 1793), les républicains aggravent les dispositifs contre leurs ennemis. Cependant, l'organigramme originel n'a pas résisté à la conjoncture politique et militaire et on retient qu'il s'adapte de façon empirique aux aléas de la guerre civile. L'histoire de l'application de la justice d'exception républicaine en Vendée militaire met en évidence une absence d'efficience et des conflits de procédures au sein de l'administration civile et militaire chargée par le pouvoir central de missions judiciaires.

Certains échelons judiciaires y perdent de leur force dans la chaîne répressive. À l'inverse, d'autres y gagnent en puissance et en visibilité. Il y a là comme une forme d'apprentissage à infliger les sanctions de la justice d'exception. Dans cette concurrence des services de la Terreur en Anjou, il semble que ce soit, en définitive, la commission militaire qui s'impose grande gagnante, sans doute parce que la plus apte à exercer une justice de guerre.

Chapitre II

Un système judiciaire d'exception à l'épreuve de la guerre civile

Les représentants du peuple Francastel et Hentz ainsi que la plupart des généraux de colonnes, placés au cœur du « système » de répression, écrivent beaucoup, arbitrent les conflits liés aux concurrences politiques locales et, *in fine*, décident de la nature de la répression à mener en Vendée militaire. Leurs pouvoirs s'appuient sur des agents subalternes, qu'ils ont soigneusement choisis en raison de leur fidélité et de leur détermination à appliquer, sur le terrain, les décisions prises à Paris par le Comité de salut public et la Convention nationale, mais aussi en province par l'armée de l'Ouest. Tous ces subordonnés forment ce que nous appelons le « cercle second » de la répression. L'étude de ce « cercle second » est indispensable pour qui veut comprendre la mise en ordre de bataille de la terreur angevine au printemps 1793, mais également son recul progressif dès mai 1794, puis son abandon définitif à partir de l'automne 1794.

Pourtant au centre du processus de la justice d'exception, ces hommes ont trop souvent été délaissés par l'historiographie, non par absence de correspondances ou d'archives – ce sont des plumitifs tout aussi prolixes que leurs supérieurs –, mais parce que les historiens ont jugé, bien à tort, qu'il était inutile d'enquêter sur des acteurs secondaires. Nous prenons ici le pari inverse en suivant la démarche qu'Haïm Burstin a appliquée aux sans-culottes parisiens : une « étude des révolutionnaires "en action" : une étude menée en analysant leur vécu concret, en enregistrant les étapes de leur prise de conscience, leurs changements comportementaux, en essayant de comprendre comment la révolution conditionne et remodèle la personnalité des individus, [...] l'histoire de ces révolutionnaires est aussi l'histoire collective d'individus en chair et en os qui se lancent dans une aventure dont ils ne connaissent pas immédiatement l'issue[1] ». Haïm Burstin a analysé finement les itinéraires et les expériences individuelles des Parisiens les plus engagés, capable de déceler avec précision leurs motivations. Par cette approche microhistorique, l'histoire révolutionnaire parisienne n'en est que plus riche. Après lui, nous pensons, par le profil affiné de ces Angevins du « cercle second », pouvoir mieux comprendre la mécanique de la répression de la Vendée, sa chronologie, les violences qui en ont découlé, leur nature et leur justification. La réalité historique dévoile plusieurs strates d'agentivité révolutionnaire.

Agentivité et justice révolutionnaire de guerre

Entre 1793 et 1794, deux hommes, Clemanceau de la Lande et Lepetit, ainsi qu'un groupe de quinze commissaires de justice composent un échantillon de dix-sept agents répressifs tout à fait intéressant. Leurs trajectoires révolutionnaires caractérisent un engagement politique intégral durant la guerre civile. Le premier, fort de sa position et de son clan familial, devient commissaire du gouvernement en Anjou. Sa force réside dans sa notoriété et dans sa famille. Le second, Lepetit, est secrétaire des représentants du peuple successivement nommés dans le Maine-et-Loire. Son réseau amical ne lui fait jamais défaut. La commission militaire Parein-Félix constitue un groupe solidaire. Tous ces membres se comportent en agents de la promotion et de la défense de la République, comme des protagonistes sans état d'âme de la lutte contre les Vendéens.

Captation de la justice d'exception par des familles et des réseaux républicains

Les Clemanceau de la Lande[2] appartiennent à une famille au service de la répression vendéenne. Leur origine se trouve dans la notabilité rurale de la fin du XVIIIe siècle, propriétaires à Montjean et fermiers généraux d'une seigneurie, signe indéniable de réussite et d'aisance. Une branche cousine a, quant à elle, investi dans les fours à chaux. Si la technique n'est pas nouvelle en France, bien connue pour amender les terres et améliorer les rendements céréaliers, elle se développe tardivement sur les bords de la Loire, notamment dans le secteur de Chalonnes et Montjean, en limite nord du pays insurgé en 1793[3]. En cette fin du XVIIIe siècle, les Clemanceau bénéficient donc de cette ascension sociale observée pour ce type de profil dans d'autres régions françaises[4]. Les temps nouveaux de la Révolution ne peuvent que les séduire, car l'éviction des aristocrates leur ouvre de nouvelles perspectives.

Les Clemanceau de la Lande se distinguent très tôt dans les Mauges par leur engagement révolutionnaire. René-Mathurin, juriste de formation, devient député de Maine-et-Loire en 1791. Il accède ainsi à la plus haute notabilité politique des débuts révolutionnaires. À la dissolution de l'Assemblée législative, il revient en Anjou. Cette fois, il entre dans le « cercle second » politico-judiciaire en présidant le tribunal criminel du département. Au début de l'année 1793, il est mandaté à plusieurs reprises pour des missions liées à la levée des troupes. La guerre de Vendée s'intensifiant, il devient commissaire du gouvernement[5], nommé par le département de Maine-et-Loire pour sillonner la zone insurgée et accompagner le général Moulin, stationné à Cholet. Sa tâche est essentielle : le commissaire révolutionnaire surveille et requiert l'exécution des lois.

Il est certes révocable, mais, en réalité, c'est « le seul élément permanent de l'administration du département ». Ses prérogatives sont immenses, car « c'est lui qui prépare tout le travail »[6]. Il a le droit de consulter tous les dossiers des administrateurs. Il peut requérir la gendarmerie et la force armée, voire, dans certains cas, mettre en mouvement la machine judiciaire. Œil du gouvernement en province, maillon important dans le parachèvement de la centralisation[7], il détient un pouvoir considérable[8]. Ses rapports confirment d'ailleurs un engagement fervent et constant contre le « fanatisme » responsable, selon lui, de la guerre civile. Une de ses lettres à ses collègues du comité révolutionnaire d'Angers fustige notamment les « croque Bon Dieu[9] » qu'il souhaite tous déférés devant la commission militaire. « Croque Bon Dieu », originale expression pour se moquer de la transsubstantiation, l'un des piliers de la foi catholique, et de la « superstition » des pratiquants. Il affiche même son hébertisme, du moins auprès de ses collègues, en leur réclamant les « feuilles du père Duchesne ».

Pour remplir ses missions, il n'hésite pas à puiser dans sa fortune personnelle tout en demandant au département des moyens pécuniaires supplémentaires. « L'incendie général va me mettre comme un petit Saint Jean ; et si vous ne venez pas à mon secours, je serai plus que sans culotte ; je serai un vrai cul nud[10] », prévient-il. Il joue parfaitement le rôle pour lequel il a été nommé. Il surveille par exemple, sans être dupe, l'appel sous les drapeaux républicains rendu difficile par « des recrues du mois de février qui m'exhibent des congés absolus donnés sans caisse et sans motif quelconque et signés d'une manière illisible de généraux à la douzaine ; je n'ai pas cru devoir m'arrêter à ces brimborions[11] ». Nul doute qu'il s'en prend ici aux fils de notables capables de fabriquer des faux ou de faire jouer leurs réseaux pour échapper à la conscription militaire.

Face à la guerre qui s'installe dans sa région, il alterne entre deux attitudes : la fermeté et la pédagogie. Ainsi, il n'hésite pas à faire arrêter trente et une personnes de sa commune de Montjean pour les déférer devant le comité révolutionnaire d'Angers, tout en lui demandant des directives pour soixante-dix autres[12]. René-Mathurin Clemanceau ne peut ignorer le sort funeste qui attend ces captifs internés le plus souvent sans preuve. Politiquement, il regrette le manque de patriotisme et l'ignorance politique des communes maugeoises qu'il traverse. « Si on n'avoit pas au superlatif l'amour de l'ordre et de la paix dans le cœur, la partie ne serait pas tenable, ayant fort souvent affaire à des municipalités qui dans le fond sont les premières instigatrices de la rebellion et qui ne savent rien », écrit-il aux administrateurs départementaux. Il oscille sans illusion entre « la voie de la persuasion et celle de la force », tout en admettant qu'il faut « faire des exemples »[13]. La République passe avant tout. À partir de novembre 1793, la fracture entre Bleus et Blancs est, selon lui, définitive. L'intransigeance le guide, comme on le voit dans son constat brutal : « Jusques à quand la peur nous fascinera-t-elle la vue[14] ? »

Joseph Clemanceau, son cousin, juriste comme lui, s'engage également avec force contre la Vendée militaire. Fin de l'année 1793, il est coopté par René-Mathurin lui-même pour devenir son adjoint dans le sud du secteur insurgé, quand il accède à la présidence du comité de surveillance de Cholet. Son collègue Cambon prend le relais. Comme son parent, Joseph Clemanceau se focalise essentiellement sur le fanatisme. Les interrogatoires qu'il mène se concluent souvent par la mention fatale de « fanatique ». Sur ce plan, il ne se distingue pas foncièrement de ses pairs, cependant, il est assurément le plus zélé des enquêteurs. À titre d'exemple, Joseph Clemanceau interroge trois fois plus de prisonniers choletais que Cambon, le second plus investi[15]. Entre le 22 novembre 1793 et le 21 février 1794, il mène 77 interrogatoires de prisonniers sur les 299 qui transitent par l'instance de Cholet, soit 26 % des captifs vendéens de son ressort. Il est suivi par son collègue Minguet, 51 prisonniers interrogés, et, loin derrière, par Macé, 34, Routiau, 28, Rousseau et Cadet, 27, Cambon, 18, Auteract et Duchainay, 11, Robin et Josson, 6, et enfin Chiasson, 3. Le taux de jugement de Joseph Clemanceau est, en moyenne, quatre fois plus élevé. Son benjamin, Probus Clemanceau, l'épaule dans cette tâche. Ce dernier entre dans le comité révolutionnaire de Cholet parti en exil à Saumur. Secondant Joseph et ses camarades dans la lutte contre les Vendéens, lui aussi s'investit dans les interrogatoires de suspects amenés de la zone insurgée.

Voilà donc une famille de notables, bien implantée dans la région, qui adhère sans hésitation et complètement aux combats de la Révolution. Les Clemanceau démontrent que la société de l'Ouest n'est pas monolithique, contrairement à ce que les érudits du XIXe siècle pensaient, en présentant des Vendéens unanimement soulevés pour la défense du roi et de la religion. Les Clemanceau, « individus ordinaires avec leurs habitudes, leurs traditions, leur mentalité, leur statut socioprofessionnel, se lancent inopinément dans l'aventure révolutionnaire[16] », comme l'a montré Haïm Burstin pour les sans-culottes parisiens. Ils incarnent l'engagement inconditionnel en guerre civile, à la fois comme témoins et acteurs, conscients que la justesse de leur devoir et de leur dévouement répressif pour la République doivent « inscrire durablement leur action particulière dans le devenir historique. C'est l'aspiration à être non seulement spectateurs des événements qui se produisent, mais à devenir bel et bien des protagonistes reconnus[17] ». Sans aucun doute, la famille Clemanceau s'est jetée intentionnellement dans la lutte en faveur de la Révolution.

L'agent « d'exception » acteur politique jusqu'au-boutiste

Engagé tout aussi fortement dans la répression contre les Vendéens, Lepetit a occupé, quant à lui, plusieurs fonctions de justice et de police en guerre civile. Par ses multiples missions, on peut dessiner l'organigramme politique complet des instances révolutionnaires au travail dans la répression vendéenne.

Son itinéraire diffère quelque peu de celui des Clemanceau, mais le degré d'intentionnalité est équivalent. Fin juin 1793, jeune canonnier parisien de dix-huit ans, Lepetit s'engage en Vendée et entre dans la commission militaire Fabrefonds et Sénart qui juge les déserteurs ou indisciplinés[18]. Bourbotte, représentant du peuple nommé dans l'Ouest, le repère assez vite et lui demande de devenir son secrétaire. Son successeur, Francastel, le maintient à cette fonction. Entre eux, l'entente semble parfaite. Homme de parole – « impossible de trouver un homme plus exact que lui dans le travail » – et de dossiers – « il y a un ordre admirable dans tous ses papiers »[19] –, Lepetit considère Francastel comme l'homme de la situation. Celui-ci le fait entrer, en novembre 1793, au comité révolutionnaire de Saumur. Lepetit prend alors de plus en plus part à l'action répressive des Vendéens, au point que son rôle ne se limite ni au secrétariat ni au comité.

Le 1er décembre 1793, Francastel le charge en effet d'escorter un convoi de prisonniers jusqu'à Bourges[20]. Preuve que son secrétaire a excellé dans cette tâche, Francastel lui confie une autre mission de police, cette fois à Chartres. Il doit y décider du sort de Vendéennes capturées lors de la Virée de galerne et emprisonnées. Mais, cette fois, Lepetit se plaint de fonctions trop fatigantes et craint de « ramasser une nouvelle maladie[21] ». Francastel le rapatrie en Anjou. Il entre alors comme secrétaire et membre suppléant de la commission militaire, puis en devient membre à part entière à la mi-mars 1794[22], alors qu'il cumule la fonction très prenante de secrétaire du représentant du peuple. Du 5 au 18 avril 1794, il participe au recensement des prisons d'Angers et, avec ses collègues, interroge 584 Vendéens, soit 17 % de l'ensemble des détenus.

Toujours à la tête du réseau saumurois, il ne ménage pas ses efforts d'itinérance répressive pour la République. Entre février et mars 1794, omniprésent, Lepetit assure successivement des postes à Chartres, à Blois ou à Angers, entretenant une importante correspondance avec ses collègues restés au comité révolutionnaire de Saumur. Les courriers portent sur la guerre menée contre la Vendée et les stratégies, selon lui victorieuses, des « colonnes » : des troupes en marche, divisées en « plusieurs points », sans avant-postes à garder. Cette « nouvelle conduite » s'avère « déroutante » pour les Vendéens[23]. De même, il approuve la décision prise en février 1794 par Hentz et Francastel d'évacuer tous les civils à plus de vingt lieues du théâtre de la guerre qui a coupé les rebelles de leurs sources d'information, « de sorte que maintenant nous tombons sur eux au moment où ils nous croyent bien loin ». La conclusion s'impose alors à Lepetit : « On tue les brigands comme des mouches »[24]. Avec Lepetit, on touche du doigt la haine éprouvée par un agent répressif de la République contre l'ennemi de l'intérieur. Par cette expression inédite dans les comptes rendus républicains, la déshumanisation de l'ennemi est complètement assumée à ce moment paroxystique de l'affrontement de l'hiver 1794. À une époque où l'hygiénisme n'est pas encore de mise, Lepetit se convainc jusqu'à l'odeur « qu'exhalent ces maudites femmes[25] » vendéennes pour légitimer sa cause. En poste à Chartres, il manque de « tomber à la renverse » à chaque rencontre avec les prisonnières à cause de leur odeur quasiment méphitique. Il s'étonne aussi de leurs mœurs si barbares, bestiales même, qu'elles sont capables d'accoucher seules, sans en parler à quiconque – sous-entendu les administrateurs des prisons, quitte à en mourir, elles et leurs bébés. Voilà bien une différence avec les Clemanceau qui, s'ils dévaluent leurs compatriotes et s'en moquent, ne remettent cependant pas en cause leur humanité. On pourrait risquer ici l'hypothèse selon laquelle les agents de la justice d'exception révolutionnaire originaires du bocage seraient capables d'une dose de compassion à l'endroit de l'ennemi, à l'opposé des agents étrangers à la région, tel Lepetit natif de Paris. Pour autant, cette observation ne dédouane nullement l'action ultra-répressive des républicains angevins.

Comme la plupart de ses collègues engagés dans la guerre de Vendée, Lepetit se place sur une ligne de front séparant civilisation et barbarie, humanité et sauvagerie. La violence de la guerre est revendiquée contre tous les rebelles, contre les femmes, contre les enfants. Le juriste Philippe Evanno estime que Lepetit « mérite » la réputation « d'extrémiste dangereux »[26], mais, comme l'écrit l'historien Pierre Serna, « s'il est un concept utile pour rendre intelligible la politique en temps de révolution, c'est bien celui de la radicalité… Un nouveau monde voit le jour, dans un enfantement douloureux, dans la nécessité des prises de décisions rapides et irrévocables, avec des engagements fermes et irréprochables[27] ». Pour le révolutionnaire Lepetit, s'il existe des « extrémistes dangereux », ce sont bien plutôt les Vendéens, en tant que population à éradiquer totalement : « Il n'en restera bientôt plus un seul[28]. » On le voit, chez lui, ce n'est pas simple rhétorique, mais clairement sens du combat.

Ambitieux, sans doute inquiet ou jaloux du succès de Simon, l'un de ses collègues, Lepetit n'hésite pas à le dénoncer aux autres membres du comité révolutionnaire de Saumur. Simon adopterait un « train de cy devant marquis ». Il serait « un fameux fripon, comme une grande partie des chefs employés dans cette armée »[29]. « Afficher un luxe aussi criant », couvrir « sa femme de bijoux », tenir une table pour « d'autres fripons et toute la canaille femelle servant aux plaisirs de messieurs les officiers », Lepetit n'a pas de mots assez durs pour stigmatiser les mauvais patriotes, tel que l'incriminé Simon. Seule compte la vertu de la dénonciation républicaine. Pourtant, Simon ne sera pas condamné par ses pairs. Lepetit se ravise finalement courant avril 1794 et travaille de concert avec celui qu'il aurait pu envoyer à la guillotine.

Par le cumul de ses pouvoirs de justice et de police, par sa proximité avec les représentants du peuple, dont le puissant Francastel, par son action sur le terrain de la Vendée jusqu'à l'arrière-front, Lepetit est un personnage-clé pour saisir les arcanes de la terreur politique et judiciaire en province. Il a cependant échappé aux historiens des XIXe et XXe siècles. Charles Berriat-Saint-Prix, dont l'une des études porte sur *La Justice révolutionnaire à Paris et dans les départements*, ne lui consacre pas une ligne, tout comme le chanoine Deniau ou le républicain Chassin, ce dernier ayant pourtant fait la part belle aux archives républicaines. Le chanoine Uzureau, si attentif aux acteurs de la terreur en Anjou sur lesquels il a écrit de nombreuses biographies, n'en fait pas non plus mention. À leur décharge, Lepetit est un personnage à beaucoup d'égards insaisissable. Touche-à-tout, à la fois à la commission militaire d'Angers, au comité révolutionnaire de Saumur ou au secrétariat des conventionnels en mission, sans jamais assumer un seul poste bien délimité, il échappe longtemps aux mailles du filet. Il juge, dirige les escortes de prisonniers, donne des ordres à l'armée de l'Ouest, participe aux délibérations du comité révolutionnaire. C'est un remarquable passe-volant de la politique de répression en Vendée militaire. À tort, car, par son profil, son activisme et sa radicalité, il présente l'archétype de l'agent révolutionnaire totalement dévoué à la justice d'exception pour le salut de la République.

Les agents de la commission militaire

L'agentivité révolutionnaire s'exerce à l'échelle d'un groupe. La commission militaire Parein-Félix, la plus pérenne en Anjou, de juillet 1793 à mai 1794, illustre le « cercle second » en action. À l'origine, cette instance devait être composée exclusivement de militaires. Or les représentants du peuple mobilisent de plus en plus de civils à partir de 1793. Aussi, à l'exception du général de brigade Parein, la commission Parein-Félix n'est composée que d'administratifs. Quinze agents sont passés par cette dernière, au gré des nominations liées à des démissions, de nouvelles affectations ou des décès qui ont pu survenir. Il ne s'agit pas ici de retracer l'histoire de chacun des commissaires, mais plutôt de dégager les traits saillants des membres de cet échelon situé au plus haut stade de pouvoir dans l'organigramme répressif du département[30]. En effet, selon Éric de Mari, les civils s'estiment investis d'une mission politique d'élimination et sont moins réticents à l'exercer[31].

Hommes mûrs pour l'époque, entre trente et quarante-cinq ans, ils ne sont pas tous originaires de l'Ouest. Sur douze acteurs dont l'implantation familiale est connue, cinq habitent Angers ; sept viennent de Normandie ou de Paris. Leur carrière professionnelle est variée, pour ce qu'on peut en juger par les sources : deux professeurs, l'un de musique (Félix), l'autre de mathématiques (Hazard), un cultivateur (Obrumier), un employé (Vacheron) devenu « sommelier » auprès des représentants du peuple[32], un fils d'apothicaire (Gouppil), un gendarme (Morin), un auteur dramatique devenu général de brigade (Parein[33]) et quatre marchands (Martin-Lusson, Millier, Hudoux et Laporte)[34]. La Révolution leur offre une opportunité d'ascension politique et sociale qu'ils n'auraient pas connue en temps ordinaire ainsi qu'une reconnaissance au-delà d'Angers. Les présidents Parein et Félix profitent d'une notoriété nationale improbable encore en 1792.

Ils se disent tous « montagnards[35] » ou « sans-culottes[36] ». Félix appartient à la section des sans-culottes de Paris avec laquelle il entretient une correspondance au sujet de son action en Vendée militaire[37]. Aux yeux des Angevins et de leurs collègues des autres comités, ils passent pour des ultras[38], des engagés postés sur la « frontière » de la Vendée. Morin et

Vacheron, surnommés les « Vengeurs de la Bastille », ont déjà une expérience de la justice d'exception. Gendarmes à la 35e division, ils ont été au service de la commission militaire précédente. Leur collègue, Félix, était juge dans la commission Fabrefonds-Sénart. Gouppil, Laporte, Lepetit, Obrumier et Roussel furent membres d'instances aussi hétérogènes que la Commune de Paris, le comité révolutionnaire d'Angers ou celui de Saumur. En matière d'engagement, ils n'ont donc plus rien à prouver. Cet axiome soude le groupe autant qu'il forge la conviction de chacun.

Le « cercle second » illustre combien le contexte politique pèse sur la détermination des juges révolutionnaires. À période exceptionnelle, hiérarchie républicaine particulière, où postes et rôles, places et missions, sont souvent confondus. Personnages « embarqués », comme l'écrivait Pascal au XVIIe siècle, c'est-à-dire engagés en cherchant « toujours à répondre à une urgence et s'inscri[van]t dans une immédiateté », ces agents révolutionnaires se placent dans un engagement qui « se pose comme une réponse à une situation donnée »[39]. Ils ne se considèrent pas comme de simples rouages d'une mécanique administrative et judiciaire, mais acceptent d'être les « acteur(s) d'un conflit qui (les) engageait en tant qu'homme(s) et citoyen(s)[40] ». Ils combattent avec de puissants moyens, commissariat du gouvernement, commission militaire, comité révolutionnaire, secrétariat du représentant du peuple... Leur représentation des ennemis de la République et leur fonction telle qu'ils l'exercent traduisent cet « embarquement » total. Un tel degré d'engagement ne laisse donc pas indemne ni n'épargne les agents de la justice d'exception de tensions et rivalités internes.

Conflictualité entre les instances judiciaires d'exception, signe d'une légitimité en crise

À mesure qu'elle s'enracine et s'endurcit, la guerre civile exacerbe les luttes de pouvoir au sein des organes répressifs. Nous avions déjà pu mesurer les effets délétères des dépassements de seuils de violence sur l'armée révolutionnaire engagée dans l'Ouest intérieur insurgé[41]. C'est précisément à l'hiver et au printemps 1794 que la justice d'exception souffre de graves rivalités et tensions parallèlement à la radicalisation de la guerre civile. À Angers, la société populaire et le comité révolutionnaire vont jusqu'à se liguer contre la commission militaire. À Cholet, le comité révolutionnaire est le théâtre d'un âpre conflit révélateur des fragilités des agents de la République face aux périls de la sécession vendéenne. Si le risque de dislocation des instances judiciaires a donc été réel en mars 1794, une fois les difficultés passagères surmontées, l'appareil répressif de l'Ouest intérieur n'en est sorti que plus fort pour mener à bien sa mission.

Affrontement des comités révolutionnaires et des sociétés populaires ligués contre la commission militaire

En mars 1794, la commission militaire doit répondre à différentes attaques venues du comité révolutionnaire et de la société populaire d'Angers. Ceux-ci s'agacent de son omnipotence et veulent réaffirmer leur place et leur rôle dans l'organigramme politico-judiciaire du département de Maine-et-Loire.

Durant l'année 1793, la commission avait pourtant de bonnes relations avec le comité révolutionnaire d'Angers. En décembre, dans son travail de sape contre le tribunal criminel, le représentant du peuple Francastel avait privilégié ces instances républicaines et leur avait demandé de coopérer. Avec son collègue Hentz, il entame une tournée de la Vendée militaire entre février et mars 1794, visitant Saumur, Nantes et Cholet[42]. Le vide laissé par son absence révèle immédiatement à quel point l'entente était fragile, voire artificielle.

Les incidents se multiplient en effet, provoqués d'abord par le comité révolutionnaire. Sûrs de leurs prérogatives, ses membres se considèrent comme les seuls maîtres à bord pour régler les questions de surveillance, d'arrestation et de relaxe des suspects. Par un arrêté du 6 mars 1794, le comité révolutionnaire interdit aux membres de la commission militaire d'entrer dans les lieux de détention sans son autorisation[43]. Or ces agents veulent continuer librement le « recensement général des prisons[44] », entamé depuis janvier, rechignant à en faire la demande au comité. Les concierges et le commandant de la place d'Angers sont rendus personnellement responsables de l'application de cette nouvelle directive restreignant leur pouvoir. La commission crie à l'abus et à la provocation. Elle réplique immédiatement et, à son tour, demande au commandant de la place d'Angers de ne laisser passer que ses propres agents. Qui, du comité révolutionnaire ou de la commission militaire a véritablement autorité sur ces agents ? De retour dans la capitale angevine, Hentz et Francastel arbitrent le différend. Le comité révolutionnaire perd au profit de la commission militaire. Non seulement les deux représentants du peuple confirment le droit de la seconde de continuer le recensement des prisons, mais pis encore ils épurent le comité, désormais resserré autour de huit membres[45]. Les représentants du peuple *sont* le pouvoir républicain en province[46], *a fortiori* en zone de guerre civile. En une semaine, le comité révolutionnaire a tenté de soumettre la commission militaire. Son échec est cuisant, et même spectaculaire. Désormais, à Angers, nul n'ignore où se situe le centre du pouvoir. Le noyau dur est tenu par Hentz et Francastel.

La commission militaire gêne bien d'autres révolutionnaires angevins, car elle entretient de bonnes relations avec la société populaire d'Angers. Selon Danièle Pingué, les sociétés populaires sont « l'unique instance d'opinion dans leur commune, [...] les auxiliaires des représentants du peuple [qui] leur confie la surveillance des "autorités constituées". Au départ simples organismes privés, elles deviennent ainsi, dans les communes où elles sont implantées, l'unique instance d'opinion et les agents quasi

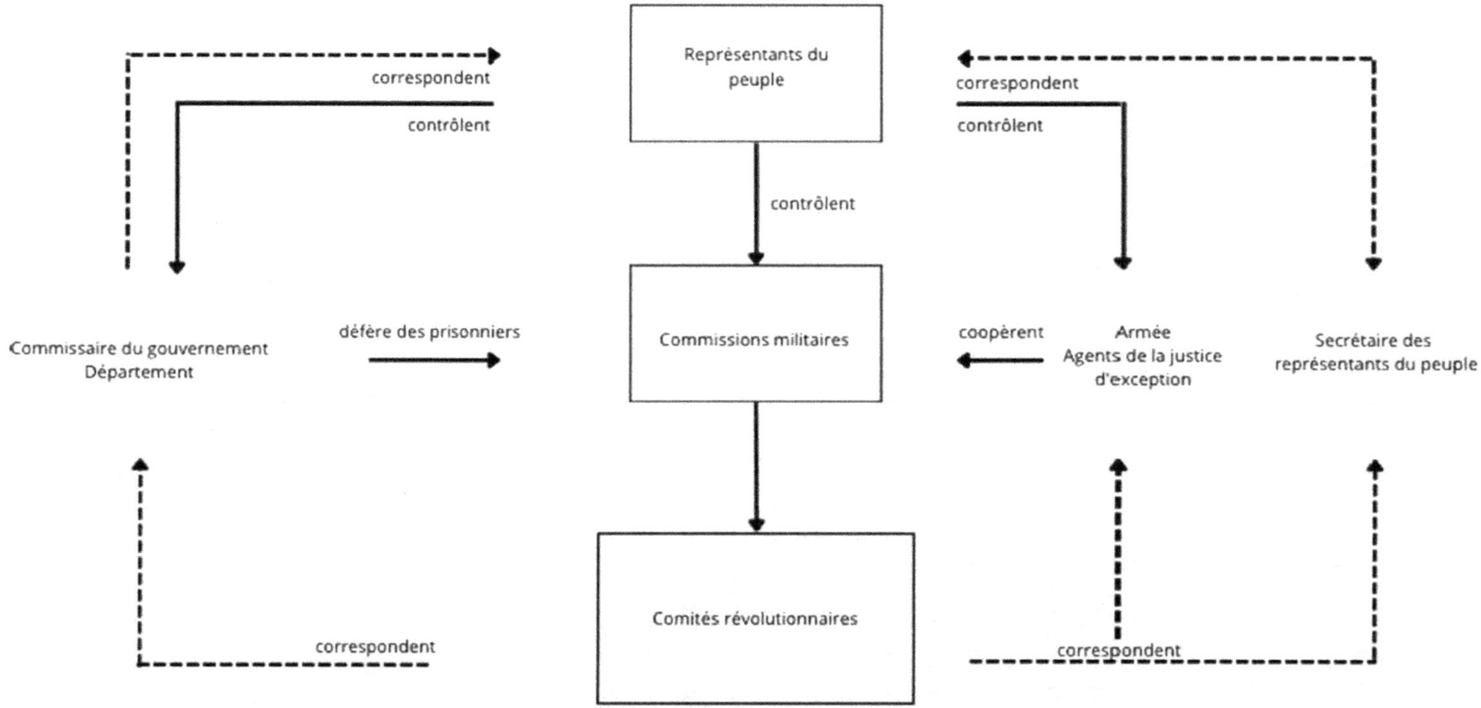

Organigramme des principales instances de la justice d'exception

Sources et réalisation : A. R.-B. & B.R. 2022

officiels du gouvernement[47] ». Les deux instances révolutionnaires ont *a priori* tout pour s'entendre. D'ailleurs, elles partagent les mêmes locaux en bonne intelligence, du moins là encore jusqu'à l'hiver 1793-1794, moment où les sociétaires reprochent, à demi-mot, le manque d'humanité à l'égard des suspects emprisonnés. Mais personne ne pousse plus loin le conflit, étant entendu que la crise militaire et politique est à son comble.

Or, dans un tout autre contexte, à l'été 1794, la charge est plus nette. Le 13 juillet 1794, par une courte missive, la société populaire enjoint aux juges de la commission de balayer la salle et « d'y faire répandre du vinaigre sitôt la levée » des séances, pour « maintenir la propreté »[48]. Faut-il y voir une simple mesure d'hygiène publique ? La commission militaire, par la voix de son accusateur public Hudoux, n'y croit pas. Sa réplique, signée le jour du 14 juillet, est cinglante et s'apparente à une petite leçon révolutionnaire. « L'égoïsme des provocateurs », « l'outrage », la « honte »[49], la négligence même de la société populaire qui ne ferait pas son devoir, tout est convoqué et la liste des reproches est longue, sorte de règlement de compte politique visant une attaque contre-révolutionnaire interne aux pouvoirs locaux. Les menaces sont d'ailleurs à peine voilées contre des « gens comme il faut [qui vivent] au milieu de l'abondance et du superflu ». Les « vrais patriotes » ne doivent se préoccuper que de la « cause du peuple ». C'est le « mauvais air », « empesté », « empoisonné », des prisons qu'il faut chasser. Il « assassine tranquillement depuis bien des mois souvent les malheureuses victimes des haines et vengeances particulières », dont « un grand nombre de patriotes, victimes de votre oubli et de la calomnie », « des jeunes enfants sur le sein de leurs mères, presque morts faute de soulagements que notre mère commune la patrie vous ordonnait de leur accorder ». « Si chacun avait fait son devoir », visé la société populaire, de l'avis de la commission militaire, ces abus n'auraient jamais existé.

Double charge ici qui remet cyniquement en doute le patriotisme des sociétaires, accusés d'être à la fois corrompus, immoraux et privilégiés, coupables d'inhumanité par négligence. La commission militaire va jusqu'à reprocher l'inertie et l'indifférence des membres de la société populaire vis-à-vis des prisonniers. Pourtant peu sensible au sort des captifs, elle instrumentalise opportunément cette question, jusqu'à admettre indirectement que des innocents croupissent dans les geôles malfamées, jetant ainsi tout le discrédit sur l'appareil répressif. En réalité, elle seule avait le pouvoir de réformer ces abus, pourtant, elle accuse la société populaire de n'avoir pas su trouver des moyens adéquats pour améliorer la vie carcérale des prisonniers.

La société populaire réplique, en feignant de s'interroger sur les auteurs de cette lettre, ne cherchant pas à savoir si elle est motivée par une initiative personnelle d'Hudoux, l'un des secrétaires, ou si elle engage la commission militaire dans son ensemble[50]. L'hostilité mutique règnera désormais entre ces deux instances républicaines. Voilà un 14 juillet 1794 qui a dû être fêté bien curieusement par les patriotes angevins.

Cette « affaire du vinaigre » en reste là, mais elle est loin d'être anecdotique. Elle renseigne sur les importantes divisions à l'œuvre chez les républicains angevins prompts à s'épier, se concurrencer, se dénoncer. Elle montre aussi que toutes les tactiques et tous les prétextes sont bons pour affirmer un pouvoir politique sur la ville d'Angers dans le contexte de terreur judiciaire. Comme pour le comité révolutionnaire, la société populaire manque son coup contre la commission militaire qui en sort logiquement renforcée. Face aux contestataires, celle-ci est intouchable.

Discordes à l'échelle des comités révolutionnaires : le cas de Cholet

Angers n'est pas la seule ville de la région à connaître des dissensions politiques entre les instances et les acteurs républicains. Cholet connaît également de graves crises internes. Rivalités et concurrences éclatent au grand jour. Occupée à plusieurs reprises par les Vendéens entre mars 1793 et février 1794, cette grosse bourgade constitue un double enjeu, à la fois verrou stratégique au cœur du territoire insurgé et rare symbole de présence républicaine en pleine Vendée militaire. La position bleue y a été malmenée à cause de la puissance fluctuante des armées républicaines du secteur, comme l'illustre la bataille de Cholet du 17 octobre 1793. Il faut attendre l'automne de cette année, sur proposition de la municipalité et de René-Mathurin Clemanceau, commissaire du département, pour qu'un comité révolutionnaire y soit créé.

Douze hommes composent cette nouvelle instance, certains pour quelques semaines, d'autres pour toute la durée de la guerre civile, plusieurs « sans-culottes[51] » convaincus, la plupart sans étiquette précise. Au plus fort de la lutte contre les Vendéens, entre janvier et février 1794, ils ne sont plus que sept à mener les interrogatoires et à préparer les convois de suspects vers la commission militaire d'Angers. Le cousin de René-Mathurin Clemanceau, Joseph, ainsi qu'Auguste Cambon, frère du conventionnel, sont les plus actifs. Ils occupent à tour de rôle le poste de président du comité[52].

Ils partagent leurs préjugés politiques sur les Vendéens qu'il faut, à leurs yeux, poursuivre sans relâche. Mais leur autorité de tutelle, les représentants du peuple en premier lieu, Hentz et Francastel, s'en méfient. De façon générale, tous les habitants de cette partie de l'Anjou, y compris les républicains en fonction, leur paraissent suspects, à tel point qu'à la fin de l'année 1793 ils imposent à Cholet leur homme de main, Pierre-Louis Robin[53]. Son parcours est original et sa trajectoire instructive des dérives de la justice d'exception en Anjou. Républicain dans l'âme, il avait été nommé curé jureur de Trémentines, au cœur des Mauges[54], mais, comme la plupart de ses confrères, il fut mal accueilli dans ce territoire. Défroqué, il prit part à la lutte contre la Vendée, d'abord sous les ordres de deux représentants du peuple, Bouchotte et Goupilleau. Il sert par la suite les « généraux[55] » Rossignol et Savary, convaincus par la sincérité de son engagement et sa connaissance familière du pays insurgé. Puis il devient membre du comité révolutionnaire d'Angers le 22 octobre 1793, poste qu'il conserve jusqu'au 7 novembre[56]. Sa chasse quasi obsessionnelle aux prêtres « mulotins » et ses avis tranchés sur les prisonniers qu'il envoie à la commission militaire, tous bons pour « la sainte guillotine » selon lui, le désignent comme un ultra parmi les ultras.

C'est avec cette réputation d'extrémiste qu'il arrive, fin novembre, à Cholet. Mais il n'a guère le temps d'y séjourner. Dès le début, les relations entre Robin et le comité de Cholet sont mauvaises. Jouer le rôle d'espion des représentants du peuple au sein d'une instance locale relève d'une mission quasi impossible. En quelques jours, il est accusé d'avoir volé « des biens des émigrés du district » et proféré des menaces « contre les officiers municipaux de Cholet »[57]. Il est incarcéré et conduit dans les geôles angevines, sans pouvoir bénéficier du soutien de ses deux mentors pourtant basés à Angers.

On retrouve sa trace cinq mois plus tard, se désespérant et protestant de son innocence auprès des représentants du peuple et de Félix, l'un des deux présidents de la commission militaire. Sans doute informé de la conjoncture politique intérieure et pour donner des gages de sa bonne foi républicaine, il attaque un des notables politiques de Cholet, l'ancien juge Ponceau, qui a depuis pris du galon en travaillant auprès du commissaire des guerres. Accusé d'être un mauvais patriote pour avoir critiqué l'arrestation des « trente-deux députés les plus éclairés et les mieux reconnus » de la Convention nationale, c'est-à-dire des individus opposés aux Montagnards, il est fragilisé et contraint de faire amende honorable. Depuis sa prison et en attente de jugement, Robin est encore capable de nuire au comité révolutionnaire de Cholet[58].

Il est vrai qu'en ce début 1794 les titulaires du comité sont en fâcheuse posture. Francastel les soupçonne toujours de vouloir « temporiser », d'être « modérés et insoussians » et de « faire ombrage aux membres du directoire du district »[59]. La position militaire de Cholet est extrêmement vulnérable, contraignant d'ailleurs la municipalité à se réfugier à Saumur. Le comité révolutionnaire se divise entre les partisans du maintien à tout prix de sa présence à Cholet, malgré les risques encourus, et ceux, menés par Clemanceau, qui veulent suivre les officiers municipaux. La crise est réglée par l'intervention des représentants du peuple qui acceptent le transfert partiel[60]. En février, ils sont investis de la mission de trier les nombreux suspects capturés dans les Mauges pour soulager ainsi le travail des agents saumurois.

Le déplacement des Choletais ne va pas de soi pour tous les républicains. Pourtant proche de Francastel, Simon, le commissaire des représentants, méprise dans un premier temps ces « fuyards » guidés par leur « peur »[61], allant jusqu'à soupçonner Cambon de trahison pour avoir eu « de très grandes liaisons avec les brigands [...]. Le bruit public est qu'il [aurait] tenu un enfant sur les fonds de baptême avec une fille nommé Arlaut, dont toute la famille et elle est chez les brigands; qu'il [aurait] chanté la grand'messe avec eux[62] ». Il promet d'ailleurs une enquête serrée. Les collègues restés à Cholet les lâchent et les accusent « d'avoir abandonné [leur] poste et d'avoir été frappé d'une terreur panique[63] ». Pourtant, si Simon approfondit son enquête sur les membres du comité révolutionnaire de Cholet, débouchant sur une nouvelle inculpation de Rousseau, Cambon est quant à lui blanchi.

Dans ce climat de suspicion généralisé, le comité ne peut exercer sereinement sa mission et doit se réorganiser. Selon la loi du 14 frimaire an II (4 décembre 1793), sept membres suffisent désormais à faire fonctionner cette institution. À partir de février 1794, ils ne seront plus que quatre, un nouveau président, Rousseau, épaulé par un secrétaire, Routiau-Houdié, Lombardel et Josson. Sans quorum atteint, ils n'en continuent pas moins d'interroger, de trier, de déférer les prisonniers devant la commission militaire. La justice d'exception se caractérise par l'affranchissement des règles établies.

Leurs collègues réfugiés à Saumur sont initialement au nombre de quatre, mais Francastel leur adjoint le frère de Joseph Clemanceau, Probus. Ils travaillent, d'abord à Saumur, puis, à la mi-février 1794, s'installent à Varennes-sous-Montsoreau, à 10 kilomètres à l'est de Saumur. Cette localisation, sur la Loire, est idéale pour recevoir rapidement et plus sûrement les prisonniers évacués de la zone insurgée, soit par le fleuve, soit par les voies vicinales de la rive droite bien sécurisées par l'armée de l'Ouest. Varennes-sous-Montsoreau répond aussi à un autre avantage : celui de ne pas ajouter de la confusion administrative à Saumur. Il n'est en effet pas question de fusionner le comité révolutionnaire saumurois avec celui des Choletais réfugiés. Chacun est ainsi maître de son pré-carré administratif : aux Choletais, les insurgés venus de leur district, aux Saumurois, tous les autres.

Le comité révolutionnaire choletais éclaté en deux entités géographiques et politiques trouve l'occasion d'une réconciliation avec un grave incident survenu en février 1794. L'initiative en revient au commissaire Simon encore une fois suspicieux. Celui-ci accuse Rousseau, un agent du comité resté à Cholet, de manquer de célérité dans ses jugements. C'est un « homme lent, peu capable qui passe pour avoir eu la confiance des brigands, puisque c'est chez lui et entre ses mains la caisse des cartes et assignats[64] ». Rousseau est anonymement dénoncé, sans doute par deux de ses collègues, Lombardel et Josson[65]. Les accusateurs assurent avoir vu sa « signature sur les registres du comité contre-révolutionnaire de Cholet qui sont tombés entre leurs mains ». Les collègues réfugiés à Varennes-sous-Montsoreau, par la voix de Cambon et Auteract, dénoncent à leur tour Rousseau pour « avoir eu des intelligences d'avec les brigands »[66]. Depuis janvier 1794, Rousseau, à la manœuvre dans les interrogatoires de Vendéens, aurait donc joué double-jeu. Il fait l'unanimité contre lui et est arrêté le 3 mars 1794. Le comité révolutionnaire d'Angers et la commission militaire sont même saisis du litige.

Le sort de Rousseau semble scellé quand il comparaît devant la commission militaire. L'affaire est emblématique de la terreur en Anjou. En effet, les autorités du Maine-et-Loire ont toujours expliqué l'intensification de la guerre civile par le complot et la trahison de révolutionnaires en charge de la répression. Rousseau en est une illustration exemplaire. Son histoire est d'ailleurs au diapason de la détérioration politique du contexte national. Fin février 1794, cinq jours avant son arrestation, le tribunal de Paris a déjà condamné à mort, pour trahison et fédéralisme, quatre notables angevins de première importance : Couraudin et Tessier du Clozeau, tous deux députés de la Constituante, Dieusie, président du département de Maine-et-Loire, et La Révellière-Lépeaux (le frère du conventionnel en fuite), conseiller au présidial d'Angers. Rousseau est une prise supplémentaire. Pourtant, il échappe à la peine de mort, car les registres de la commission ne mentionnent ni interrogatoire ni peine prononcée[67].

Fin février-début mars 1794, une régularisation s'opère entre réfugiés et non-réfugiés choletais à la faveur du contexte militaire et politique. Simon, après en avoir soupçonné certains, les considère finalement tous comme de bons « révolutionnaires » et souhaite les voir tous associés pour travailler en bonne intelligence. Face aux troupes de Stofflet de plus en plus dangereuses, les membres du comité encore à Cholet reçoivent l'ordre d'évacuer afin de rejoindre leurs collègues basés à Varennes-sous-Montsoreau[68]. Mais, signe que les querelles ne sont pas totalement soldées, les Choletais déclinent le déménagement saumurois pour se réfugier à Nantes, ce qui en dit long sur l'autorité des agents secondaires. Le comité de Cholet est finalement dissous le 7 mars 1794[69].

Devant les succès des Vendéens, l'instance, pensée et voulue comme le fer de lance de la reconquête républicaine en zone insurgée, s'est donc disloquée. Pendant plusieurs semaines, ses membres jouent consciencieusement leur rôle, comme le volume des interrogatoires en rend compte. Chacun respecte sa place dans l'organigramme politique et judiciaire local. Pourtant, les représentants du peuple ne cachent pas leur défiance. La suspicion pèse davantage sur la structure révolutionnaire choletaise que sur celle de tout autre comité révolutionnaire d'Anjou. Les rivalités internes, ajoutées à la pression externe, en ont provoqué la division et finalement l'implosion. Entre février et mars 1794, le comité révolutionnaire n'a résisté ni à la conjoncture militaire ni aux affaires. Cela démontre que la guerre civile n'oppose pas seulement Vendéens et républicains, mais qu'elle instille des germes de discorde dans tous les rouages des camps en lutte pour la victoire. La tension militaire et politique suscite des conflits, crée et nourrit des doutes au sein même du système. La guerre civile soumet les institutions à rude épreuve. Apparemment solides, car régis par le formalisme de la loi et l'autorité légitime du gouvernement, les instruments de la répression connaissent pourtant à Cholet une désagrégation irrésistible qui expose des républicains engagés et convaincus de la justesse de leur action à une fracture durable.

Les contextes angevin et choletais qui ont connu des degrés de tensions différents révèlent combien le risque de dislocation des instances judicaires d'exception est sérieux. Il reste que le centre a tenu.

Dans le cadre du département de Maine-et-Loire, la mise en place d'une justice d'exception face aux contre-révolutionnaires ennemis de la République n'allait pas de soi. Elle reposait sur une répartition complexe du rôle des agents républicains. Elle dépendait des lois édictées à Paris – la principale étant celle du 19 mars 1793, la seconde, celle de frimaire an II (décembre 1793) – et reposait sur les capacités assumées des représentants du peuple agissant en province et confrontés aux aléas du contexte militaire et politique à l'échelle nationale comme locale. Ces missionnaires de la Convention nationale pouvaient compter sur des révolutionnaires convaincus et motivés, formant le « cercle second » de la politique et de la justice d'exception. Ceux-ci avaient des profils divers, les uns venus de Paris, les autres originaires du cru. Tous devaient travailler de concert à l'écrasement de la Vendée militaire et à l'enracinement de la République dans une région insurrectionnelle.

On a cependant observé de grandes divergences entre ces agents. Rattrapées par une réalité politique et militaire dangereuse, fin 1793-début 1794, des rivalités de personnes et des tensions internes apparaissent au sein et entre les instances de pouvoir. Les soubresauts vécus par les comités révolutionnaires sont, pour nous, la meilleure illustration des fissures puis des déchirures du système. Si, en théorie, ils disposent tous des mêmes prérogatives, en pratique, ils sont loin d'être égaux face aux enjeux de la guerre civile. Le comité révolutionnaire de Cholet, par exemple, affronte difficilement la réalité. S'il exerce un réel pouvoir sur ses concitoyens, par les attestations de civisme, les arrestations et les interrogatoires des suspects, il est partiellement soumis aux militaires et aux représentants du peuple. L'instance choletaise, postée sur le front de la guerre, finit par être mise sous la tutelle du comité révolutionnaire d'Angers. Elle est donc dans une position inextricable, placée à la rencontre d'injonctions et implications contradictoires de l'armée de l'Ouest, de la commission militaire, des comités révolutionnaires et des sociétés populaires. Des rivalités sourdes, aggravées par les sentiments d'urgence, d'instabilité politique et d'incertitude militaire à l'œuvre chez les républicains, y compris les plus convaincus, ne sont pas incompréhensibles. Elles nous instruisent sur la nature et la mise en œuvre de la terreur en Anjou au travers des instances d'une justice d'exception aux pratiques et aux contours mouvants.

L'improvisation, l'autoritarisme, mêlés aux décisions de la Convention nationale, du Comité de salut public et des représentants du peuple, aboutissent par conséquent à une alchimie dangereuse qui disloque les ramifications du réseau du pouvoir républicain local et par la même occasion libère les ambitions individuelles des protagonistes. Les effets destructeurs de la justice d'exception dans la zone insurgée n'en deviennent naturellement que plus radicalisés. Cette réalité chaotique dépeint un exercice atypique de la répression politico-judiciaire en province, correspondant, dans une certaine mesure, à une dystopie de la terreur révolutionnaire.

Deuxième partie

Livrer l'ennemi de l'intérieur à la justice d'exception révolutionnaire

La guerre civile ne concerne pas seulement les combattants du champ de bataille. Dès mars 1793, toute la population du territoire insurgé est potentiellement perçue comme ennemie de la République. C'est pourquoi les révolutionnaires se sont donné pour mission d'extirper tout suspect de la zone rebelle et de le conduire dans les centres judiciaires ad hoc. Cette entreprise répressive, sur un territoire d'environ 2 500 kilomètres carrés, peuplé en 1793 d'environ 180 000 habitants, n'est ni mince ni simple[1]. Investir le pays est dangereux, mobilise des hommes et des moyens nécessairement importants, sans succès assuré dans le cadre d'une petite guerre que l'adversaire, souvent insaisissable, livre efficacement à la République. Le pari a pourtant été pris par les agents de l'État conventionnel et leur bilan n'est pas négligeable, comme on le sait. En outre, une fois l'insurgé capturé, la fonction répressive des agents républicains ne s'arrête pas. Tout prisonnier doit être transféré sous bonne garde vers les lieux de détention en ville, parfois situés à plusieurs dizaines de kilomètres, ce qui représente un véritable enjeu logistique. Suspecter, interpeller, escorter, emprisonner et administrer la population carcérale sont autant de défis politiques, militaires et sécuritaires à relever pour le système répressif. Pour la République qui lutte pour sa survie et le succès de son projet, il est impératif de gagner la bataille de ce que l'on appellera « l'économie de la captivité » en temps de guerre civile.

Chapitre III

Interpeller le Vendéen

Entre 1793 et 1794, la justice d'exception doit principalement faire face à des dizaines de milliers de suspects, arrêtés dans le Choletais et ses marges. Ceux-ci sont régulièrement évacués vers le chef-lieu du département de Maine-et-Loire, dans des conditions souvent dangereuses eu égard à l'état de guerre. Les républicains s'adaptent rapidement à cette situation inédite et périlleuse en inventant de façon empirique une chaîne logistique redoutable. Convois puis prisons sont administrés par les agents du système répressif : comités révolutionnaires, armée de l'Ouest et personnel administratif et civil sont placés sous l'autorité des commissions militaires et des représentants du peuple, soit la mobilisation de l'ensemble de l'organigramme judiciaire d'exception agissant dans cette première étape de la répression. Celle-ci se décompose en deux phases : capture puis transfèrement.

Suspecter et arrêter l'ennemi

Bien avant la Révolution française, l'armée avait bien du mal à définir et appliquer un statut aux prisonniers de guerre. La Vendée militaire exagère encore cette incertitude : il ne s'agit plus d'ennemis étrangers, mais bien de citoyens français de l'intérieur, révoltés contre le pouvoir central et le nouveau régime en place. Dès lors, quel statut leur accorder dans le cadre d'une telle opération de police intérieure ? La société révolutionnaire et ses militaires n'étaient pas préparés à trancher de manière évidente un tel casse-tête juridique, d'autant qu'il s'agissait essentiellement de civils.

Statuer sur les prisonniers de la République

Les militaires bleus sont animés par une idée simple et classique : un bon ennemi est un ennemi mort. Certes, une économie de la rançon s'était peu à peu pratiquée sous l'Ancien Régime : faire des prisonniers était un bon moyen de rembourser le prix de son engagement, voire de s'enrichir grâce à la guerre. Dans son étude sur les redditions, l'historien Paul Vo-Ha rappelle que si « les prisonniers de guerre existent en pratique, leur statut n'est défini nulle part »[1]. C'est ce « qui explique que la captivité de guerre demeure une issue peu commune ». À la fin du XVIIIe siècle, cette question se déplace sur le champ « d'intérêt et d'économie de moyens » et de « police des nations ». Le philosophe des Lumières

Raynal retient même cet élément pour hiérarchiser les civilisations :

> « Les nations les plus policées les rançonnent, les échangent ou les restituent, lorsque la paix a succédé aux hostilités. Les peuples à demi barbares se les approprient et les réduisent en esclavage. Les sauvages ordinaires les massacrent, sans les tourmenter. Les plus sauvages des hommes les tourmentent, les égorgent et les mangent : c'est leur exécrable droit des gens[2]. »

Selon Raynal, l'Europe se place, bien entendu, dans la première catégorie. La Révolution française s'inscrit dans cette vision et rend cruciale la protection du soldat ou de l'officier prisonnier de guerre, même si les motivations qui la guident restent bien ambiguës. Pour s'en convaincre, il suffit de lire le rapport du Comité de salut public datant de février 1794. S'il préconise le renvoi chez eux des Anglais raflés sur les côtes de la Manche et de l'Atlantique, il précise que les républicains les choisiront avec soin. « Les malades, les estropiés, les mauvais sujets, voilà ce qu'il faut leur rendre de préférence [...]. S'il en résulte des difficultés dans les échanges, tant mieux. Quand nos marins sauront qu'il y a tout à perdre pour eux à se laisser prendre, ils se battront vaillamment, pour échapper à un ennemi injuste[3]. » De l'art d'inverser les propositions! La République restitue les prisonniers de guerre à leur nation au nom des progrès de l'humanité, tout en veillant cependant à ce que l'ennemi n'en tire aucun avantage militaire dans l'immédiat. Elle fait également passer un message clair aux soldats français, en les encourageant à un combat sans reddition.

Le statut des captifs anglais se joue là dans une guerre « classique », conventionnelle et réglée d'État contre État. En Vendée, la configuration est bien différente, car il s'agit d'un conflit fratricide dans lequel les prisonniers sont un sujet de préoccupation majeure, autant en termes juridiques que militaires, politiques ou moraux. Le quart des sources portant sur la justice d'exception énonce les mots « prisonniers » et « prisons »[4]. À lire les archives publiées par Savary, l'évolution est notable entre le début du conflit (mars-juillet 1793) où seul compte le sort des prisonniers républicains faits par les Vendéens, alors que, de juillet 1793 à juin 1794, à l'inverse, ce sont avant tout les Blancs capturés qui préoccupent les Bleus.

A priori, la mise hors la loi du 19 mars 1793 réglait la question une fois pour toutes. Les Vendéens, pris les armes à la main, sont promis à l'exécution sans autre forme de procès[5]. L'armée de l'Ouest a donc toute latitude pour décider légalement de leur sort ultime. Or, dans les faits, la situation est plus complexe, car, à l'issue des combats, profitant de la confusion du champ de bataille, les combattants ont beau jeu de cacher leurs armes. Ils peuvent aussi nier leur participation active au combat, surtout s'ils sont capturés à quelques encablures du théâtre de la guerre.

Arrêtés par l'armée, la garde nationale, les gendarmes ou encore les agents des comités révolutionnaires, essentiellement d'Ingrandes, de Montjean et de Cholet, les

Vendéens sont de plus en plus nombreux à peupler les registres. Au mois de décembre 1793, au retour de la Virée de galerne, des combattants, trompés par les déclarations d'amnistie, rendent leurs armes aux municipalités. Leur nombre est impossible à connaître avec exactitude. On sait que plus de 8 000 personnes sont recensées par les commissions militaires[6], mais c'est compter sans nombre d'autres qui échappent alors à toute procédure judiciaire et à tout recensement.

L'armée républicaine n'est jamais en droit de fusiller tous les habitants de la zone insurgée. Elle se décharge des prisonniers auprès des instances révolutionnaires, notamment des comités révolutionnaires qui n'apprécient pas toujours. Par exemple, Clemanceau, membre de celui de Cholet, s'en désole devant la commission militaire d'Angers, en décembre 1793. Une patrouille a arrêté Jean Nicolas « pris les armes à la main, que conséquemment il ne devait pas nous être amené mais bien fusillé sur-le-champ. Jean Nicolas a avoué tous les faits[7] ». Clemanceau aurait souhaité que l'armée assume de liquider le suspect. Dans son esprit, chaque institution doit prendre ses responsabilités, afin que les travaux du comité soient allégés. Le commandant de la place choletaise partage son point de vue et avertit la commission militaire en ces termes : « Je vous préviens que je ne me donnerai pas la peine de les emmener avec moi en cas que je sois forces [*sic*] d'évacuer la ville ; je puis vous assurer qu'ils seront fusillés avant mon départ[8]. » Ils rejoignent tous deux les volontés du représentant du peuple, Francastel, qui, fin décembre 1793, reproche à l'armée de l'Ouest de « faire trop de prisonniers… nos prisons en regorgent. Des prisonniers dans la Vendée[9] !… »

Pour autant, le problème reste entier, car cet afflux inédit de détenus conforte les républicains dans leur idée d'une Contre-Révolution agonisante. Les captifs sont comptables d'une « économie répressive de la terreur », victorieuse de la guerre civile et annonciateurs d'un horizon politique dégagé pour la Révolution. Les prises importantes sont célébrées, comme celle du général Boussard qui, en juin 1794, a capturé un aide de camp de Charette, le fait savoir et l'exhibe tel un trophée[10]. La qualité exceptionnelle du prisonnier annoncerait la chute prochaine de Charette. C'est une constante observée dans les rapports des militaires. Le prisonnier a de la valeur en guerre civile.

Convoyer les prisonniers

Les Vendéens pris sur les champs de bataille ou par les colonnes en marche dans le pays gênent l'armée de l'Ouest dans ses manœuvres et surchargent les agents des administrations. Ils ne peuvent pas être gardés très longtemps dans la zone insurgée, d'autant que les geôles locales, quand elles existent, sont trop exposées, inadaptées, réduites ou vétustes. Depuis 1793, le château de Cholet, par exemple, accueille les captifs, tantôt républicains, tantôt vendéens, selon que la ville est occupée par l'un ou l'autre camp. Régulièrement assiégé, le château a été en partie incendié. Dès lors, à la fin de l'année 1793, il ne peut plus constituer un dépôt suffisamment sûr. Cela ne porte plus à conséquence à cette date, car les prisonniers, après avoir été interrogés par le comité révolutionnaire du chef-lieu de district, doivent être déférés devant les instances judiciaires supérieures à Angers.

La plupart des convois s'ébranlent en plein hiver 1793-1794. Les conditions météorologiques, rarement clémentes en cette saison, ajoutées au contexte guerrier, on devine bien que ces missions n'étaient pas aisées. Il manque aussi de l'expertise et un retour d'expérience aux militaires. D'ailleurs, on sait que les premiers convois sont très improvisés faute d'une logistique encore éprouvée. Toutefois, les choses évoluent vite, car les républicains anticipent mieux les besoins, jusqu'aux commandes de cordes et de ficelles, pour entraver solidement les prisonniers les uns aux autres et éviter ainsi tout risque d'évasion. Le comité révolutionnaire d'Angers passe régulièrement commande de « pelotes de grosses ficelles[11] » aux administrateurs du département. Il répond à la demande de Félix, président de la commission militaire, qui préconise de « faire attacher deux à deux et solidement les prisonniers tant ceux faits sur les brigands, que ceux qui sont détenues comme suspects, femmes et hommes, à l'exception des femmes détenues qui ont des enfants avec elles[12] ».

Les stations doivent être préalablement planifiées pour sécuriser la manœuvre. La commande de fourrage est également courante. Des billets pré-imprimés sont préparés à cet effet par les comités révolutionnaires[13]. Ceux-ci essaient également de tirer parti de la géographie de la zone insurgée. Il est certain que la Loire et les routes de la vallée bien balisées ont la préférence des militaires pour les transports des prisonniers jusqu'aux tribunaux angevins. Les communes ligériennes sont alors plus sollicitées que les autres. Il est en effet plus facile et plus sûr d'évacuer les prisonniers par le fleuve, sauf « vent contraire[14] ». C'est notamment ce que fait, en décembre 1793, à la suite de la Virée de galerne, le général Moulin. Stationné à Varades, il rafle 392 Vendéens « battus, déroutés, qui se sont rendus sans résistance[15] ». Le général ordonne d'en embarquer 200 pour les conduire à Angers. Quelques jours plus tard, cette fois à Saint-Florent-le-Vieil, ce même officier envoie encore « trois bateaux de 52 femmes suspectes[16] ».

Les transferts sont souvent longs et dangereux. Les plus courants partent de Cholet pour rallier Angers, soit plus de 80 kilomètres, équivalent à trois jours de marche dans un pays hostile! Celui de Saumur à Angers compte 50 kilomètres, deux jours de voyage et avec l'avantage d'emprunter des routes plus sûres, car situées hors de la zone des combats. Certains convois exigent plus d'attention que d'autres, notamment quand il s'agit de transporter des femmes et des malades, d'où l'emploi de charrettes. « Il faudra par conséquent 3 voitures pour les transporté [*sic*][17]. » Le comité de Saumur réquisitionne lui aussi des voitures pour conduire des suspects jusqu'à Angers[18].

Fin décembre 1793, les représentants du peuple Francastel et Esnue Lavallée rappellent, dans l'un de leurs courriers adressés à la Convention nationale, que cette mission revient aux officiers municipaux et aux membres des comités de surveillance[19]. Ceux-ci doivent s'appuyer sur des vétérans – les plus « vigoureux[20] » – et des gendarmes, quand il y en a. Pour la ville de Cholet, ce n'est pas un problème. Elle détient, depuis le XVIIIe siècle, une gendarmerie importante. Celle-ci sert régulièrement d'escorte entre 1793 et 1794. Entre fin novembre 1793 et début mars 1794, on a dénombré 19 convois organisés par le comité révolutionnaire de Cholet, comptant de 20 à 40 prisonniers chacun et tous placés sous la responsabilité des gendarmes.

Les révolutionnaires mentionnent rarement le budget consacré à ces lourdes opérations de convoyage. Deux sources de novembre 1793 permettent de s'en faire une idée : « 70 livres à verser pour la conduite de prisonniers de Chalonnes à Angers pour y être détenus comme suspect », ou encore pour ce même mois « 126 livres pour le transport d'hommes de femmes mises en état d'arrestation à Chalonnes et conduits à Angers et 50 livres pour une indemnité et salaires des conducteurs »[21]. Ces deux sommes témoignent d'un coût somme toute modeste, mais à ajouter aux autres frais, la République doit consacrer un budget sérieux à sa politique répressive.

Malgré toutes les précautions prises, certaines évacuations de prisonniers se passent mal et ce, pour plusieurs raisons. Des villageois républicains, excédés par les défaites, s'en prennent parfois violemment aux captifs en transit, et compliquent la tâche des troupes chargées de convoyer les suspects. Dès avril 1793, les Saumurois n'hésitent pas à braver les soldats républicains pour lyncher des prisonniers. Conscient des désordres à la sécurité publique provoqués par les transferts, Simon, du comité révolutionnaire, organise avec soin un second transport avec cette fois plus de personnel pour limiter les risques de bavures. Il « a été retardé par la crainte d'exposer les prisonniers a la fureur du peuple qui ne s'était déjà que trop manifestée vis-à-vis de cinq autres dont vous avez sçu [*sic*] la catastrophe. L'agitation publique parait bien moins grande. Nous esperons qu'ils ariveront sans accident surtout avec les précautions que nous prenons pour le départ ne soit pas connu et qu'on s'aperçoive le moins possible du transport[22] ». Son rapport renseigne sur les chaînes de décision : les convois sont sous l'autorité du comité révolutionnaire, soumis à l'influence du climat de l'opinion saumuroise et enfin aux procédures suivies pour ce genre de mission à haut risque. Le deuxième convoi est parti au petit matin, en catimini, à l'heure où la ville dort encore. Par la suite, et parce que la situation militaire est moins tendue, les départs ne posent plus autant de problèmes et surtout ne sont plus tenus secrets, preuve d'une banalisation aux yeux de la population des centres de transit et de détention.

Entravés, avilis, obligés de marcher au même rythme quels que soient leur sexe, leur âge ou leur état de santé, les prisonniers sont majoritairement résignés ou impuissants. On a connaissance de rares cas d'évasions parmi les 1 897 documents conservés aux Archives départementales portant sur la justice d'exception. On relatera ici la seule évasion d'importance ayant eu lieu en août 1793. Deux cent cinquante captifs de la Citadelle d'Angers sont évacués vers Chartres[23]. Promis à un très long trajet de plus de 200 kilomètres, plus de 100 prisonniers échappent à la vigilance des gardes sans qu'on en connaisse bien les circonstances. Les évadés étaient des « chefs de révoltés ou du moins des moteurs ou instigateurs de la rébellion ». Manifestement, leur expérience combattante a pu expliquer à la fois leur détermination et leur réussite. Ils ne seront jamais repris. Les deux commissaires, Duval et Rabouin, qui accompagnaient ce convoi, ont bien été obligés d'en rendre compte. Accusés tout d'abord de « manœuvre criminelle », ils seront finalement lavés de tout soupçon.

Lors d'une évasion, il y a toujours enquête. Les autorités républicaines concluent systématiquement par un non-lieu. Un dénommé Nicolas[24], perruquier de son état, accusé d'être allé chez les brigands, a été arrêté par le comité révolutionnaire de Cholet. Le 3 mars 1794, il fait partie d'un convoi de prisonniers en partance vers Saumur. Profitant d'un arrêt dans une auberge – des suspects, se trouvant mal, doivent « se remettre et prendre leur nécessaire[25] » –, déjouant la vigilance des gardes, Nicolas réussit à s'enfuir, malgré des « factionnaires à deux portes dans la rue et le jardin ». Pour minimiser sa propre responsabilité, le lieutenant de gendarmerie croit bon rappeler que le fugitif était considéré comme un

« bon patriote », spéculant sur les chances d'acquittement futures auprès des instances judiciaires angevines. Il ne sera jamais retrouvé. Si l'affaire n'a pas d'autre suite pour l'officier républicain, ce n'est pas toujours le cas.

En avril 1794, la réputation d'un lieutenant de gendarmerie, David, est engagée. Il comparaît devant la commission militaire pour « complicité dans l'évasion d'un détenu lorsqu'il a escorté un convoi de prisonniers[26] ». En tant qu'officier, il risque une condamnation à mort[27]. Les juges estiment en définitive que le Vendéen s'est échappé plus par négligence que grâce à l'aide du républicain. Ils sont également sensibles aux certificats de civisme et aux pétitions signées par « tous ses camarades qui attestent de son patriotisme et de son courage ».

Durant toute la durée de la guerre civile, il est étonnant qu'il y ait eu si peu de prisonniers en fuite. Les escortes répugnent-elles à avouer leur défaillance ? Si les suspects sont rattrapés, à quoi bon mentionner leur évasion ? S'ils restent introuvables, le contexte chaotique de la guerre civile dilue en fait les responsabilités. De novembre 1793 à mars 1794, le comité révolutionnaire de Cholet déporte 387 de ses concitoyens vers Angers. Seules 13 « disparitions » (3 % des enchaînés) sont reconnues, mais cela n'engage pas d'enquête[28]. En janvier 1794, le général Commaire adopte la même attitude. Au lieu des 24 « brigands[29] » adressés par le comité révolutionnaire de Cholet, il n'en reçoit que 23 : « L'un d'entre eux s'est échappé. » Comme le comité choletais, l'officier se dédouane de toute responsabilité auprès de la commission militaire qui, elle non plus, ne donne pas suite à l'affaire et ne sanctionne pas l'escouade du convoi.

Angélique Guimbretière illustre enfin le calvaire enduré par les prisonnières arrêtées dans les Mauges et conduites dans les prisons angevines. À l'été 1792, elle quitte sa commune natale de Chalonnes, où son père est jardinier, et trouve une place de domestique chez l'un des châtelains du Lavouër à Neuvy, à une quinzaine de kilomètres de là. Son maître parti en émigration, elle reste sur le domaine « pour soigner les bestiaux ». Le château est incendié par des soldats républicains qui volent également les animaux. Sans emploi, sans revenu, elle se réfugie alors chez un voisin, Raby, le bordier du domaine. C'est là qu'elle est arrêtée, sans doute par l'une des colonnes qui sillonnent la zone, soit le 21 ou le 22 janvier 1794. Elle est emmenée à Chalonnes. Angélique Guimbretière fait partie des premières rafles des colonnes infernales et rallie, à pied, les 15 kilomètres qui séparent Neuvy de Chalonnes, son premier lieu de détention. Trois (ou quatre) jours plus tard, le juge de paix Pelletier, chargé de faire un premier rapport, décide de la déférer devant le tribunal révolutionnaire d'Angers[30]. Elle gagne le chef-lieu du département distant de 40 kilomètres, avec les autres prisonniers, en moins de deux journées. Le 30 janvier 1794, on la retrouve internée au Grand Séminaire d'Angers, où elle est interrogée par Vacheron, chargé des « nouvelles venues[31] ». Angélique Guimbretière ne s'inquiète que de la perception de ses gages de 90 livres, soit une année et demie de son salaire. Sans qu'on en connaisse la date précise, elle est transférée dans la prison du Calvaire d'Angers, réservée aux femmes. Elle y est de nouveau interrogée le 8 mars 1794 par Gouppil, Lepetit et Leduc, lors du recensement des prisons. Qualifiée de « pauvre d'esprit[32] », elle repasse, trois semaines plus tard, devant les mêmes recenseurs.

Entre fin janvier et fin mars 1794, elle a donc parcouru une cinquantaine de kilomètres, subi quatre interrogatoires différents, répondu à cinq magistrats ou recenseurs et survécu à trois recensions de prison[33]. Par cet exemple, on peut mesurer avec quelle célérité la justice d'exception agit : entre la rafle et l'internement, interrogatoires préliminaires compris, il n'y a pas eu plus de huit jours d'écoulés. La rafle des Vendéens est rapide, quelques heures entre la zone des combats et l'arrière-front, puis 72 heures encore pour gagner la capitale angevine.

Les convois de prisonniers, prétexte à exécution sommaire

Sous prétexte d'insoumission des prisonniers en cours de transfert, les convois sont parfois l'occasion d'assassinats de Vendéens. Plusieurs exemples étayent cette terrible réalité de la guerre civile. Des républicains, même parmi les officiers supérieurs, comme le chef d'état-major Robert ou encore le général Amey, ainsi que les plus hauts placés de la hiérarchie civile, comme le représentant du peuple Francastel, s'en cachent à peine, validant et couvrant les exécutions sommaires. Dans d'autres cas, comme celui du capitaine de gendarmerie Guillemette, des sanctions sont décidées, plusieurs mois après les faits, quand la donne politique et militaire a changé.

Deux exemples permettent d'éclairer une banalisation de la violence de guerre à l'encontre des prisonniers sous la Terreur. Fin décembre 1793, quand la Virée de galerne s'achève tragiquement pour des milliers de « brigands », désarmés et faits prisonniers notamment autour d'Angers, le général Robert rapporte un épisode glaçant au ministre de la Guerre Bouchotte. Avec une ironie macabre, il raconte le sort de « 2 000 prisonniers catholiques qui étaient ici détenus et que de concert avec le citoyen Francastel representans du peuple nous fesions évaquer sur différents points ; une partie de ces messieurs se sont révoltés contre la garde qui en a fait justice. Le reste en passant sur les ponts de cé. Deux arches se sont écroullées et sont malheureusement tombés dans la Loire où ils se sont noyés, ils avaient malheureusement les pieds et mains liées… Vive la république[34] ». Loin d'être l'apanage de Carrier, représentant du peuple à Nantes, les noyades de Francastel et Robert font partie de l'arsenal de liquidations en Anjou. Invoquant la faute des prisonniers, Robert cherche à dédouaner ses hommes. Aucune instance nationale, à commencer par le ministre de la Guerre, ne croit bon de faire un rappel à la loi.

En février 1794, un autre militaire, le général Amey, reçoit l'ordre de brûler la bourgade des Herbiers, au sud de Cholet. Auparavant, la municipalité lui a remis « la liste des habitans qui ont été avec les brigands et qui ont porté les armes[35] » contre la République. Ces suspects doivent être traduits devant la commission d'Angers. D'après Amey, lors du transfert pour les « conduire en prison, chemin faisant, ils se sont révoltés contre la garde qui a fait feu dessus ». Ce qui est intéressant là encore, c'est qu'Amey ne cherche pas à camoufler à son supérieur hiérarchique la liquidation de tous ses prisonniers. Personne ne s'en scandalise alors.

À partir de l'automne 1794, le contexte thermidorien n'admet plus les dérapages. Les langues se délient et les témoignages sur le sort tragique des captifs se multiplient. Comme il commandait les escortes de Vendéens enchaînés, Guillemette, capitaine de gendarmerie à Saumur, concentre les attaques. On lui reproche pêle-mêle répression dans le sang d'une révolte de prisonniers placés sous sa responsabilité, abus de pouvoir et assassinats de Vendéens durant leur transfert d'Angers vers la prison de Doué. Il y répond qu'il « est constant que pour les faire entrer dans la prison qui leur était destinée, on a été contraint d'employer la force », avançant « une à plusieurs fusillades »[36]. Gaudichon, commissaire à la guerre, s'en émeut encore neuf mois après les faits. Il assure avoir vu « une file de malheureux attachés les uns aux autres[37] », massacrés sans raison.

D'autres témoignages contre Guillemette et ses sbires montrent à quel point les captifs les plus faibles étaient impitoyablement tués. En décembre 1793, Françoise Cotelle rapporte de nombreuses fusillades et noyades lors d'une marche forcée, entre Bourges et Saumur. D'après son témoignage, l'une des femmes « qui avait du mal à marcher a été jetée à l'eau[38] », quand d'autres ont été brutalement mises à mort. La témoin estime que, sur 700 prisonniers, 550 auraient été tués (soit 80 % d'entre eux).

Les exemples ne manquent pas. André Pissonneau, conducteur de charrois à Angers, réquisitionné pour un convoi de prisonniers, témoigne, lui aussi, de fusillades illégales de suspects conduits cette fois vers Angers pour être jugés. Quant à Abel Aubert, transféré d'Orléans à Saumur, il assure avoir vu des volontaires tuer à coups de baïonnette ou de fusil sept Vendéens. Arrivé dans la ville, le convoi est, selon ses dires, diminué de moitié, car, de 600, il ne resterait plus que 300 captifs encore vivants.

L'évacuation des prisonniers repose sur une organisation progressivement bien rodée et redoutablement efficace. Chaque organe révolutionnaire joue sa partition, entre les municipalités et les comités révolutionnaires qui établissent les listes, l'armée et ses vétérans, les districts et leurs gendarmes et les administrateurs angevins. Les républicains apprennent vite de la guerre civile et adaptent en conséquence leurs procédures d'évacuation des captifs. On l'a vu, une fois placés dans la chaîne, les prévenus n'ont guère d'échappatoire. Difficile pour ces derniers de se soustraire, soit à l'arbitraire des convoyeurs, soit au sort de la prison. La résignation des détenus fait le reste. Sans doute nourrissent-ils aussi l'espoir d'être innocentés par la justice républicaine.

Le temps du convoyage correspond à un moment de non-droit où la norme judiciaire est suspendue, et la justice, sujette au bon vouloir de l'agent révolutionnaire chargé de la mission. Les codes moraux de la guerre et les règles de la justice ne sont pas respectés. Par leur mutisme face à des méthodes expéditives illégales, les autorités supérieures précarisent la condition des prisonniers transférés. En cela, elles sont comptables des crimes de la justice d'exception dans un contexte de guerre civile qui légitime à leurs yeux la radicalité de la sanction. L'exécution sommaire lors des convoyages est un marqueur important d'une des nombreuses transgressions qu'autorise l'intentionnalité criminelle ambiante des années 1793-1794 en Anjou. À la différence des prisonniers de guerre étrangers, les prisonniers de guerre civile ne constituent pas une affaire d'État à la résonance internationale[39], mais relèvent essentiellement d'un enjeu interne vital de la Nation que la brutalité répressive de « l'économie de la captivité » illustre dès son premier stade.

Emprisonner l'ennemi de la République

Une fois évacués de la zone de guerre, les prisonniers convergent vers les deux principales villes du département, Angers et Saumur, deux cités sûres, à l'arrière proche du front – à 80 kilomètres tout de même de Cholet, premier centre de tri des prisonniers du bocage. Jusqu'à l'hiver 1793-1794, au plus fort des rafles, elles constituent les deux lieux de détention et de justice d'exception, avant que le chef-lieu du département ne s'impose. C'est d'ailleurs le moment où se fixe la commission

Parein-Félix, la plus importante des instances de la justice d'exception en Vendée militaire. Le défi à relever est immense, à tel point que les deux centres urbains se transforment en profondeur. Des bâtiments, à usage jusque-là civil, administratif, religieux ou hospitalier, sont convertis en prisons pour recevoir les cohortes de captifs venus de la zone insurgée.

Le maillage des prisons en Anjou

Depuis les années 1975, à la suite des travaux de Michel Foucault, des recherches historiques ont été initiées et ont ouvert de nouvelles perspectives historiographiques sur l'univers carcéral, notamment celui du XVIIIe siècle. Cadre de vie, procédures judiciaires, rapport des justiciables à l'État, économie générée par les prisons, autant d'éléments incontournables pour comprendre l'organisation pénitentiaire de l'Ancien Régime, principalement celle de la capitale du royaume[40].

À la fin de l'Ancien Régime, les prisons ont « un aspect de gare de triage[41] » qui se comprend aisément par la conception donnée alors à une sentence. En effet, la prison n'est pas une peine[42], mais un lieu de sûreté. À Tours, à la veille de la Révolution, l'emprisonnement durait en moyenne quatre mois. C'est pourquoi le centre pénitentiaire ne constitue pas une priorité pour la monarchie qui n'y consacre pas de budget important. Conséquemment, les établissements carcéraux restent dispersés et mal entretenus. En cette fin du XVIIIe siècle, l'Ouest n'échappe pas à ce tableau global. Entre 1793 et 1794, l'historien Jacques-Guy Petit les estimait à plus d'un millier sur le territoire français[43], pour répondre à un flux d'environ 500 000 détenus par an[44]. Les Mauges, futures zones insurgées, ne comptent que deux lieux de détention spécifiquement liés à la question de la gabelle et des greniers à sel, à Saint-Florent et Ingrandes. Ils sont anciens, étriqués et vétustes. Beaupréau, tribunal de district, détient à ce titre une prison, à peine mieux entretenue. Cholet, Vihiers et Chemillé, dont l'administration est plus modeste, complètent le maillage carcéral du bocage[45]. Saumur possède aussi un seul établissement carcéral. La capitale angevine n'est guère mieux lotie. Si la « maison de justice », place des Halles, est en mauvais état, le château dispose aussi d'une prison, appelée prison de la Citadelle. Au total, la République peut compter en Maine-et-Loire sur une dizaine de centres d'incarcération à la veille des événements de mars 1793. L'infrastructure est plutôt dans la moyenne basse, car en pourcentage de la population, l'Anjou offre 0,0025 prison d'internement par habitant, tandis qu'à l'échelle française ce taux est d'environ 0,0036.

Sur le front de la Vendée militaire, ces différents lieux de détention ne sont pas périphériques au système judiciaire. Ils en constituent un élément clé et sont pourtant mal connus. À la fin du XIXe siècle, un juriste, Alfred Lallié, s'est bien intéressé aux conditions de détention des Vendéens dans les prisons de Nantes, mais son ouvrage insiste surtout sur quelques aspects de la vie carcérale[46]. Soixante ans plus tard, le chanoine Uzureau exhume des

Les prisons d'Angers sous la Terreur de mars 1793 à décembre 1794

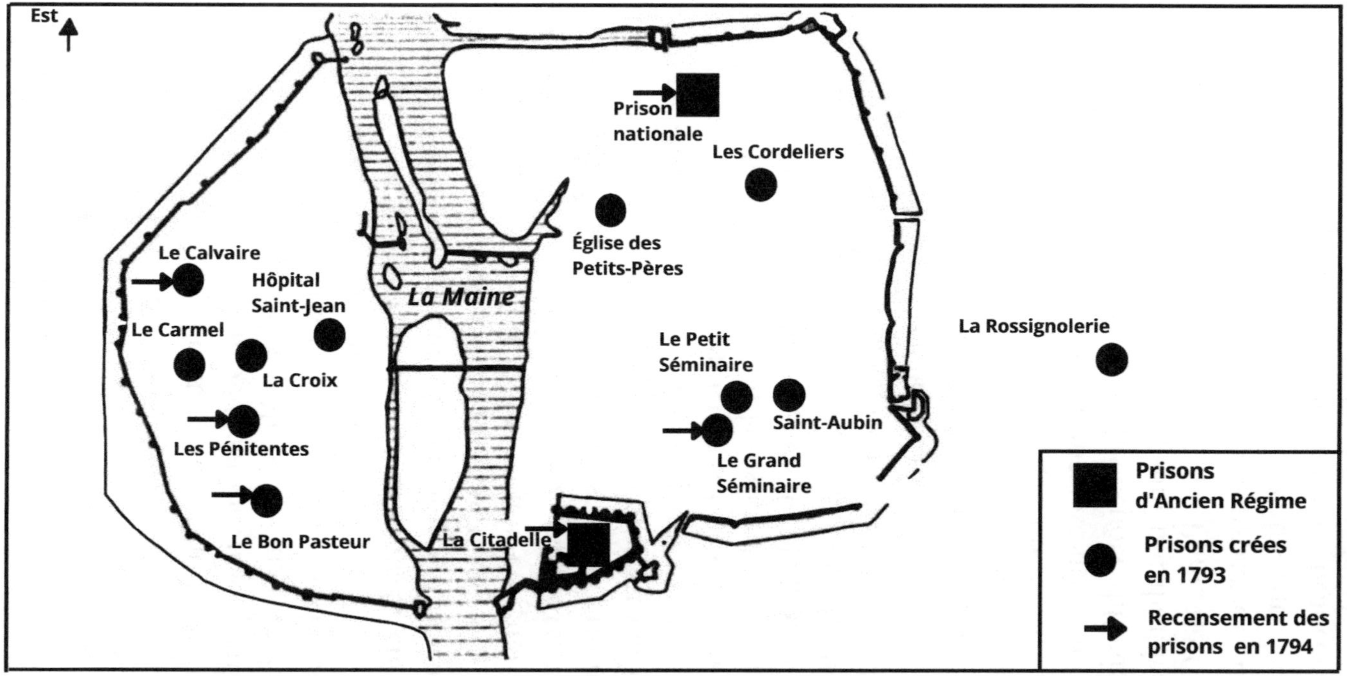

Sources et réalisation : A. Rolland-Boulestreau. & B. R., 2023

Archives départementales de Maine-et-Loire des sources sur les prisons angevines. Pendant une cinquantaine d'années, dans la revue de *L'Anjou historique*, il accumule faits et biographies autour des geôliers, des juges et des Vendéens enfermés pendant la Terreur, mais, fidèle à sa méthode, Uzureau ne les commente pas[47].

Si les sources angevines sont nombreuses, elles demeurent, il est vrai, malaisées à exploiter. Elles ne sont pas suffisamment renseignées, restent dispersées et souvent anecdotiques. Le fonctionnement et l'organisation, à la fois minutieuse et improvisée, du système carcéral angevin sont inégalement documentés. Or les prisons constituent l'un des rouages essentiels du processus de la répression vendéenne. Elles sont un lieu paroxystique du déchaînement des violences judiciaires. Lever le rideau sur la scène de la prison, c'est voir la justice d'exception à l'œuvre dans la brutalité informelle du cloaque des cellules. En somme, la prison est une composante indissociable de « l'économie de la captivité » et inséparable de la définition de la guerre civile en Anjou.

Lorsque la guerre de Vendée éclate, en mars 1793, des milliers de prisonniers sont raflés. Leur enfermement en zone de guerre ne peut être que provisoire. À ses débuts, la justice d'exception improvise nécessairement, car la logistique peine. Certains dépôts, difficiles à défendre et de taille trop modeste, sont inutilisables. D'autres sont trop exposés, comme aux Ponts-de-Cé ou à Saint-Florent-le-Vieil. Les administrateurs de Cholet avertissent les autorités départementales que leur « maison d'arrêt est peu solide, mal faite, de beaucoup trop petite et il n'en existe plus que des décombres[48] ». Enfin, comme à Vihiers, plusieurs ont été incendiées[49].

Les républicains doivent pourtant répondre à l'afflux croissant de prisonniers. Des geôles temporaires sont mobilisées. En février 1794, la municipalité de Saumur est sommée de recevoir les suspects évacués du château de Montreuil-Bellay, mal protégé et trop éloigné des instances judiciaires[50]. Sans moyens, avec des prisons déjà surchargées, les agents saumurois du comité révolutionnaire alertent le représentant du peuple Francastel sur les conditions de vie des incarcérés, soumis à « une sorte de bivouacq, exposés a toutes les intempéries de lair et entassés dans leur fange. Ils viennent à cet égard nous présenter une pétition… Peut-être aviseras tu dans ta sagesse, a nous dégager de ce surpoids, en le reléguant a un écart plus avantageux, nous attendons la résolution exprimée sur cet objet[51] ». Les prisonniers finissent par être placés dans la salle municipale du Jeu de Paume, guère mieux adaptée, mais utile dans cette situation exceptionnelle[52]. Bivouac et salle municipale incombent aux frais de la cité, déjà endettée par la guerre et bien incapable de dégager une ligne budgétaire supplémentaire pour répondre à l'injonction de Francastel.

Dans un contexte éminemment tendu, la ville d'Angers tente de se préparer à cet afflux massif d'une population dangereuse. Dès 1793, tous les bâtiments jugés suffisamment grands sont réquisitionnés quel que soit leur usage antérieur. C'est ainsi que l'hôpital des « galleux » sert de prison pour femmes, malgré la mauvaise « distribution des appartements »[53]. Sa fermeture ne sera pourtant effective qu'en septembre 1795, au moment de la pacification vendéenne. L'ancienne abbaye Saint-Aubin, la Rossignolerie, l'église des Petits-Pères, le Petit et le Grand Séminaire, les Cordeliers, le Calvaire, le Carmel, la Croix, le Bon-Pasteur et les Pénitentes renforcent la maison d'arrêt à laquelle s'ajoute la prison de la Citadelle, sise au château, soit 14 lieux de détention de plus ou moins grande importance[54]. Angers se dote ainsi en quelques semaines de plusieurs prisons, offrant à la justice d'exception de quoi enfermer plusieurs milliers de personnes.

C'est ainsi que sous la Terreur, plus particulièrement entre janvier et avril 1794, Angers s'apparente à une ville-prison. S'y concentrent les échelons judiciaires les plus importants, du tribunal criminel à la commission militaire, et toute la logistique qui les accompagne. Quartiers et faubourgs de la cité en portent la marque. Citant Michel Foucault, Thomas Pasquier parle « d'archipel carcéral[55] » pour la prison nantaise du Bouffay. Le concept foucaldien suppose en effet à la fois l'existence d'un complexe pénitentiaire à l'organisation tentaculaire, d'une architecture qui structure la prison elle-même et l'inscrivant dans un réseau judiciaire complet inséré dans la société tout entière. À ce titre, à l'échelle locale, la ville d'Angers illustre ce système et emprunte au modèle foucaldien. Les prisons marquent de leur empreinte le paysage urbain, l'organisation administrative et l'esprit de la société. Un réseau d'établissements carcéraux innerve en effet la ville, comme le montre la carte ci-dessus (p. 123). Le chef-lieu départemental devient à l'heure de la justice d'exception un archipel carcéral, avec cette particularité d'être placé au contact du front, soit en prise directe avec la zone en guerre civile, réservoir inépuisable de suspects contre-révolutionnaires. En cela, il dépasse même les réflexions de Michel Foucault. Toujours est-il que les prisons forment à Angers, avec le tribunal révolutionnaire, le second attribut de la justice d'exception.

L'insoluble décompte du nombre des prisonniers à Angers

Il est difficile d'estimer le nombre de tous ceux qui ont peuplé cet « archipel carcéral » angevin entre 1793 et 1794. Les geôliers ne tiennent pas rigoureusement de registres d'écrou. Carrier et ses sbires nantais le montrent assez : ils ne listent pas le nom des prisonniers tirés des cellules nantaises pour être conduits à la fusillade ou à la noyade en Loire[56]. Quoi qu'il en soit, les évaluations des populations carcérales de Nantes sont mieux connues que celles des chefs-lieux des autres départements de l'Ouest. Au début de l'année 1794, selon des officiers municipaux nantais, toutes les prisons de la ville renfermeraient 12 000 prisonniers. Six mois plus tard, le représentant du peuple Bô les estime à 3 000. Toujours à Nantes, début août 1794, au moment de la première pacification, une recension précise fait état de 1 989 prisonniers dont 1 172 hommes, 801 femmes et 16 enfants[57]. Selon le contexte historique, les archives carcérales oscillent entre des chiffres assez vagues ou, à l'inverse, à l'unité près. Ce dénombrement incertain reste un bon thermomètre de l'intensité de la crise politique et militaire de l'Ouest intérieur.

Pour l'Anjou, la situation est plus compliquée, mais on peut tout de même se faire une idée. Si les comités de surveillance établissent des procès-verbaux lors de l'arrestation des suspects, ils ne précisent pas où sont conduits les « brigands », s'ils sont entendus par les juges, ni s'ils vont réellement en prison. Le cas d'Angélique Guimbretière, nous l'avons vu, témoigne des aléas de l'internement.

Dès octobre 1793, quinze jours après la terrible bataille de Cholet, le représentant du peuple Pérard estime à 1 000 ceux qui croupissent dans les geôles angevines[58]. Fin décembre 1793, le général Robert annonce au ministre de la Guerre Bouchotte qu'Angers détiendrait désormais 2 000 prisonniers[59]. En deux mois, les chiffres ont doublé. Les rapports en rendent compte en constatant « l'affluence des détenus[60] » et en observant que ces prisons « regorgent » de prisonniers. Pour ne rien arranger, les suspects disséminés dans les autres dépôts départementaux convergent vers le chef-lieu. Pour le seul district de Saint-Florent, placé sur le front de la guerre civile, le représentant du peuple Francastel croit savoir que 1 243 « brigands » sont sur le point d'être transférés vers Angers[61]. La ville devra alors prendre en charge plus de 3 200 Vendéens, soit environ 10 % de sa démographie ! En janvier 1794, les cellules sont toujours surchargées, car les Vendéens, capturés et arrêtés lors des combats de la Virée de galerne (octobre-décembre 1793) ou par les colonnes infernales lancées depuis le 21 janvier

1794, sont légion. Les rapports s'en alarment régulièrement, signe d'une réelle préoccupation. Au final, on peut risquer le chiffre de 8 000 à 9 000 victimes d'une incarcération dans la capitale de l'Anjou entre décembre 1793 et avril 1794, soit près d'un quart des habitants d'Angers.

Face aux conditions de surpopulation carcérale, la commission militaire Parein-Félix ordonne une enquête, doublée d'une justice extra-légale, comme nous le verrons. Jacques-Guy Petit estimait que les enquêteurs y auraient entendu 2 404 détenus. Ce chiffre très important donne une idée du stock des prisonniers à gérer et de l'état de surpeuplement des lieux de détention angevins[62]. En réalité, il n'a pas pris en compte tous les interrogatoires. On peut compléter son chiffre de 1 000 supplémentaires. Au total, 3 471 prisonniers ont été convoqués devant les membres de la commission. Par ailleurs, les prisons, non seulement surpeuplées, sont surtout très inadaptées.

C'est ainsi que, début janvier 1794, la prison du Calvaire rassemble « 553 femmes et enfants[63] » ; dans la première semaine de février, 343 femmes – entre-temps, des condamnations à mort ont été prononcées ; à la fin du mois, 331 femmes. En février 1794, au plus fort des rafles des colonnes infernales, à peine des cellules sont-elles libérées que de nouvelles suspectes y sont admises. En mars, le Grand Séminaire compte encore 444 prisonniers. La Citadelle ne peut contenir que « 200 à 300 individus[64] », mais fin avril 1794, elle en détient plus de 800. Les officiers municipaux d'Angers sont inquiets de « la réunion de tous ces individus dans une seule maison [...] très dangereuse et funeste[65] ». Le conseil général décide alors que les condamnés à mort seront redirigés vers la prison nationale, tandis que la Citadelle devra se concentrer sur « les militaires et les citoyens prévenus de délits ordinaires et condamnés par la police correctionnelle ». Les agents révolutionnaires ne font que déplacer le problème. Néanmoins, ce travail de tri des suspects montre qu'ils ébauchent une rationalisation progressive de l'espace carcéral. Les Pénitentes et le Bon Pasteur se dépeuplent peu à peu, respectivement une cinquantaine de femmes pour la première et une centaine pour la seconde, mais au prix de nombreuses condamnations à mort entre février et avril 1794[66].

Début avril 1794, Félix, président de la commission militaire angevine, annonce à la section des sans-culottes de Paris que, depuis trois mois, les prisons ont été vidées de 2 200 « scélérats » ; « 4 à 500 vont être fusillés ces jours-ci »[67] ; il reste encore en instance de jugement 2 000 prisonniers. Pour Félix, la commission se hisse à la hauteur du défi lancé par les Vendéens à la République en appliquant la loi d'exception avec toute la rigueur qui s'impose.

Le prisonnier comme atout militaire

Plus prosaïquement, les républicains voient l'intérêt immédiat à tirer de cette masse de suspects emprisonnés. Placée à mi-chemin entre la justice d'exception et l'action sur le terrain militaire, la quête du renseignement extorqué aux prisonniers est un classique du fait guerrier, *a fortiori* quand il s'agit d'une guerre civile. Chaque instance républicaine interroge les prisonniers en fonction de ses intérêts. Les comités se focalisent sur la surveillance civile ; l'armée de l'Ouest, sur les manœuvres ennemies.

Les détenus sont ainsi encouragés à dénoncer les chefs et à préciser les structures et les organisations des rebelles. Le travail du comité révolutionnaire de Cholet le montre assez, lui qui est placé sur le double front de la guerre et de la justice. Il prépare en amont les dossiers judiciaires et repère les individus les plus susceptibles de livrer des informations intéressantes. Dès décembre 1793, les interrogés livrent le nom des principaux chefs de la zone insurgée et, grâce au recoupement d'informations, les républicains reconstituent l'état-major vendéen : Sapinaud, Bonchamps, « Marigni[68] », d'Elbée, Stofflet, Charette et La Rochejaquelein reviennent régulièrement. Les suspects désignent aussi les personnages secondaires, longtemps inconnus des républicains, comme Bérard, Camont, ou autres recruteurs de leur armée, Fournier de Mortagne, Clemanceau de Jallais. Grâce aux aveux, les révolutionnaires connaissent même les membres des comités royalistes et y trouvent là des atouts précieux pour espérer décapiter le mouvement contre-révolutionnaire.

L'armée, quant à elle, cherche des renseignements tactiques en vue des batailles. En juin 1794 par exemple, grâce à l'un des brigands capturés, le général Boussard apprend qu'il vient d'affronter, près de Challans, Charette et Stofflet réunis. Il connaît le nombre de combattants et de cavaliers que chacun a mobilisé pour ce combat[69].

Il sait même où ils ont bivouaqué et où ils se sont quittés. À la fin du mois, fort de ces informations, complétées par d'autres obtenues auprès de Vendéens emprisonnés, l'adjudant-général Delaage réussit à contrer un mouvement des troupes de Charette et met en déroute Stofflet « qui devait le joindre[70] ». Ses collègues Dutruy et Dusirat complètent les renseignements. Des captifs leur apprennent ainsi que le chef Saint-Pal est isolé avec des hommes mal armés, que « Jolly était du côté du Poiré avec très-peu de monde, étant brouillé avec Charette[71] », et que ce dernier a des effectifs de plus en plus réduits. L'armée de l'Ouest a de quoi jubiler : elle sait tirer profit des interrogatoires des prisonniers et, fin juin 1794, le succès lui semble acquis.

Le renseignement va de pair avec l'espionnage, autre obsession républicaine. Le représentant du peuple Francastel soupçonne tous les Vendéens, y compris les réfugiés, des « mitoyens qui, pour se ménager les deux causes, vivent avec les républicains, tandis qu'ils rendent des services clandestins aux révoltés[72] ». Les comités de surveillance sont à la recherche minutieuse des espions et ciblent certains individus, plus susceptibles que d'autres, par leur profession, leur habitation, leur réseau, leur déplacement, de guetter les républicains et de transmettre les messages aux ennemis.

Selon les républicains, nobles et prêtres sont par essence des espions en raison de leurs penchants naturels à la dissimulation et de l'intérêt politique qu'ils ont à balayer la Révolution. Le chevalier Jacques-Philippe Renault, marchand de vin en gros, voyage beaucoup à cheval.

Malgré l'absence de preuves, à cause de sa noblesse et de sa profession, la commission militaire le condamne, en janvier 1794, pour espionnage. Il « n'a pourtant jamais parlé contre les rebelles ce qui annonce plus qu'une indifférence pour la chôse publique[73] », comme le mentionne sa condamnation à mort.

Pierre Sanglier cumule les handicaps. Gentilhomme saumurois, il part en Hollande en 1788 et se place chez un banquier à Amsterdam, puis à Rotterdam. Incapable d'apprendre la langue, il décide de revenir dans son pays natal. Pour échapper à la loi des émigrés, il falsifie son passeport. C'est à ce titre qu'il est « convaincu d'espionnage et mis à mort[74] ». Sanglier a tout de l'espion international à la solde de l'étranger et antipatriote.

Le genre pèse aussi fortement, car les femmes sont particulièrement soupçonnées d'espionnage. Elles se déplacent plus discrètement, écoutent les rumeurs et les rapportent aux ennemis[75]. Alors que Marie de la Haye du May va à Cholet pour chercher ses « hardes qui était resté là[76] », elle est immédiatement soupçonnée par le comité révolutionnaire choletais. Elle arrive cependant à le convaincre de son innocence et est finalement élargie. Renée Martin, elle aussi, réussit à échapper à la suspicion du comité, malgré la charge de l'un de ses membres, Routiau. Il note, dans la marge du procès-verbal, que « cette femme est une instigatrice embaucheuse espionne pour les brigands et leur a rendu tous les services possibles[77] ». Renée Martin n'est pourtant pas déférée devant un tribunal. Devant le même comité choletais, Marie Hy n'a pas cette chance. Boulangère à Maulévrier, considérée comme une espionne, elle est envoyée devant la commission militaire et guillotinée à Saumur, le 22 janvier 1794[78]. La peine exemplaire de la guillotine montre assez l'importance que les républicains accordent à ce type de crime.

La commission militaire, en bout de chaîne judiciaire, ne récupère qu'une partie des prisonniers déférés en premier lieu devant les comités de surveillance. Elle condamne les coupables d'espionnage sous l'inculpation d'« intelligences avec les brigands ». Cette expression désigne à la fois l'espionnage et la trahison de la République. Sous ce délit, entre 1793 et 1794, les commissions ont entendu et jugé 92 hommes et 24 femmes. Les hommes, surtout des civils (57), sont pour certains des soldats et des officiers républicains (35). Paradoxalement, les militaires révolutionnaires sont davantage disculpés que les civils : pour 10 militaires (30 %), 31 civils (54 %). Quant aux femmes, quatre d'entre elles (16 %) sont fusillées ou guillotinées sous ce chef d'inculpation.

Les aveux des prisonniers ont donc permis de cerner avec précision l'organisation des insurgés. Même si l'espionnage relève largement du fantasme des Bleus, à la mi-mars 1794, Lepetit, secrétaire des représentants du peuple, est persuadé que le travail des comités et des commissions militaires a porté ses fruits : « Les rebelles ne connaissent plus nos desseins, nous leur avons ôté leurs espions en faisant évacuer tous les habitans du pays, de sorte que maintenant nous tombons sur eux au moment ou ils nous croyent bien loin[79]. » C'est largement exagéré, comme le montre la situation militaire encore fragile pour la République au début du printemps 1794. C'est d'ailleurs à cette date qu'est initiée la pacification en Vendée militaire[80].

Chapitre IV

L'horreur des conditions carcérales

Le périple des suspects se décompose donc en différentes étapes : arrestation par l'armée, première audition par le comité révolutionnaire local, emprisonnement de fortune en attendant une évacuation vers Angers, pôle majeur et ultime de l'armature judiciaire. Avant leur comparution, ils sont incarcérés dans des prisons « homologuées » par les autorités révolutionnaires angevines, c'est-à-dire placées sous l'autorité des commissions militaires en vue d'un jugement. Le fonctionnement des prisons d'Angers est mieux connu que celui des centres de détention périphériques, ce qui permet de constater combien la logistique carcérale est souvent dépassée par l'intensité de la politique répressive des autorités civiles et militaires du département. Incuries et carences de l'administration pénitentiaire exposent les prisonniers à un quotidien tragique. Le manque de nourriture et de soins, la proximité malsaine des valides avec les malades et les morts abandonnés ne provoquent que très rarement l'indignation du personnel pénitentiaire. La prison participe au dépassement des seuils de violence d'une République en guerre civile.

Le personnel pénitentiaire dans le chaos de la justice d'exception

Dans le système répressif, les établissements pénitentiaires et leur personnel sont invariablement délaissés par l'administration départementale et municipale. Celles-ci sont tout simplement submergées par l'ampleur soudaine de la tâche et dépourvues de réels moyens d'action. La précarisation de l'infrastructure est un indéniable marqueur de la brutalité de la justice d'exception. Mais rares sont les agents qui, comme l'administrateur des prisons Joseph Trotouin, osent protester contre les conditions de travail et de vie insoutenables dans le milieu carcéral angevin.

Concierges républicains, supplétifs dans la machinerie punitive

Jusqu'en 1793, le travail du personnel carcéral était déjà ingrat et difficile. Au plus fort de la guerre civile, durant les trois premiers mois de l'année 1794, en raison de l'afflux par vagues de milliers de suspects extirpés de la zone de guerre, il est tout simplement devenu insurmontable. La fonction de gardien de prison est exclusivement réservée aux hommes. Au début de la guerre de Vendée, on trouve quelques femmes à la tête des prisons féminines. Celles-ci ont fini par en être exclues, sous prétexte que l'autre « sexe n'est pas fait pour de si grandes responsabilités[1] », comme l'exprime le comité de surveillance de Saumur à l'hiver 1793-1794. Le comité exploite le cas de la gardienne de la maison d'arrêt saumuroise, jugée trop laxiste et finalement démise de ses fonctions à la fin de l'année 1793.

Même parmi le personnel de prisons vouées exclusivement aux suspectes et aux enfants, seuls des hommes sont affectés. Cependant, des administrateurs ont obtenu le droit d'embaucher leurs épouses. Celles-ci sont d'ailleurs mal rétribuées, pas plus de 20 sous par jour – une fois et demie le salaire d'un journalier –, et sans mission clairement définie. En somme, elles sont les bonnes à tout faire. Le travail féminin dans les prisons est durablement mal considéré et les victimes de la répression ne peuvent compter sur un personnel compétent[2].

En haut de la hiérarchie, le poste permanent le plus important est occupé par le concierge, le grand patron[3]. Il touche des revenus très variables qui dépendent logiquement de l'importance de l'établissement. En mars 1794, un état des dépenses révèle que le salaire peut varier du simple au double. Deux prisons homologuées, la Citadelle et la Maison d'arrêt, confèrent à leurs titulaires des émoluments bien différents. Le premier touche 700 à 800 livres par an, le second, 1 200, soit quatre à six fois le salaire annuel d'un journalier. Celui de la Maison de justice est le mieux loti avec 1 700 livres par an, soit plus de huit fois le revenu le plus bas de la fin du XVIIIe siècle[4].

Ces responsables disposent d'employés, peu payés, pas plus que de simples journaliers et ouvriers[5]. Ce sont les hommes à tout faire des prisons, se chargeant des courses, de la surveillance et de la logistique. Les concierges angevins peuvent compter sur deux titulaires par prison, parfois un troisième à titre exceptionnel. Leur mode de recrutement n'est pas réglementé si des besoins ponctuels se font sentir. En somme, ces commis sont les manœuvriers des pénitenciers.

Le travail y est harassant comme le déplore le concierge de Saint-Aubin Pierre Renou, « exténué de fatigues [...], malade au point de craindre pour [sa] vie[6] ». Que dire alors des concierges, hors de la ville d'Angers, encore plus mal lotis, tel celui des Ponts-de-Cé, dont la rémunération, plus basse encore que celle des aides des prisons angevines, ne dépasse pas 25 livres par mois[7] ? Fin 1793, il renégocie et finit par obtenir 35 livres par mois, soit encore cinq fois moins que la rétribution mensuelle du concierge de la prison des Halles à Angers. Du moins peut-il toucher un salaire, même médiocre, à la différence de ses homologues de la fin du XVIIIe siècle qui ne pouvaient compter que sur les revenus de leurs fonctions « d'hôteliers et de créancier[8] ».

Un homme, Bezot, se distingue parmi tout ce personnel. Il intervient dans « diverses prisons, surtout à la Citadelle d'Angers », comme « surveillant »[9] – jusque-là rien de bien étonnant dans l'univers carcéral. En revanche, il dépend directement de la commission militaire qui l'a chargé de la « sûreté de la détention des prisonniers », ce qui en fait un agent spécial de l'appareil répressif. Aucun autre membre du personnel pénitentiaire n'a reçu de telles consignes de cette instance judiciaire. Son traitement aussi détonne : 1 200 livres pour six mois d'activité, entre novembre 1793 et mai 1794. On est loin des salaires des concierges ou de leurs subalternes. Bezot avait certainement une mission singulière de supervision de nature politique et militaire. Était-ce surveiller, non seulement les prisonniers, mais aussi les administrateurs, en quelque sorte jouer le rôle d'inspecteur et en rendre compte directement à la commission militaire ? Devait-il prendre le pouls de l'univers carcéral situé au cœur de la ville d'Angers ? Rien n'est explicite quant à son rôle ni à ses relations avec le personnel des prisons. Après mai 1794, Bezot disparaît des comptes judiciaires du département de Maine-et-Loire, moment qui correspond précisément à la déconfliction de la crise politico-militaire en Anjou.

Finalement, la Révolution n'améliore pas la situation du personnel pénitentiaire, bien au contraire. Tout comme à la fin du XVIIIe siècle, le budget est toujours aussi mal connu, le personnel, toujours aussi mal considéré, la situation des concierges, toujours aussi aléatoire. Pis, ces agents des prisons républicaines ont à assumer une surcharge de travail résultant de la pression de la répression civile et militaire.

« Humaniser » la prison pour élever la cause républicaine

Les concierges et leurs commis sont placés sous l'autorité d'un « administrateur », dont le rôle est déterminant dans le travail de supervision des prisons et des conditions de détention. L'un d'entre eux, le plus important et le mieux connu, est sans conteste Joseph Trotouin. Sa correspondance avec les autorités civiles et militaires d'Angers est régulière et témoigne de ses prises de position, parfois critiques, vis-à-vis de l'administration républicaine. Une liberté de ton qui a failli lui coûter cher.

Depuis 1793, ce personnage a acquis une expérience dans la gestion des prisons angevines. Il a en charge celle du Calvaire, l'une des prisons les plus importantes de l'archipel carcéral, enfermant femmes et enfants venus de la Vendée, de 350 à 550 au plus fort de la répression, entre janvier et mars 1794[10]. Ces Vendéennes dont il a la charge, raflées lors des combats ou par les colonnes, sont en attente de leur jugement. Comme ses collègues, les moyens dont il dispose sont dérisoires. Il ne peut compter que sur une équipe réduite et à temps partiel : un concierge, un ou deux chirurgiens qui viennent occasionnellement visiter les prisonnières et deux « porteurs de morts » chargés d'évacuer les cadavres.

Trotouin fait partie de ces agents révolutionnaires, placés sur la ligne de crête de la répression dont le franc-parler et la sincérité de l'engagement républicain l'exposent aux critiques. En février 1794, il est mis en cause par Samuel Dumarchais, maréchal des logis de la

35e division du puissant corps de gendarmerie. La dénonciation dont il est la cible lui donne l'occasion, non seulement de se défendre, mais encore de justifier sa mission dans un contexte répressif tendu. Il lui est reproché d'avoir blâmé l'action de la commission militaire en estimant qu'elle bafouait les règles judiciaires les plus élémentaires, en envoyant à la fusillade des détenus sans avoir pris le temps de les interroger. Trotouin aurait ajouté que « ce qu'il disait était d'autant plus vrai qu'il le dirait hautement et qu'il n'avait pas honte de dire la vérité[11] ».

Inconscience ou courage, Trotouin, en interpellant Dumarchais, s'attaque directement à un attaché au service exclusif de la commission militaire dont la fonction consiste à amener les prisonniers devant les juges ou les recenseurs, mais aussi à organiser les fusillades. Dumarchais, en adepte d'une répression rigoureuse contre les Vendéens, est peu amène à souffrir une quelconque contestation. Trotouin risque donc sa tête.

Convoqué devant la cour de justice incriminée, Trotouin est tenu de s'expliquer. Non seulement il ne dément rien, mais réitère sa critique, en ciblant précisément Roussel, l'un des membres de la commission militaire. Celui-ci lui aurait promis « qu'il allait mettre plusieurs individus en liberté [ce à quoi Trotouin avait] répondu que c'était tant mieux qu'il fallait rendre la justice à l'innocent comme au coupable », sous-entendant ainsi que la justice manquait en partie à sa mission. Il en profite pour faire avancer la cause « des enfants, qu'il y en avait un grand nombre qui perrissaient de mizère ; plusieurs étant privés de leurs mères, et dans le nombre plusieurs âgés de 6 à 7 mois. Roussel lui [aurait promis] de s'en occuper par la suite. Trotouin lui répond qu'il fallait s'en occuper de suite. Et que ce discours l'avait mis de mauvaise humeur contre » lui.

L'administrateur, tout à sa mission, donne une leçon républicaine aux membres de la commission, ceux-là mêmes qu'il avait critiqués. Il les rappelle à leur devoir révolutionnaire, à savoir rendre une justice prompte, équitable et humaine, afin de préserver notamment les enfants des misères carcérales. Non seulement Trotouin est relaxé par la commission militaire, preuve qu'il est suffisamment estimé et qu'il a su se rendre indispensable, mais il réintègre son poste d'administrateur du Calvaire[12].

À peine sorti de ce mauvais pas, trois semaines plus tard, en avril 1794, il intercède cette fois pour les sœurs hospitalières. Les religieuses ont présenté une pétition à la commission militaire pour s'occuper des malades détenus. Trotouin atteste de leur dévouement médical et valide l'intérêt d'une action hygiéniste dans les prisons pour le bien commun de la société angevine : elles ont soigné patriotes et suspectes en prison ; elles ont réussi à « chasser l'air pestilentiel qui y régnait, lequel a moissonné plusieurs patriotes savoir 3 concierges, 2 administrateurs et 2 porteurs de morts, et rendu malade tous les administrateurs et administratrices médecins et autres[13] ». Après l'affaire Dumarchais et dans un contexte de crise extrême où le clergé reste la première cible de la justice d'exception, Trotouin n'hésite pas à prendre le risque d'une nouvelle confrontation avec la commission militaire pour que les religieuses restent au Calvaire et l'épaulent dans sa tâche difficile de salubrité publique. Cette fois, il perd. La commission militaire prononce en effet la « déportation » des religieuses hospitalières qui a lieu deux semaines plus tard[14].

Trotouin réclame également au comité révolutionnaire d'Angers des travaux d'entretien dans la prison du Calvaire, là encore au nom de l'« humanité[15] ». À plusieurs reprises, il répète combien il « est affligeant pour des amis de l'humanité de voir dans les jours de pluie l'eau qui pénètre dans les chambres et découle dans les corridors ». Peine perdue cette fois encore, car les travaux ne seront pas accordés. Le comité révolutionnaire a collaboré étroitement avec la commission militaire en cette affaire. Puissamment impliquée dans la répression vendéenne, que lui chaut le sort des prisonniers en ces temps où la clémence n'a guère de sens ? La requête de Trotouin est bien inopportune aux yeux d'une justice d'exception dont la perspective n'est pas d'investir durablement dans les prisons, ni pour le confort des « brigands », mais bien plutôt de détruire au plus vite le foyer insurrectionnel.

Le terme d'humanité mérite qu'on s'y arrête. Il appartient à une sorte de fonds culturel commun aux républicains engagés sur le front vendéen. On connaît la citation de Carrier, le fameux représentant du peuple à Nantes, qui, à la même époque, proclame que « c'est par principe d'humanité que je purge ces monstres de la terre[16] ». Dans le Maine-et-Loire, les occurrences de ce mot sont nombreuses, car on en relève 24 dans les rapports des juges de paix et des tribunaux de districts, comme sous la plume d'administrateurs du département ou de membres des comités révolutionnaires. Trotouin l'emploie ici dans un double sens, pragmatique et idéologique. Mais il manque sa cible. Comme l'affirme l'historien Serge Luzzato, les Vendéens sont des êtres étrangers au contrat social et donc, à ce titre, « in-humains[17] ». D'une certaine manière, par le manichéisme que ce terme induit, faire montre d'humanité, c'est réaffirmer intentionnellement la juste exclusion des ennemis de la nation républicaine.

Si on ne peut mettre en doute l'honnêteté de son engagement politique révolutionnaire, Trotouin est prêt à se compromettre pour soulager « ses » prisonnières, dont la plupart sont considérées comme fanatiques et ennemies naturelles de la République. Cet administrateur des cloaques carcéraux d'Angers n'est pourtant jamais lâché par les autorités révolutionnaires de la place de toute la durée de la guerre de Vendée[18]. Serviteur sincère des idéaux de la République, agent qui œuvre avec professionnalisme à la bonne marche de la machine carcérale angevine, alibi administratif au temps de la Terreur, ou les trois à la fois, le cas Trotouin conserve cette part d'énigme qui pourrait atténuer le regard historique sur la rigueur de la justice d'exception.

Le quotidien tragique des prisonniers dans l'univers carcéral d'exception

Si les conditions de travail des personnels pénitentiaires sont difficiles, que dire alors des conditions d'existence des prisonniers ? Tout manque, nourriture, soins, médicaments, hygiène élémentaire… Les risques d'épidémies sont élevés, non seulement à l'intérieur des établissements, mais également hors des murs des prisons, exposant les habitants de la ville. Cette situation est rendue plus funeste encore pour les enfants, seuls ou accompagnés. Comble de l'horreur : des captifs décédés sont négligemment laissés dans les cellules jusqu'à plusieurs jours, sous le regard des survivants, dégageant puanteur et miasmes, ce qui ajoute à la violence physique une terrible violence psychique. Cette situation démontre que les institutions républicaines sont à la fois pressées par les événements et qu'elles administrent volontairement *a minima* une économie de la captivité au service de la justice d'exception.

Défaillance logistique du système carcéral

Déjà à la fin du XVIIIe siècle, dans l'Anjou de l'Ancien Régime, la vie quotidienne carcérale est difficile pour les prisonniers. Abus et violences sont courants et régulièrement dénoncés auprès des administrations de la monarchie[19]. À partir de mars 1793 et ce, mois après mois, les conditions de détention s'aggravent. Les conséquences sont terribles, en particulier sur les femmes et les enfants abandonnés à leur triste sort dans une sorte de vide juridique. En Anjou, les détenus affrontent comme ailleurs les problèmes de surpopulation qui mettent à mal les âmes et les corps, déjà bien affaiblis par les souffrances endurées par les ravages de la guerre, les arrestations et les longues marches vers les centres de détention du chef-lieu de département.

La structure des prisons n'arrange pas la situation. Trotouin, on l'a vu, dénonce la vétusté et la promiscuité des geôles. Les cellules, souvent petites, sans ouvertures et donc privées « des rayons bienfaisants du soleil[20] », ne favorisent pas la circulation de l'air. L'officier de santé Bossard alerte les autorités angevines en insistant sur les risques épidémiologiques qui pourraient se diffuser dans et hors de l'enceinte des prisons.

Les institutions civiles et militaires angevines sont sensibles à ce dernier argument. Elles sont régulièrement confrontées à des rumeurs selon lesquelles les Vendéens répandent la maladie sur leur passage. Pendant la Virée de galerne, entre octobre et décembre 1793, les habitants de l'Ouest parlaient de « brigantine » pour désigner des fièvres contagieuses des « brigands de la Vendée ». On s'angoissait même du retour de la peste à la faveur de leur itinérance dans le grand Ouest intérieur. Les autorités départementales ont dû se montrer persuasives pour mettre fin aux rumeurs et calmer les peurs collectives. Il reste que la situation désastreuse des prisons, situées en plein cœur d'Angers, comporte un réel risque de réactivation de telles peurs paniques. Des médecins refusent d'ailleurs de s'y rendre[21]. Autant par motif sanitaire que sécuritaire, les pouvoirs locaux se doivent d'agir, mais la réponse choisie est éloquente.

L'une des conséquences indirectes et tragiques du rapport de Bossard est le recensement des prisons par la commission militaire entre janvier et avril 1794. Les procédures judiciaires s'accélèrent, quitte à s'affranchir de toute règle légale. Vider les prisons pour éloigner le risque des contagions est l'un des objectifs des recenseurs. Pour aller vite, ceux-ci ne mentionnent que rarement les malades – à quarante-six reprises seulement, sur 3 471 interrogés, soit 1,5 %. L'un des administrateurs du Calvaire complète la liste d'origine par 35 femmes « hors d'état de se présenter par leurs infirmités et leurs maladies[22] ». Certaines d'entre elles sont entrées en agonie et, de ce fait, sont incapables de répondre à la moindre question. À la même époque, l'officier de santé Bossard, dépêché dans la prison du Calvaire, estimait à 250 ou 300 le nombre de « malades de cette maison », soit au moins les deux tiers des détenus de ce centre carcéral. On est loin du total des 81 fiévreux avancés par les recenseurs entre janvier et avril 1794.

La dysenterie et la gale, maladies typiques de la promiscuité de l'environnement carcéral déjà bien avant la Révolution, sont les preuves d'une hygiène déplorable. Ces pathologies s'y répandent facilement et rapidement. Le typhus, favorisé par la vermine, tels les poux, fait aussi des ravages. En plein hiver 1793, alors même qu'on n'a pas atteint le pic des internements, Gauthier, le concierge du Grand Séminaire, et Livier, un des apothicaires d'Angers chargé des visites des prisons, se lamentent de l'absence de renouvellement de la paille : « Il y a six semaines que les prisonniers l'ont. Elle est minée comme du son, nous ne pouvons les changer puisque nous n'en avons pas d'autre[23]. » Trois mois plus tard, au Calvaire cette fois, l'officier de santé Bossard décrit, lui, des « individus plongés dans la fange, rongés par la vermine et entassés [...] sur de la paille en partie pourrie par les matières stercorales des malades[24] ». Comme elle est essentielle pour préserver les suspects du froid et de l'humidité, à défaut, on la garde, mais, impropre, elle favorise par conséquent la propagation des maladies contagieuses.

La République, qui a manifestement peu de moyens, reste sourde à ces demandes. L'armée de l'Ouest elle-même ne cesse de se lamenter de telles carences logistiques[25]. Pour le représentant du peuple Francastel, « ceux qui sont présumés avoir conspiré contre la Patrie [ne doivent pas mieux être] traités que les soldats de la République[26] ». C'est là un postulat politique mortifère pour les prisonniers. En ce premier hiver de la guerre civile, les fonds publics manquent pour régler ce problème matériel. La somme mobilisable devait être élevée, car on a évalué à 200 livres le montant d'investissement en paille pour une seule prison par mois – soit le prix d'un attelage de deux bœufs par an ou deux fois le salaire annuel d'un journalier ! Appliqué ce montant aux 14 établissements angevins, le budget mensuel nécessaire en paille approcherait les 3 000 livres, une fortune à l'heure des pénuries.

Dans ces conditions, les prisonniers ne peuvent espérer « aucune commodité et [sont] obligés de faire leurs ordures dans l'enceinte même des prisons[27] ». Ni hygiène ni intimité pour les Vendéens donc, et des administrateurs du district qui s'avouent « honteux », au point de s'en plaindre au Comité révolutionnaire d'Angers. Il faut donner des « baquets » et des « balais », sujets loin d'être anecdotiques dans le quotidien carcéral. Des fonds y sont finalement consacrés au cours de l'hiver 1793-1794, à hauteur de 120 livres pour la maison d'arrêt d'Angers[28], tout comme (sans budget précisé) pour celle de Saint-Aubin[29]. À extrapoler aux douze autres centres de détention, le pouvoir révolutionnaire devait mobiliser encore près de 1 680 livres. Rien d'étonnant cette fois encore à ce que le linge, le bois de chauffe, les chandelles, fassent tant défaut.

La préoccupation majeure reste le ravitaillement alimentaire des prisons. Celui-ci pose un problème logistique considérable pour la ville d'Angers. Dès le XVIIIe siècle, la loi prévoyait que les prisonniers paient eux-mêmes leurs frais de bouche. En vrai, tous les détenus, souvent issus de milieux précaires, ne pouvaient pas se le permettre. Les concierges de la fin d'Ancien Régime, dont les salaires dépendaient en partie de cette source de revenus extérieure, s'en plaignaient régulièrement auprès de l'administration royale. Cette réalité se dégrade davantage sous la Révolution française et on imagine aisément que la guerre civile n'améliore pas la situation générale. La plupart des incarcérés capturés dans le bocage n'ont aucun moyen pécuniaire. La nourriture y est donc de très mauvaise qualité : pain gâté, bouillon « fait avec des graisses ou de rebuts de viande et encore […] qu'en petite quantité[30] ». À Saint-Aubin, 239 femmes sont dépendantes du pain « fourni par la maison[31] ». C'est ce qui explique qu'au Grand Séminaire, notamment, de médiocres rations des prisonniers sont distribuées un jour sur deux.

Les administrations angevines ne détaillent pas précisément la comptabilité des prisons. Tout au plus sait-on qu'en octobre 1793, au Grand Séminaire, on a dépensé 356 livres pour « des gobelets de bois, des plats de terre, le blanchissage de linge, viande, beurre, chandelles, chartée de pailles, pour éguiser le coutteau à couper le pain[32] ». À Saint-Aubin, au pain pour 85 livres 5 sous s'ajoutent 478 livres pour pallier les « frais de serrurerie[33] », le beurre, les légumes, le vin, la viande et des remèdes pour les malades.

L'administrateur du Calvaire, Trotouin, adresse à deux reprises au conseil départemental le total des dépenses de son établissement, pour une durée d'un mois, entre décembre 1793 et janvier 1794, et pour une durée de deux mois entre juin et août 1794. Pour la première période, les frais s'élèvent à 5 931 livres et pour la seconde, à 3 914 livres totalisant la « portion des frais de nourriture, médicaments et autres fournitures pour les détenus[34] ». À l'été 1794, les dépenses ont diminué *grosso modo* d'un tiers, ce qui peut s'expliquer par le relâchement de la politique répressive. En effet, en janvier 1794, la prison renfermait deux fois plus de détenues qu'à l'été 1794 qui coïncide avec le processus de pacification initié par l'État républicain. L'armée de l'Ouest est contrainte de changer de stratégie. Désormais, les cibles ne sont plus les civils[35]. Les prisons se désemplissent alors tout naturellement.

Pour autant, malgré une logistique indigente et des centres pénitenciers livrés à eux-mêmes, la surveillance des prisonniers semble efficace, si bien que rares sont les tentatives d'évasion relatées dans les archives. Une première est décrite en avril 1794. Elle est spectaculaire. Elle implique trois volontaires chargés de garder la prison de la Citadelle et deux « porteurs de morts », Pierre Boiramé et René Bourgeon. Leur fonction consiste à évacuer les corps dans un grand panier d'osier spécialement conçu à cet effet et qui peut contenir de deux à trois cadavres. Un des prisonniers de la Citadelle, Chevallier, ayant bénéficié de complicités, s'est glissé dans un de ces paniers entre deux dépouilles. « On jetta un mort pardessus lui ce qui lui fit bien peur[36]. » Avait-il promis « un louis ou même trois » aux sentinelles ou un « pain de munition » à l'un des porteurs qui l'aurait aidé ? Toujours est-il qu'un des volontaires, chargé de la surveillance, pique le panier avec son sabre. Le Vendéen est alors démasqué et sort de sa cachette. Les faits sont graves et attestés par de nombreux témoins. Pour se sortir de ce mauvais pas, les volontaires et les deux croque-morts invoquent une sorte de « badinage » de mauvais goût. Seuls les porteurs de mort sont déférés devant la commission militaire. Ils risquent leur tête. Début mai 1794, l'instance fait pourtant preuve d'indulgence et accepte l'argument de la farce douteuse. On ne sait pas ce qu'il advint de Pierre Chevallier, mais tout prisonnier accusé de délit d'évasion était passible de la peine de mort, comme l'atteste le cas suivant.

Une semaine plus tard, la prison de la Citadelle est en effet de nouveau sur la sellette à cause d'une autre tentative d'évasion d'un certain Pierre Malécot. Plus que d'une évasion, il s'agit d'une disparition. « Caché dans une autre pièce que celle où il était ordinairement renfermé [...] il avait changé de nom[37]. » Malécot avait peu de chance d'échapper très longtemps aux recherches des sentinelles. Il est retrouvé deux jours plus tard et guillotiné dès le surlendemain[38]. En attendant, Baigné, responsable de la surveillance de la prison, est bien obligé d'avouer aux juges l'évasion de ce prisonnier, sans savoir alors que ledit Malécot demeure dans l'une des geôles. La réaction de la commission est radicale : « C'est le premier, que ce soit le dernier[39]. » Il y va de la réputation pénale et pénitentiaire de la République à Angers.

Ces deux tentatives d'évasion sont à rapporter aux milliers de prisonniers angevins. Comme dans le cas des chaînes de prisonniers en transit vers le lieu de leur emprisonnement, c'est étonnamment peu. À titre de comparaison, toutes les études sur les prisons d'Ancien Régime révèlent de nombreux cas d'évasions réussies[40]. Dans un contexte de guerre civile, de vigilance et de militarisation accrues de la société, la chance de tromper les surveillants est mince. Celles de la République sont sans doute mieux gardées. À l'opposé des défaillances logistiques, la sûreté ne fait pas défaut.

Les enfants dans la tourmente carcérale

Dans une société où le taux de mortalité infantile est élevé et l'espérance de vie courte (environ quarante ans), l'enfance est un état singulièrement plus fragile et plus précaire[41]. Seulement 50 à 60 % des nourrissons survivent au-delà d'un an. Un enfant n'est pleinement considéré qu'à partir de l'âge de sept ans. Il a dans ce cas survécu à de nombreux aléas de l'existence, accidents, malnutrition et surtout maladies telles que les fièvres puerpérales, la variole et la dysenterie qui touchent mortellement les plus faibles. L'adolescence, quant à elle, n'existe pas encore, mais on sait que les plus jeunes, entre douze et quinze ans, entrent dans l'âge adulte.

Dans un environnement carcéral aggravé par la guerre civile, les enfants n'intéressent que fort peu les enquêteurs et les juges. S'ils sont nouveau-nés, leurs chances de survie sont extrêmement réduites. En février 1794, dans la prison du Calvaire, l'officier de santé Bossard se désole de constater que les bébés « meurent en naissant ou languissent perclus entre les bras décharnés de celles qui leur ont donné le jour[42] ». Les mères, nouvellement accouchées, manquent de soins, de lumière, de nourriture. Elles ont bien du mal à allaiter correctement leur nourrisson.

Le sort des tout-petits orphelins est encore plus dramatique. Seuls survivent les plus « robustes ». Les enquêteurs des prisons sont peu enclins à les mentionner dans leur recension. Deux cas échappent au silence des archives, une petite fille âgée de quinze jours et un garçon de trois mois. Leurs mères viennent de mourir, pour la première des suites de l'accouchement, pour la seconde, de fièvre. Aucune nourrice n'est appelée pour les nourrir. À une époque où l'on ne sait pas encore remplacer le lait maternel par des produits de substitution, les deux petits n'ont assurément aucune chance de survivre.

Quand les enfants sont emprisonnés avec l'un de leurs parents, ils le sont à 90 % avec leurs mères. Les enquêteurs des prisons s'y attardent peu, se contentant d'interroger les adultes. À 23 reprises (sur 3 471 interrogatoires conservés), ils s'arrêtent sur l'un d'entre eux. Interpellés par une histoire particulière ou par un esseulement dans la prison, les agents de la justice d'exception prennent alors soin d'interroger l'enfant ou le jeune. Le cas de Marie Dureau fait partie de ces rares exemples. Âgée de huit ans, enfant « sérieux » (le sens de cette expression reste bien vague), en détention depuis cinq mois « quand la masse l'a ramassée »[43], elle semble perdue. Tout juste si les enquêteurs savent qu'elle a été raflée par une colonne infernale. En cinq mois, profondément marquée par l'expérience des ravages de la guerre civile, Marie Dureau ne se souvient plus ni des prénoms de ses parents, ni de son identité, ni même de son village d'origine. C'est dire le traumatisme subi par la jeune enfant à la suite de son arrestation et de son isolement carcéral. Elle est finalement laissée au Calvaire. Le cas d'Amant Bouin, Jallaisien de trois ans et demi, est différent. Son père était avec lui en prison. Mais l'« homme fourbe qui n'a que divagué dans ses réponses sans vouloir dire la vérité » a été fusillé[44]. La justice d'exception a considéré devoir appliquer la loi dans toute sa rigueur, quitte à disloquer une famille et rendre précaire le sort du petit désormais seul et sans protection, parmi les plus jeunes prisonniers de la Citadelle. Quant à Jacques Tibaty de Bressuire, âgé de dix ans, et malade, les recenseurs soulignent qu'il est « cependant bien adroit[45] ». Il les a aussi séduits par son récit affirmant « mieux aimer les citoyens que les brigands ». Pour pouvoir survivre, l'enfant nécessite un placement urgent hors de l'environnement carcéral, mais les archives ne permettent pas d'en savoir plus sur sa destinée. Comme l'écrit Jérémy Foa dans son ouvrage sur les morts de la Saint-Barthélemy de 1572, les Dureau, Bouin, Tibaty « sont les noms de l'impuissance, la limite d'une discipline[46] », celle d'une histoire qui ne peut tirer de l'oubli des enfants engloutis par les affres de la guerre civile et dont on ne connaîtra jamais le destin.

Les garçons âgés de quatorze ans et plus, emprisonnés sans leurs parents, intéressent plus particulièrement les républicains, en raison d'une disposition prise par la commission de la marine de décembre 1793. D'après ce texte, les enfants de moins de seize ans doivent « être employés de la manière qu'elle le jugera le plus utile à la République, sans néanmoins qu'ils puissent y être contraints[47] ». La marine a un besoin urgent de moussaillons et ne rechigne pas à les recruter parmi les captifs contre-révolutionnaires de la Vendée militaire. Sept mois plus tard, en juillet 1794, le représentant du peuple Bô abaisse même l'âge de l'enrôlement. Pour vider les prisons d'Angers, « les enfants mâles agés de dix ans et au-dessus, appartenants [*sic*] ou non aux détenus seront mis provisoirement dans une maison et employés sur les vaisseaux de la République. Ils partiront alors pour Brest et Nantes[48] ». Ils échappent de la sorte le plus souvent à une condamnation à mort, mais au prix d'un déracinement forcé et très peu de chances de retour.

Entre janvier et avril 1794, lors du recensement des prisons, cinq adolescents sur dix identifiés dans les archives y sont encouragés. L'un d'eux, âgé de seize ans, a une compétence utile pour servir sur les vaisseaux, car il est charpentier. Le deuxième, « charmant » selon les agents de la commission militaire, s'il « veut bien servir la République, désire pourtant revoir son père avant »[49], négociant pour ainsi dire une sorte d'engagement conditionnel. Le troisième se dit âgé de dix-huit ans, mais, à deux reprises, les membres de la commission militaire considèrent qu'il en paraît quinze[50]. C'est sans doute pour lui sauver la vie et l'enrôler dans la marine, car être brigand à dix-huit ans vaut un arrêt de mort. Tous auraient crié « de bon cœur : Vive la République[51] ».

Le sort des jeunes gens est en fait très variable. Tout dépend des agents de la commission militaire Proust. La sévérité des jugements de la justice d'exception est aussi corrélée au degré de tensions politiques et militaires de la région.

Indifférence à l'égard des malades et des morts

Aucune prison ne dispose d'infirmerie ni de pharmacie[52]. Pis, le personnel de santé est trop peu nombreux pour visiter de façon assidue les 14 prisons. Seuls cinq professionnels de santé sont chargés de soigner plusieurs milliers de prisonniers. Leur travail est harassant et décourageant. On ne connaît qu'un seul médecin, un certain Esnault, stationné à l'hospice militaire. C'est là qu'arrivent de jeunes Vendéens qui, une fois soignés et guéris, peuvent être enrôlés dans les armées républicaines. Pour le reste, deux officiers de santé, Godellier et Bossard, et deux apothicaires d'Angers, Gauthier et Livier, composent cette petite escouade médicale. Ils visitent ponctuellement les détenus malades, sans doute à la demande des concierges.

Tous sont mal rétribués. Pour avoir passé quatorze jours dans la prison du Calvaire « à soigner et à médicamenter les malades[53] », Godellier ne reçoit que 10 livres, soit à peine plus que le salaire d'un journalier. À la fin du XVIIIe siècle pourtant, un médecin de province touchait de 800 à 1 000 livres par an[54]. À ce compte-là, s'il ne devait compter que sur ses émoluments liés aux prisons, Godellier ne percevrait que 260 livres par an, en somme un tiers du plancher des revenus moyens d'un médecin. Une vraie misère.

Qui plus est, le personnel de santé est relativement impuissant à apporter des soins adaptés, car il manque de tout. Les médicaments sont rares, comme le déplore Bossard qui se contente d'administrer aux enfants, faute de mieux, essentiellement des « mauvais bouillons et une tisane commune[55] ». Les médecins prescrivent aux adultes des « palliatifs et des potions calmantes craignant de leur porter le coup de la mort en leur donnant des médicaments actifs qui ne produisent de bons résultats que lorsqu'ils sont accompagnés des secours accessoires », ce que le cadre carcéral ne permet pas. En mars 1794, au pire moment de la guerre civile, les officiers de santé qui interviennent dans la Citadelle « refusent d'aller voir les détenus ne trouvant point de moyens de mettre leurs ordonnances à exécution[56] ». Sans doute espèrent-ils une réaction des autorités municipales et départementales. Peine perdue. Mais, plutôt que d'abandonner les captifs malades à leur triste sort, le personnel de santé reprend ses tournées dans un même dénuement.

Les médicaments, réglisse, chiendent et guimauve, constituent l'essentiel de la pharmacopée carcérale, sans parvenir à soulager vraiment les prisonniers durement atteints. Selon Bossard, le seul remède à apporter aux détenus serait de les trier et de les affecter à des maisons spécialisées en fonction de pathologies ou de besoins spécifiques. Or les « femmes enceintes et nouvelles accouchées[57] » ne sont pas emprisonnées dans un endroit bien aéré et susceptible de leur fournir une bonne nourriture et du lait pour leurs nouveau-nés. Les orphelins malades ne sont pas non plus conduits à l'hôpital Saint-Jean. Les nourrissons orphelins ne sont pas placés chez des nourrices. Tous sont logés à la même misère.

Bossard, à l'attention du comité révolutionnaire d'Angers, formule différentes suggestions, mais ce dernier prend quinze jours à répondre. Même si l'« humanité républicaine[58] » le réclame, le comité prévient qu'il n'a aucun moyen disponible. Les prisonniers sont donc laissés en leur tragique état. Le comité propose seulement que les plus jeunes soient considérés comme des pupilles d'État et placés dans d'autres maisons aux conditions de vie tout aussi douteuses et terribles. Certains de ces établissements sont en effet soupçonnés de maltraitance par les autorités départementales : « Les êtres infortunés éprouvent à l'aspect de ceux qui les commandent une espèce de crainte et de saisissement qui nuit au développement de leurs facultés intellectuelles[59]. »

Dans cet univers carcéral abandonné à un funeste sort, seule la solidarité entre détenus semble apporter une parcelle de secours et d'humanité. Au Calvaire, quand trois petites filles viennent à perdre leur mère, c'est leur tante qui les prend en charge, en plus « de deux autres orphelines de 8 et 9 ans[60] » qu'elle élève déjà. Le fait est assez remarquable pour être mentionné par l'administrateur de la prison. Une autre preuve de dévouement entre recluses retient également l'attention du geôlier. Une jeune de vingt-deux ans « s'est constituée volontaire prisonnière[61] », au péril de sa vie, pour servir ses trois maîtresses, les Poulain, dames de condition âgées de quarante-trois à soixante-douze ans.

Pis encore que la carence en médicaments et en soins appropriés pour les prisonniers vivants, les cadavres de détenus encombrent les prisons. Ils restent parfois plusieurs heures, voire plusieurs jours dans les cellules. On connaît cette réalité des prisons nantaises par des témoins ayant rapporté des scènes à peine supportables, notamment à l'Entrepôt des cafés, où des nourrissons noyés flottent dans des baquets d'eau usagée sans que les administrateurs ne s'en préoccupent ; d'autres encore restent accrochés à leurs mères mortes des suites de l'accouchement. Moins connues, toutes les prisons « homologuées » du département de Maine-et-Loire offrent pourtant un spectacle identique de désolation.

Le comité révolutionnaire de Saumur évoque celle de la Tour Grainetière, où le surpeuplement dépasse l'entendement. À l'origine, elle était prévue pour interner 100 prisonniers, or, en septembre 1793, elle en compte 450. Un mois plus tard, 800[62]. Ce qui frappe surtout, c'est une « incurie particulière envers les morts ; ils sont pour les vivans d'un spectacle desagreable et douloureux outre le caractère dangereux quils peuvent donner a lair ou ils séjournent[63] ». Le comité révolutionnaire saumurois fait preuve de beaucoup d'euphémismes.

Bossard, officier de santé d'Angers, est plus explicite encore. À la prison du Calvaire, il décrit des « petites chambres » où s'entassent les « morts et les mourants ». En y entrant, « on est sur le point de se trouver suffoqué »[64]. Historien du sensible, Alain Corbin a montré que, fin XVIIIe siècle, l'odeur des prisons accompagnée des « fièvres des prisons » était déjà un « thème inépuisable » de débats administratifs. Là, « les morts, les malades et les agonisants sont couchés à côté de ceux qui jouissent encore de la santé »[65].

Que faire des morts ? Pour évacuer les cadavres, les établissements disposent occasionnellement de « porteurs de morts[66] » pourvus de grands paniers d'osier pouvant contenir jusqu'à deux à trois corps. Peu nombreux, mal rétribués pour une tâche ingrate, ils perçoivent leur « part des dépouilles », c'est-à-dire le peu d'effets que les détenus morts portent sur eux, en surplus des primes qu'ils touchent lorsqu'ils assistent le bourreau à la guillotine. Leur mission n'est pas sans risque, car, au contact des prisonniers, ces hommes peuvent succomber aux épidémies tout comme l'ensemble du personnel pénitentiaire. Au Calvaire, de décembre 1793 à avril 1794, trois concierges et deux « porteurs de morts » décèdent à cause de l'air putride de l'établissement[67].

Dans ces conditions, rien d'étonnant à ce que les manouvriers des prisons soient socialement issus des milieux déclassés de la ville. Deux d'entre eux, Pierre Boisramé et René Bourgeau, âgés respectivement de quarante-cinq et cinquante ans, sont bien connus de la justice. Pour survivre, ils n'ont d'autres choix que d'exercer ces emplois nécessaires, mais médiocres. Originaires des zones insurgées, l'un de Vitré, l'autre de Montjean, le premier, ancien marchand de guenilles, chargé de cinq enfants, dont l'aîné n'a que dix ans, l'autre, célibataire, isolé, relativement âgé et sans qualification, tous deux ont peu de chance de trouver un autre emploi. Avec le conflit vendéen, ces deux hommes cumulent l'inconvénient d'être déracinés et suspects. Ils ne peuvent guère espérer de meilleur travail alors que le chef-lieu du département regorge de bras arrivés avec les vagues de réfugiés entre 1793 et 1794. Être « porteur de morts » ne permet que de survivre.

Sans être un « système d'extermination[68] », comme l'affirme Jean-François Couet, la vie dans les prisons angevines n'en demeure pas moins terriblement inhumaine. Dans un contexte paroxystique déréglant tout de la vie d'avant, l'économie, l'administration, les échanges, les pratiques sociales, la paix civile, les effets du conflit, de la Virée de galerne et des opérations des colonnes infernales mettent sous tension les infrastructures carcérales bien au-delà de leurs capacités matérielles et humaines. L'infrastructure pénitentiaire est vite sous-dimensionnée. Le rôle des agents répressifs républicains fait le reste. S'il ne fait aucun doute, pour le représentant Francastel, qu'il « faut débarrasser les prisons[69] » et, selon ses termes, purger, saigner « jusqu'au blanc » le peuple rebelle, d'autres, comme Trotouin ou Gauthier, œuvrent pour prendre en considération l'humanité des prisonniers vendéens et leur accorder un minimum d'attention. De leur avis, la République en guerre y gagnerait en dignité, plutôt que de se fourvoyer en obscénité.

À l'hiver 1794-1795, en Anjou, malgré une déflation du conflit vendéen, le personnel de santé déplore toujours le manque de secours apporté aux prisonniers de la République. En mai 1795, une enquête est diligentée par les administrateurs du district d'Angers. Le verdict est sans appel, car aucune prison n'a « ce degré de perfection si désirable pour le soulagement de l'humanité[70] ». D'ailleurs, en janvier 1796, le chef vendéen Stofflet reprend les armes sous ce prétexte, en déplorant les « arrestations arbitraires » et des prisons toujours aussi remplies et « multipliées »[71]. « L'innocence n'y gémit-elle plus ? » Pour lui, le compte n'y est pas. Si, selon l'historien Jean-Claude Caron, « réconcilier c'est [...] rétablir la confiance[72] », la libération des prisonniers vendéens en constitue le véritable socle pour Stofflet.

Sur le front de la guerre civile, les arrestations et les emprisonnements des habitants du Choletais et de sa périphérie ont montré à quel point la maxime du *Journal de Paris* ne s'applique pas en Vendée militaire. En avril 1794, le quotidien affirmait en effet, dans ses colonnes, que « ce n'est pas la mort qui est à l'ordre du jour, mais la justice[73] ». Dans l'urgence et l'incertitude d'un moment éminemment troublé à l'échelle nationale et provinciale, la justice d'exception a renié en Anjou bien des idéaux et principes républicains, par souci d'efficacité sans doute, mais aussi par manque évident de moyens humains et financiers en raison de la guerre civile. Quoi qu'il en soit, le bilan est là. Avant de passer en jugement, les prisonniers vendéens, combattants ou non, ont déjà payé le prix fort de l'économie de la captivité, en endurant dans les convois puis dans les geôles de l'« archipel carcéral » angevin les tourments de la justice d'exception révolutionnaire.

Troisième partie

Être condamné par la justice d'exception révolutionnaire

Arrivés au stade du jugement, les prisonniers sont confrontés à la fin du processus répressif. Fin 1793, face à l'afflux de Vendéens capturés sur les théâtres de la guerre civile et incarcérés à Angers, la justice révolutionnaire « compose » avec le respect de la loi, en raison d'un contexte de plus en plus dégradé. Ainsi, on comprend vite que les captifs peuvent être tributaires de l'arbitraire.

Dans l'univers déjà anxiogène de la prison, la comparution des suspects devant leurs enquêteurs et leurs juges se fait en effet dans les plus mauvaises conditions. Les uns passent devant des recenseurs des prisons, ni vraiment juges, ni non plus membres de la commission militaire, ni directement affectés à une fonction de justice[1], quand d'autres affrontent des cours de justice supérieures en bonne et due forme, en premier lieu celle des commissions militaires. Mais, quelle que soit la formalité suivie, les suspects sont systématiquement confrontés au même chef d'accusation de « crime » politique contre-révolutionnaire. La procédure judiciaire se termine le plus souvent par des sentences sans appel à la condamnation à mort, par guillotine ou par fusillade. Les cas d'élargissement sont ultra-minoritaires. Les révolutionnaires ont pensé le nouvel ordre judiciaire fondé sur la raison et l'ont voulu établi sur la base d'un droit positif. En cela, ils ont souhaité clairement s'affranchir de la tradition d'Ancien Régime. Les faits sont cependant têtus. Dans ces conditions où l'abus de droit est endossé par les agents révolutionnaires, quand l'arbitraire, qui rôdait depuis le printemps 1793, frappe au grand jour dans l'hiver 1793-1794, c'est que la justice d'exception porte assurément bien son nom.

Chapitre V

Le temps gris du procès : entre le légal et l'arbitraire

Comme pour la justice d'Ancien Régime et celle du « temps ordinaire », la justice d'exception applique un formalisme juridique où l'inculpation d'un suspect n'est possible que lorsqu'il est confronté à des preuves. Celles-ci sont variées, mais plus ou moins fiables. Le tribunal s'appuie sur des dénonciations ou, au contraire, sur des preuves matérielles irréfutables, collectées par les agents révolutionnaires. Le criminel peut enfin être confondu lors de son audience. Les aveux des prisonniers sont des pièces à conviction recevables par les magistrats. Ces derniers sont par ailleurs confrontés à des cas multiples de prévenus en plus ou moins bonnes formes physiques ou psychologiques. Certains peuvent être mentalement fragiles ou irresponsables ; d'autres sont bavards – un peu trop parfois ; la plupart se disent avoir été victimes des rebelles et contraints de prendre les armes ; enfin, une petite portion affiche une attitude résolument hostile et crâneuse devant les juges et les agents de la justice d'exception. Face à cet éventail des possibles, les tribunaux révolutionnaires travaillent en plus sous la pression chaotique des circonstances politiques et militaires qui justifient souvent des petits arrangements avec les règlements en vigueur. On comprend dès lors que les juges de la République en guerre outrepassent le légal pour s'en remettre à l'arbitraire.

Le déroulement des procès, de l'audience à la condamnation

Dans l'Anjou insurgé, la justice d'exception s'exerce d'une manière assez dysfonctionnelle au regard de l'organigramme formellement établi. À l'occasion du recensement des prisons, elle a recours à des auxiliaires sans mandat bien défini, sans fonction officielle reconnue, qui rendent pourtant des sentences de mort. Cette procédure hors la loi s'exerce particulièrement à l'encontre des femmes. En faisant le « tri » parmi des prisonniers, en étant vigilante sur les renseignements qu'elle peut leur soutirer, la justice d'exception dessine un tableau de la Contre-Révolution vendéenne.

La comparution des suspects devant les recenseurs des prisons : l'arbitraire du verdict

Dans les conditions de surpopulation carcérale, entre janvier et avril 1794, la commission militaire, composée de dix à treize membres, décide du recensement des prisons angevines. L'objectif officiel est de comptabiliser le nombre de prisonniers et de les auditionner pour anticiper le travail de la cour de justice. À cette fin, treize révolutionnaires, choisis grâce à leur expérience du pouvoir local, sont mandatés dans la commission militaire ou dans le comité révolutionnaire d'Angers. Il va de soi que la qualité de l'engagement républicain, voire sans-culotte, est un critère d'appréciation. Sans doute reçoivent-ils une feuille de route précise : interroger les prisonniers récemment internés[1], raflés depuis la fin de la Virée de galerne (début janvier 1794) ou arrêtés par les colonnes infernales, dont les opérations ont officiellement débuté le 21 janvier 1794.

Les enquêteurs les plus actifs sont les plus connus. Vacheron bat tous les records d'audiences : il se déplace dans les prisons à 42 reprises, suivi respectivement par Gouppil, Obrumier, Hudoux et Lepetit, entre 15 et 20 fois. Les autres, Loizillon[2], Morin, Ruffey, puis plus tard Baudron, Roussel, Leduc, Bougère et Blot interviennent plus ponctuellement. La présence du secrétaire-adjoint de la commission militaire, Brémaud, est mentionnée à cinq reprises. Il exerce cette fonction lors du recensement et semble particulièrement attaché au service de Vacheron.

Généralement, au moins deux enquêteurs s'assistent dans l'audition des suspects. Il leur arrive cependant d'être seuls. Ainsi, Ruffey, les 12 et 13 février 1794, au Calvaire et au Bon Pasteur, auditionne 60 femmes suspectes. C'est aussi le cas de Morin, le 23 février à la Prison nationale, pour 91 femmes.

La procédure est routinière : les recenseurs disposent d'une pièce mise à leur disposition par l'administrateur situé au centre de la prison. Ils sont assistés par deux à quatre gendarmes, selon les séances, chargés de tirer les suspects de leurs cellules, de veiller à la sécurité de l'audience et de les reconduire dans les geôles. À vingt-cinq reprises, entre janvier et avril 1794, les six principales maisons d'arrêt d'Angers sont ainsi inspectées : la Prison nationale, le Calvaire, le Bon Pasteur, les Pénitentes, la Citadelle et le Grand Séminaire. Les inspecteurs consignent d'abord l'état civil de tous les prisonniers qui défilent devant eux les uns après les autres : nom, prénom, domicile, âge, profession surtout s'il s'agit d'un homme, marié(e)s ou veufs/veuves, nombre d'enfants pour les mères de famille. Le motif de leur incarcération, parfois l'identité de ceux qui les ont arrêtés, est aussi formellement précisé. Dans la marge gauche, un chiffre, celui de l'ordre de l'interrogatoire, des annotations personnelles des recenseurs, enfin une lettre : « F » pour « À fusiller », « G » pour « À guillotiner ». Il arrive qu'il y ait des cas plus complexes. Les recenseurs inscrivent alors : « À examiner », « À revoir », « À élargir », « Sursis »…

Le sort du prisonnier est ainsi réglé par un commentaire de deux à dix lignes, selon le soin pris par les recenseurs à résumer chaque entrevue, à la manière d'une petite synthèse, d'un bref rapport, d'un jugement. En soi, ce formalisme empirique révèle à lui seul toute l'ambiguïté de la procédure, comme le montrent les quelques exemples suivants. René Martineau (n° 199), « âgé de dix-sept ans, domicilié à Nevie [Neuvy] cardeur de laine » est, en deux lignes, « renvoyé à plus ample examen »[3], tandis qu'en cinq lignes son compatriote, François Léger (nº 203), plus âgé (quarante-trois ans), journalier laboureur, est condamné à la fusillade, pour avoir « monté la garde avec et pour les rebelles ». « Il a déclaré avoir de l'argent caché chez lui et n'a point voulu dire la cache. » Les deux agents révolutionnaires font preuve d'un même aléatoire dans la retranscription des interrogatoires des femmes. Tantôt, ils s'attardent assez longuement, comme le cas de Perrine Pottiet de Chairé [Cherré] en Anjou (nº 49) dont le mari, en fuite, est suspecté de faire partie d'un comité contre-révolutionnaire. Même si l'accusée « n'est pas sûre si elle est enceinte », en sept lignes, ils la condamnent à être guillotinée. Ailleurs, pour d'autres détenues, les recenseurs concluent en deux lignes par un « à revoir », alors même que leur profil aurait pu sembler intéressant à creuser au profit de la République en guerre, notamment quand il est mentionné que le détenu est reconnu gendre émigré ou parent chez les « rebelles »...

Dans ces conditions procédurales, le temps consacré à chaque prisonnier est nécessairement variable. Les interrogateurs parlent « d'ouvrage » ou de « travail [...] exorbitant[4] ». Si les registres ne sont pas toujours précis, on sait que, pour 45 séances, les enquêteurs ont notifié jusqu'au nombre d'heures total consacrées aux interrogatoires : de 9 heures à 14 heures, de 16 heures à 19 heures, parfois même jusqu'à minuit... Il est donc possible de calculer qu'en deux heures, en cette matinée du 25 février 1794, ils ont pu auditionner jusqu'à 44 femmes, soit une audition en moyenne de 2 minutes 45 par prisonnière; de même, le 11 avril, entre 9 heures et 14 heures, 65 individus passent devant eux, soit 4 minutes 40 par prisonnier; le 18 avril, 59 prisonniers sont entendus entre 17 heures et 20 h 30, soit 3 minutes 30 par détenu. À l'inverse, certains jours sont moins denses, comme les 2, 13 et 27 février au cours desquels les interrogateurs ne traitent que deux à trois personnes en une heure, sans que la qualité du dossier d'accusation ne puisse justifier une telle durée de 20 minutes en moyenne par prisonnier.

On peut raisonnablement estimer qu'en moyenne 6 à 7 prisonniers défilent par heure devant les agents de la justice révolutionnaire. Chaque destin se joue en moins de 10 minutes. Les victimes n'ont matériellement ni le temps ni le droit de se défendre. Pour certains, surtout les femmes accompagnées de leurs enfants en bas âge, c'est encore plus court, moins de 5 minutes, comme cette Marie Chupin, Jallaisienne de trente-six ans, qui se présente devant Vacheron au matin du 25 février, avec ses trois enfants, dont le plus jeune âgé seulement de dix-huit mois « était sur ses bras pendant son interrogatoire ». Sa compagne d'infortune, Julienne Toublanc, de Brain, a trois enfants également avec elle, dont un âgé de quatre mois, « pendu à ses mamelles au moment de l'interrogatoire ». La première sera fusillée, la seconde bénéficiera d'un « à examiner »[5]. Beaucoup d'autres femmes comparaissent avec des enfants âgés de trois-quatre ans et jusqu'à dix-douze ans[6]. On imagine aisément que le temps d'entrer avec la petite couvée dans un état de stress maximal écourte et fragilise le temps précieux de l'audition et la combativité des accusées.

Au total, nous pouvons attester que le recensement des prisons d'Angers a concerné 3 471 individus, dont 153 militaires républicains enfermés essentiellement pour fait de désertion ou mauvais propos à l'égard d'un officier. Les combattants vendéens, habitants et habitantes de la Vendée considérés comme suspects et arrêtés par l'armée de l'Ouest, les comités révolutionnaires ou les municipalités de la zone insurgée ont donc formé l'immense majorité de cette misérable cohorte, avec 3 318 captifs. Plus d'un tiers (36 %) est conduit en quelques minutes à la mort sans contestation possible. Les annotations « F » et « G » sont clairement indicatives d'une justice révolutionnaire implacable. À cela s'ajoutent les ratures sur la première décision des recenseurs, tels des « F » transformés en « À revoir », eux-mêmes rayés, laissant planer le plus grand doute sur le sort favorable réservé aux accusés concernés. À un moment donné, les agents révolutionnaires se montrent hésitants et leur plume trahit une part de scrupule. L'historien est bien incapable de savoir dans quel sens oscilla la décision ultime, sauf à retrouver le nom du prisonnier parmi les fusillés dans des registres postérieurs à l'audience. C'est le cas de la domestique Rose Quenion originaire de Mozé-sur-Louet et mise en lumière, au début du XXe siècle, par les recherches du chanoine Uzureau[7]. Le 24 janvier 1794, elle est d'abord condamnée à être fusillée. Sa peine est commuée en « À examiner », mais, finalement, elle est exécutée à Avrillé le 1er février 1794. Pendant neuf jours, la prisonnière a dû balancer entre espoir et détresse avant de subir ce sort tragique.

Certaines séances laissent peu d'échappatoires aux interrogés. Le 20 février 1794, dès 7 heures du matin, Morin, Vacheron et Baudron auditionnent 21 prisonniers de la Prison nationale. En deux heures et demie, ils en condamnent 20 à la peine de mort[8]. Ils reprennent l'audition à 11 heures : sur 37 suspects, 30 sont désignés à la fusillade. À l'inverse, le sort réservé aux prisonniers du Grand Séminaire est bien différent le 17 avril 1794. Obrumier, Gouppil et Blot entendent 56 prisonniers. Pas un n'est condamné à mort. Sans doute le contexte est-il plus favorable à la clémence vers la mi-avril, mais on a du mal à penser qu'il explique tout. Le 25 janvier 1794, à un moment où les prisons sont déjà pleines et où des Vendéens arrêtés par les colonnes parviennent à Angers, les enquêteurs condamnent à mort 5 prisonnières sur 35 auditionnées. Le 13 février 1794, Ruffey interroge 27 femmes. Il n'en condamne aucune à mort et en élargit même trois. La justice d'exception a manifestement une part d'aléatoire difficile à saisir.

Doit-on en déduire qu'un agent menant seul les auditions et débarrassé de la pression ou de l'émulation révolutionnaire d'un ou plusieurs collègues est plus enclin à la bienveillance ? Faut-il invoquer la part de sensibilité ou d'émotivité de certains commissaires face à la souffrance des suspects pour expliquer une telle hétérogénéité dans les verdicts prononcés ? Obrumier, Gouppil et Blot, ceux-là mêmes de la séance du 17 avril, étaient déjà ensemble une semaine plus tôt. Lors de la séance du

10 avril, ils ont condamné à mort 13 individus sur les 32 auditionnés, dont une femme avec deux « F » dans la marge pour cause de fanatisme. C'est dire leur exaspération lors de l'entrevue. Le lendemain, les mêmes décident de la mort de 15 autres suspects sur 53 auditionnés, dont une femme qualifiée de « fanatique bête ». On le voit, aucun des enquêteurs ne se distingue clairement par une forme de compassion vis-à-vis des détenus. Il n'y a pas non plus de règle comportementale clairement visible du point de vue de l'accusé(e) ou de l'accusateur.

En général, les enquêteurs ne motivent que très rarement dans la marge la raison de leur décision réservée aux suspects, quand bien même ceux-là seraient accusés des pires crimes possibles, comme prêtres réfractaires, « inconstitutionnels », membres de « comités de brigands » ou coupables d'assassinats de patriotes… *In fine*, en tenant compte de toutes ces incertitudes et en prenant les précautions d'usage, on peut avancer que 50 % des prisonniers auditionnés sont condamnés à mort.

Être renvoyé à de plus amples informations ou bénéficier d'un « élargissement » ne signifie pas que l'inculpé est forcément tiré d'affaires. En effet, tout suspect, même innocenté, peut rester en prison ou sous surveillance jusqu'à la paix, avec des injonctions telles que « se rendre à Angers sous la surveillance de la municipalité » ou encore « libéré mais otage à Angers », avec parfois un terme « jusqu'à la paix », « jusqu'à ce que son paÿs soit évacué par les rebelles »[9].

Entre mars et août 1793, les républicains ont plus souvent recours à ces formules que par la suite. En août 1793, deux juge et commissaire, Rabouin et Duval, reçoivent la mission de trier les prisonniers détenus à Chartres, dont 45 % sont « élargis » sans qu'ils aient, pour autant, la possibilité de rentrer chez eux, en plein territoire insurgé. Quatre mois plus tard, les agents du comité révolutionnaire de Cholet font le même travail de tri des suspects. Le résultat est édifiant : cette fois, seulement 25 % sortent libres après interrogatoire. La guerre civile s'étant durcie, la justice d'exception est beaucoup plus sévère dans ses accusations et plus lourde dans ses sentences.

Les institutions devant lesquelles les accusés comparaissent sont déterminantes. La commission militaire Parein-Félix décide 360 élargissements, soit 6 % des justiciables qu'elle a auditionnés. Il s'agit essentiellement de soldats et d'officiers républicains incriminés dans des affaires de vols, d'ivresse et de mœurs. Ils représentent 85 % des hommes acquittés, preuve que la République a besoin de ses soldats. Les civils suspectés sont, quant à eux, lourdement condamnés. Le recensement des prisons, effectué entre janvier et avril 1794, par des agents envoyés par la commission Parein-Félix, préconise 105 mises en liberté. Elles ne bénéficient pourtant qu'à 3 % des prisonniers auditionnés. En l'espèce, il ne s'agissait pas d'évaluer leur culpabilité, mais bien de vider les prisons. Comme pour les libérés de Chartres de 1793, ceux d'Angers de 1794 ne sont pas autorisés à regagner le Choletais en guerre civile.

Certaines libérations s'accompagnent de peines humiliantes relevant de la justice d'Ancien Régime pourtant tant décriée sous la Révolution, à savoir le pilori, forme de réminiscence judiciaire d'un autre temps[10]. Le pilori était une peine infamante plutôt réservée aux hommes, voleurs et faussaires[11]. En Vendée, il ne s'appliqua qu'aux soldats républicains, et encore, seul 1 % d'entre eux a subi ce châtiment (13 soldats sur 1 203). C'était une mise en scène spectaculaire du déshonneur.

L'exposition est bien évidemment publique, soumise « aux regards du peuple » comme le précisent certains jugements, sur les places centrales des villes, comme à Tours ou à Saumur. L'indignité citoyenne du soldat, non seulement auprès de ses camarades, mais également auprès de la population civile, est alors spectaculaire. Cette peine avilissante dure 6 heures. Humiliation supplémentaire, pour un soldat voleur de fourrage et coupable de « contrefaçon de bons de fourrage », un écriteau est suspendu au-dessus de sa tête, où sont « inscrits en gros caractères ses noms sa profession son domicile la cause de sa condamnation et le jugement rendu contre lui »[12].

Genre et justice d'exception, histoire d'une rupture[13]

Jusqu'à la seconde moitié du XVIIIe siècle, les juges se comportent de manière différente selon le sexe du prévenu. Lors d'affaires de délinquance, les femmes, jugées plus « fragiles[14] », sont ainsi moins inculpées

– autour de 20 % dans le ressort du parlement de Paris. Elles sont également moins nombreuses dans les prisons, car les juges leur trouvent plus volontiers des circonstances atténuantes et leur évitent ainsi d'être séparées de leur famille[15]. L'équilibre familial, et donc social, doit être préservé.

Dans l'histoire de la confrontation des femmes à la justice, la guerre de Vendée marque indéniablement une rupture notable. D'abord, une forme de discrimination genrée s'observe. En 1793 et 1794, les juges et les enquêteurs adaptent leurs interrogatoires en fonction du sexe des prévenus : aux hommes, des questions portant essentiellement sur leur rôle dans l'armée insurgée ; aux femmes, leurs pratiques religieuses et leur aide (linges, nourriture, soins…) aux brigands. Dans leur esprit, la guerre civile a affecté chacun à son rôle social traditionnel, les hommes étant forcément des combattants ou des meneurs de l'insurrection, quand les femmes y participent au niveau du secours, de la logistique et du soin – le « care »[16]. Il est vrai qu'elles s'engagent rarement dans les combats, même s'il existe des exemples célèbres de Vendéennes en armes[17]. Inconsciemment, les magistrats replacent donc les femmes dans une position sociale normée et « normale » alors même qu'elles sont éjectées du champ domestique dans ce temps de crise anomique qu'est la guerre civile.

Ensuite, on peut observer un comportement habile des prisonnières. Les inculpées elles-mêmes adoptent souvent une stratégie de défense spécifique. Elles se présentent dans leur fragilité, dans leur grand dénuement d'épouse, de sœur, de mère, victimes de la guerre faite par les hommes, d'une brutalité qui broie les individus, les fratries, les couples, les parentèles. Les juges les interrogent le plus souvent sur leur participation aux messes clandestines. Les prisonnières minimisent et esquivent, usant de naïveté et de ruse avec un succès inégal, comme quelques interrogatoires le montrent. Elles auraient très peu fréquenté les réfractaires et n'auraient guère participé aux pèlerinages. Elles ne seraient allées que rarement, voire « jamais à confesse ». Si elles l'ont fait, c'est parce qu'elles ont été « abusées » ou qu'elles ne « faisaient pas la différence » entre les deux clergés[18]. Le 18 janvier 1794, le comité révolutionnaire de Cholet accuse ainsi Renée Brémond de protéger brigands et prêtres réfractaires. Elle aurait accueilli chez elle des combattants vendéens, un « frère qui a passé la Loire » et un curé insermenté, Gallard, qui lui aurait rendu visite à plusieurs reprises. Elle n'ouvrit sa « porte que par force » et par « peur »[19]. À la question : « Que vous disait ce prêtre ? », la réponse est bien vague : « Je ne m'en rappelle pas. » Le comité révolutionnaire n'est pas dupe pour autant et, malgré l'absence de preuves tangibles, aggrave son dossier en concluant qu'elle est « fanatisée et a fait tous ses efforts pour corrompre les hommes de sa commune et les déterminer à suivre les brigands ». Renée Brémond est finalement déférée devant la commission militaire.

Marie Davis, « commère[20] » de Cholet, connaît le même sort, elle qui fréquente les principaux prêtres réfractaires, Rabin et Boisneau, activement recherchés par les révolutionnaires[21]. Elle est aussi accusée d'avoir logé

Barbotin, « vicaire et chef de l'armée chrétienne ». Grâce à cet interrogatoire et à ceux d'autres Choletaises, les républicains saisissent Jacques Papin, fabricant à Cholet, soupçonné d'être tout à la fois « homme de confiance », « mouche » et « courrier » de l'insermenté Rabin[22]. Marie Davis avance les mêmes arguments que Marie Brémond. Crédule, elle aurait suivi le clergé réfractaire. Le comité la juge cependant coupable et la défère à Angers. Pour l'instance révolutionnaire, seules les femmes sont capables de porter secours et de donner refuge aux religieux ennemis de la République – pourtant, des interrogatoires renseignent sur le fait que les hommes sont tout autant impliqués.

Les Vendéennes cherchent donc habilement à tirer parti du préjugé des agents républicains en dévoilant toute leur part d'humanité fracturée par le chaos de la guerre civile. Les suspectes mettent en valeur leur penchant naturel et désintéressé pour la bienveillance à l'endroit des combattants patriotes, tels ceux emprisonnés dans le château de Cholet en mars 1793. Jeanne Brémond aurait ainsi sauvé un soldat bleu laissé pour mort après une bataille, le transportant « dans une charrette[23] » et le soignant chez elle, à Cholet, malgré les risques encourus. Il se trouve qu'il s'agissait de son beau-frère, comme le lui a fait remarquer le comité de Cholet. Au total, une vingtaine de Choletaises interrogées affirment avoir caché des blessés ou nourri des républicains captifs des Vendéens[24]. Le comité est plutôt sensible à ce type d'alibi et disculpe la plupart des accusées.

Pour amadouer leurs juges, les Maugeoises se présentent en victimes abandonnées avec leurs enfants au triste sort de la répression. Marianne Baudriau, de la commune de Chanteloup, se dit « abandonnée de son mari depuis trois mois[25] ». Lorsqu'il est revenu des combats, elle lui aurait fait des reproches, l'aurait découragé de mener cette guerre, mais en vain. Il « s'enfuit de nouveau », la laissant seule avec sa famille. Femme, si ce n'est patriote, en tout cas hostile à la guerre, elle aurait œuvré pour ramener son époux dans le droit chemin. Elle est pourtant signalée comme « bonne a fusillier, femme extrêmement fanatisée ». Son dossier est chargé, même s'« il faut observer qu'elle est enceinte de 5 mois d'après ce qu'elle a déclaré ». Ses interrogateurs la dirigent vers Angers pour y être déférée devant la commission militaire.

Les prévenues avancent souvent, pour défendre leur cas, l'argument d'être « en charge d'enfants[26] » ou liées à un « mari parfois dérangé ou imbécile[27] ». Elles se présentent comme garantes du secours familial. À la précarisation de la guerre, l'une d'entre elles, Marie Maillet, invoque sa pauvreté. On a en effet retrouvé chez elle des mouchoirs, chemises et culottes de volontaires ainsi qu'une chasuble et des surplis[28], preuves compromettantes pouvant lui valoir la fusillade. Elle s'en explique par le fait que son mari, employé par les républicains pour « enterrer les morts » après le combat de Mortagne, les avait ramassés en vue de façonner des habits aux enfants. Elle était trop dans le besoin pour s'en délester auprès de la municipalité. Dans ce cas précis, le comité de Cholet sursoit à la condamnation.

Bien des Vendéennes assurent qu'elles sont absolument éloignées des questions politiques, suggérant qu'il s'agit d'une affaire exclusivement masculine. Quelques-unes, interrogées sur la mort du roi et de la reine, affirment « qu'on a bien fait de les faire mourir s'ils le méritaient[29] » et qu'elles préfèrent le nouveau régime « parce qu'on est encore plus aise[30] ». Marie Guillemineau estime de ne pas « aimer le roy puisqu'il est mort », elle ajoute cependant que « s'il n'était pas mort, il faudrait le laisser tel qu'il serait »[31]. Interrogée sur le retour de l'Ancien Régime, Jeanne Le Roi réplique qu'elle n'a « jamais désiré que le bien, d'ailleurs [elle n'a] pas assez de connaissances pour répondre à ces choses-là[32] ». À la question de savoir si elle est « une bonne républicaine », Françoise Fonteneau répond que c'est une évidence, car elle « aime tout le monde en général »[33]. En pleine guerre civile, ce genre de réponse paraît bien mièvre aux yeux des interrogateurs qui l'adressent à la commission militaire.

On peut alléguer qu'une fois à Angers le sort de ces femmes bascule. Mères de famille avec leurs enfants et femmes enceintes connaissent d'abord des conditions déplorables de détention, avant d'être jugées par les commissions militaires. Les deux commissions principales, celles de Proust et de Parein-Félix, doivent officiellement préserver les femmes enceintes. C'est le cas de Louise Coignard, âgée de dix-huit ans et enceinte de trois mois, qui est pour cette raison « réintégrée dans les prisons[34] ». Parallèlement à cette réglementation, entre janvier et avril 1794, a lieu le recensement. Cette enquête « souterraine » et officieuse révèle la véritable nature de la position de la justice d'exception vis-à-vis des femmes, y compris des futures mères.

Les agents révolutionnaires ont vu défiler devant eux 1 462 femmes en provenance de la zone insurgée, soit 44 % des civils incarcérés. Deux primipares (sur les sept officiellement emprisonnées) sont condamnées à la guillotine. La première « craint d'être enceinte », ce qui ne la sauve pas. La seconde, âgée de seize ans, est enceinte de quatre mois. Une troisième, arrivée à sept mois de grossesse, était, elle aussi, promise à la mort, mais elle est plus chanceuse car le « F » inscrit dans la marge s'est transformé en « sursit [*sic*] ». Les mères de famille enceintes n'échappent pas non plus à la peine capitale : 3 sur 6, enceintes de cinq à sept mois, chargées de deux à quatre enfants, sont fusillées. Fait rare, l'une d'entre elles échappe à la fusillade. Ses enfants ont quatre mois, quatre ans et sept ans, mais c'est sans doute parce qu'elle allaite son nourrisson que le « F » initialement prescrit a été rayé.

En ce qui concerne les autres femmes simplement mères de famille, même d'enfants en bas âge, elles échappent encore plus difficilement aux mailles de la répression : 12 sur 18 répertoriées sont condamnées à la peine capitale. Le 25 janvier 1794, Marie Chupin, mère de trois enfants, qui a pourtant son petit dernier de dix-huit mois dans ses bras lorsqu'elle est interrogée par Vacheron, n'obtient pas de sursis. Lors de la même séance, il interroge Julienne Toublanc, également mère de trois enfants, dont le dernier est âgé seulement de quatre mois[35]. La première est condamnée à mort. La seconde a été promise à la fusillade (« F » dans la marge), mais son cas a été rediscuté « à cause de ses enfants », plus probablement de son nourrisson.

On sait également que certains militaires républicains répugnent à exécuter ces sentences. En mars 1794, le commandant Muscar n'a pas hésité à écrire à Hentz et Francastel, représentants du peuple, et au général en chef Vimeux. « Douze brigandes qui ont été condamnées à mort. Il y a dans ce nombre des mères de famille qui ont des enfants à la mamelle, c'est ce qui m'a fait suspendre l'exécution de leur jugement [...]. Il est [...] urgent de tirer ces femmes de cette cruelle situation[36]. » Ses trois supérieurs ne répondent pas à sa supplique.

La guerre civile confond donc durablement les femmes vendéennes « brigandes » avec les « fanatiques », ce qui les criminalise et les expose à la peine capitale. Comme les hommes, elles sont soumises aux lois d'exception de 1793. Les révolutionnaires intègrent les stéréotypes sur la faiblesse apparente des femmes susceptibles d'un double-jeu sournois et aptes à l'espionnage pour le compte de l'ennemi. Ce faisant, ils gomment la frontière culturelle traditionnelle qui épargnait la femme et la mère du traitement sévère infligé à l'homme. Dans la désignation de l'ennemi en guerre civile, la Vendéenne désarmée vaut le combattant vendéen. Toutefois, à la différence des militaires des colonnes infernales, les juges n'animalisent pas les femmes. Elles ne sont ni « terrées » dans les broussailles, ni qualifiées de « femelles royalistes », ni considérées comme des proies ou des gibiers à chasser. Leur odeur, leur mentalité ou leur intelligence sont certes médiocres comparées à celles des patriotes, pour autant, elles ne sont pas exclues du genre humain. Il reste que, capturées en zone insurgée, elles méritent le sort qui attend tout ennemi de la République. La justice d'exception révolutionnaire ne préserve pas le genre féminin de la peine de mort.

Inversion de la charge de la preuve, marqueur d'une justice révolutionnaire d'exception

Si la justice d'Ancien Régime reconnaissait « l'arbitraire » des juges, c'est-à-dire leur intime conviction, les aveux et les preuves matérielles ont fini par prendre une importance croissante au cours du XVIIIe siècle, surtout depuis les années 1760, après la tragique affaire Calas. Accusé d'avoir tué son fils qui avait voulu abandonner la foi protestante, alors même que les preuves le disculpaient, Jean Calas avait été condamné à la roue en 1762. Des philosophes des Lumières en avaient alors appelé à des verdicts reposant exclusivement sur des indices matériels. La Révolution accentue cette tendance et privilégie désormais les aveux et les preuves pour rendre justice aux citoyens. Mais la guerre civile bouscule ces principes acquis. La justice d'exception montre sa redoutable efficacité dans ce qu'on appellera ici la « fabrique de la preuve », par le soin qu'elle met à constituer des dossiers de prévenus à charge. Elle rassemble des preuves matérielles ou non qu'elle exploite lors des interrogatoires ou des audiences criminelles. Les dénonciations sont également consignées, les dénonciateurs, parfois confrontés aux accusés. Les prévenus sont acculés à avouer leurs forfaits contre-révolutionnaires. Apparaît, dans le temps de la guerre civile, une tendance de la République à l'oubli d'une justice fondée sur le droit positif.

Inculpation sur la base des preuves matérielles

Comme dans le cas des dénonciations, la notion de preuves matérielles ne revêt pas la même importance pour la justice d'exception que pour la justice « ordinaire ». Le déplacement des populations, l'incendie de villages, la difficulté pour les républicains à s'implanter durablement sur le territoire insurgé, tout cela rend les pièces à conviction difficiles à trouver, à rassembler et à exploiter. Quand ils en disposent, les interrogateurs et les agents de la justice d'exception les produisent soigneusement devant les suspects. Ces preuves matérielles sont de différentes natures, lettres ou billets, objets de « fanatisme » et passeports trafiqués.

Tous les papiers saisis sur les suspects, les « bons » délivrés par les chefs et les comités contre-révolutionnaires, pour « souliers », « bœufs », « charrettes », les ordres de « boulanger », de « se réunir au son du tocsin », de « lever des compagnies », sont précieusement confisqués et transmis aux magistrats républicains. Souvent signés et datés, ils donnent des renseignements précis sur les lieux de rendez-vous des combattants vendéens et sur l'organisation militaire et politique de l'ennemi. Les Bleus disposent ainsi d'éléments fiables pour confondre les suspects et qui, mis bout à bout, leur permettent de valider le dossier d'accusation et au-delà d'évaluer la puissance du réseau vendéen tout au long du conflit.

En août 1793 par exemple, René Latour, officier municipal de Montrelais, est emprisonné à Chartres. Rabouin et Duval, deux enquêteurs angevins, missionnés par le département pour réaliser les premiers interrogatoires, y sont dépêchés. Devant eux, l'accusé proteste de son innocence, se donnant même le beau rôle de patriote. Il affirme avoir averti la municipalité d'Ingrandes du « danger des brigands[37] », pour qu'elle puisse s'organiser et contrer à temps les rebelles. Malheureusement pour Latour, les interrogateurs produisent ses propres lettres qui contiennent un message inverse : il demande en fait aux patriotes de rendre les armes. Rabouin et Duval le confondent imparablement. S'il voulait tromper leur vigilance en comptant sur son emprisonnement loin du théâtre de la guerre, c'est peine perdue. René Latour est déféré devant une cour de justice supérieure.

Six mois plus tard, les commissions militaires appliquent la même méthode. René Daviau, notable de Neuvy-en-Mauges, capturé la veille de Noël 1793, est pris en possession d'une lettre compromettante : il ordonne que sa commune fasse « une journée de boulange » au profit des insurgés. Le juge de paix de Chalonnes, qui l'interroge en premier, lui fait avouer, lettre à l'appui, sa participation au comité royaliste local. René Daviau est donc emmené dans les geôles angevines. Cinq jours plus tard, il est déféré devant la commission militaire qui l'interroge soigneusement, consciente d'avoir affaire à un contre-révolutionnaire important. Dans un premier temps, Daviau minimise son rôle : il affirme avoir été « forcé par des brigands armés » et nie avoir écrit aux insurgés ni promis quoi que ce soit en faveur de la cause vendéenne. Il espère sans doute que sa lettre soit restée à Chalonnes. Or les juges la comptent dans leur dossier d'incrimination. Dès lors, le sort de Daviau est scellé. Le 3 janvier 1794, il est condamné à être guillotiné place du Ralliement à Angers[38].

Les suspects sous-estiment souvent l'efficience bureaucratique de l'organisation judiciaire républicaine. Conduits des Mauges jusqu'à Angers, voire Chartres, emprisonnés parmi leurs concitoyens, comparaissant quelques heures ou quelques jours après leur arrestation, les prévenus peuvent légitimement espérer se fondre dans la masse. Les juges de paix et ceux de la commission militaire sont pourtant bien informés en temps réel et alimentent avec rigueur les dossiers criminels. Rien n'est négligé dans la recherche des preuves d'une culpabilité. Rien n'est laissé au hasard pour juger vite et juste quand cela est probant. Confondre, lors de l'audience, un suspect par l'exhibition de preuves matérielles est idéal. Les agents révolutionnaires réussissent ainsi à atteindre un double objectif : démontrer de façon éclatante l'efficacité de la justice d'exception et briser sans état d'âme le système de guerre ennemi.

Comme les preuves scripturales, les objets constituent des preuves tangibles de la culpabilité des justiciables déférés devant les tribunaux révolutionnaires angevins. Ces objets sont de différentes natures, cocardes blanches, Sacrés-Cœurs (en tissu ou en papier), chapelets, et leurs symboliques religieuses et politiques valent tout un discours. Le comité révolutionnaire de Saumur use ainsi d'une imagination langagière pour désigner des « vétilles monacales » ou des « prétintailles chrétiennes »[39]. Les confiscations sont tellement nombreuses qu'elles donnent lieu à une manifestation publique aux accents anticléricaux volontairement marqués : en mars 1794, à une date où la répression bat son plein, un « auto – da – fé a été ecclairé du plus beau jour, un vent fait exprès et qu'on pourrait dire republicain, a pressé de son souffle les combuctions du bel holocoste... tout cela a été vu de bien bon œil, a l'exception peut-être de certains gens qui s'en faisaient un soupir etouffé... La superstition et le fanatisme sifflent encore[40] ». Les membres du comité révolutionnaire de Saumur considèrent ces objets comme « la marque principale des rebelles et leur signe de convenance et de ralliement le plus solennel[41] ». Dit autrement, ce sont là les preuves absolues d'une adhésion aux valeurs contre-révolutionnaires et d'une participation au combat antirépublicain, comme le confirme le cas suivant.

En juillet 1793, Jean Boisseau, laboureur d'Angers et détenu à Chartres, accumule les charges contre lui. Sur ses vêtements figure « une pièce d'étoffe en vert, sur laquelle est brodée une croix, entourant un cœur d'une étoffe rouge[42] » et, retenu par un fil noir, un mot contient une curieuse prière : « Quand vous verrez les billets vous direz trois angélus puis vous direz : billet blanc, billet noir, billet tracé de cœur, a été compris du grand Dieu vivant, de ne pas me faire tomber en perte, pro survince, delivérace Diabolus. » Mélange chrétien et païen, la cocarde, la croix, le cœur et la formule magique condamnent ce paysan qui a vainement tenté de se disculper en affirmant avoir trouvé ce billet « le long d'un chemin ».

Fidèles à leur méthode, les juges attendent que les prévenus s'enferrent dans leurs mensonges pour leur opposer, en plein interrogatoire, les pièces à conviction qui les condamneront sans coup férir. Le 31 janvier 1794, devant Clemanceau, membre du comité révolutionnaire de Cholet, comparaît Jean Baranger, de Jallais, pris par les soldats avec un bâton dans la main et « un petit morceau de pain et de lard » selon ses dires. En chemin, il aurait ramassé « deux ou trois pierres de fusil », uniquement « pour battre le briquet ». L'enquêteur produit les pierres de fusil lors de sa comparution, mais également la nourriture confisquée, en quantité bien plus conséquente que ce que le suspect avait affirmé : « au moins 4 livres de pain et 2 livres de lard », soit deux jours de provision[43]. Le commissaire Clemanceau détient là une preuve convaincante que Jean Baranger est un combattant vendéen en route pour le combat.

Une semaine plus tard, début février 1794, Pécusseau, garçon domestique, comparaît devant la même commission militaire. Il minimise son implication dans les combats qui lui est reprochée, car armé d'un simple bâton. Pressé par les juges, il avoue toutefois avoir tiré une dizaine de coups de fusil. Or, lors de son premier interrogatoire, Pécusseau avait été fouillé. Les juges fournissent la preuve que celui-ci possédait dans « le gousset de sa culotte de la poudre à canon ». La preuve matérielle scelle son sort. Le même jour, son employeur, Michel

Gourdon, est, lui aussi, condamné à mort, trahi par une veste dont il s'était débarrassé, mais qui avait été ramassée par des soldats républicains. Neuf cartouches sont retrouvées dans la poche de son vêtement alors qu'il affirmait ne pas posséder d'arme à feu. Ces pièces à conviction l'incriminent immanquablement comme un combattant ennemi. À ce titre, il est placé sous le coup de la mise hors la loi et destiné à une condamnation à mort.

À l'inverse, certaines preuves, pourtant irréfutables au premier abord, sont écartées des procédures. Jean Chandoiseau, colporteur de Saumur, peut s'en féliciter, lui qui fut arrêté, en octobre 1793, en possession de « tabatières sur lesquelles sont empreintes les effigies de feu capet, Marie-Antoinette et du traitre Lafayette[44] ». Selon ses dires, il croyait que c'était le bonnet de la liberté... La commission militaire, pourtant peu encline à la clémence, conclut qu'il est « coupable, mais excusable », car il « n'est pas prouvé qu'il ait eu des intentions contre-révolutionnaires en exposant ces marchandises en vente »[45]. Il écope de trois mois de prison. Son collègue Jean Royer, lui aussi marchand à Saumur, a fait preuve de la même imprudence en gardant, dans son arrière-boutique, des tabatières à l'effigie des ex-souverains. Il est acquitté. En dépit de son apparence vestimentaire, le Choletais Pierre Houssion échappe également à la condamnation à mort. En effet, en décembre 1793, il comparaît devant le comité révolutionnaire de Cholet, revêtu d'un gilet compromettant « avec un cœur sur lequel il y avait une croix[46] », ce qui est jugé comme une marque de « fanatisme » évidente aux yeux des agents révolutionnaires[47]. Houssion s'en défend, alléguant qu'on le lui a donné et qu'il ne s'était « pas apercu que ce cœur fut cousu au revers de ce gillet ». Il est « élargi » au bénéfice du doute.

Le faux-passeport constitue enfin la dernière preuve matérielle à charge. Établi sous la Renaissance pour les diplomates, les voyageurs, les marchands et les artisans désirant se rendre dans des pays étrangers, « considéré comme un symbole de l'arbitraire et de l'autoritarisme de l'Ancien Régime, dès le début de la Révolution, le passeport fait l'objet de nombreuses critiques, perceptibles dans les cahiers de doléances[48] », comme le rappelle l'historien Gérard Noiriel. La Constituante le supprime. Mais la fuite de Varennes rebat les cartes et, le 1er février 1792, l'assemblée impose son obligation pour les étrangers voyageant en France et les Français quittant le royaume.

La loi des suspects de mars 1793, le contexte militaire aux frontières et à l'intérieur, ainsi que les tensions politiques internes croissantes rendent définitivement obligatoire le passeport, y compris pour les citoyens se rendant dans des villages voisins pour leurs affaires personnelles ou professionnelles. La République tient là un outil de contrôle social et territorial très important. Au moment de la guerre civile, il remplit des objectifs clairs : lutter contre les soutiens militaires que les émigrés pourraient apporter aux contre-révolutionnaires, repérer les espions et « une foule de scélérats qui voudraient former encore un noyau redoutable de rebelles[49] », comme l'écrivent les représentants du peuple Hentz et Francastel en décembre 1793. Les municipalités et les comités révolutionnaires doivent agir en ce sens. Entre 1793 et 1794, sur plus de 8 374 prisonniers entendus par les commissions militaires, 50 hommes et 26 femmes ont été condamnés à mort pour ce motif, soit moins de 1 % des captifs[50].

Le passeport se présente sous une forme assez simple, sorte de carte d'identité avant l'heure. Il s'agit d'un papier pré-imprimé recto-verso, où les cases à remplir mentionnent succinctement le signalement physique du détenteur : couleurs des yeux, des sourcils et des cheveux, formes du visage, de la bouche et du menton, taille... En février 1794, Louis Bougère de Soulaine a besoin d'un passeport « pour aller en différentes communes où ses affaires l'appellent ». Il y est décrit comme un homme de « 4 pieds, 10 pouces (environ 1,62 m.), bouche grande, cheveux et sourcils châtains, yeux roux, nez long, menton rond, front plat plissé, visage sec et long[51] ». Certaines municipalités sont plus laxistes et se contentent d'un rapide état civil. Le lieu de résidence et le cachet officiel du comité révolutionnaire ou de la mairie suffisent[52]. Au plus fort de la crise, l'armée de l'Ouest prend le relais, quand les instances civiles sont contraintes de se réfugier à la périphérie de la zone des combats.

Toutefois, les risques de falsification sont assez nombreux. Même si le passeport est valide, il peut donc être contesté par les autorités[53]. Le général Moulin, connu pour ses emportements, n'hésite pas à « déchirer[54] » le visa de Jean-Baptiste Chosière, marchand de Cholet, pourtant dûment établi par sa municipalité pour pouvoir acheter « trois bœufs » en campagne. Il est alors mis en prison, puis conduit devant la commission militaire. Le général Legros, lui aussi établi à Cholet, retient divers citoyens. Il considère que les officiers municipaux, ceux-là mêmes qui établissent les papiers, auraient « besoin eux-mêmes de cautions de leur patriotisme[55] ». Les passeports sont peu fiables pour des militaires embourbés dans la petite guerre. Le général en chef Turreau aurait fait fusiller des Vendéens alors qu'ils étaient pourtant « nantis de bons passeports[56] ». On le voit, l'armée s'affranchit des règles établies en matière de documents officiels par le pouvoir civil. Les habitants des Mauges, sûrs de leur bonne foi, risquent bel et bien leur vie à circuler entre les communes, même nantis du précieux sésame.

D'ailleurs, les Vendéens établissent leurs propres documents d'identité au nom de Louis XVII. Ils en exigent la détention et l'usage par les habitants de la Vendée militaire ou les prisonniers républicains. La population civile est ainsi prise entre deux feux. Certains penseront avoir trouvé la parade en portant sur eux les papiers des deux camps cachés dans leurs chapeaux par exemple[57], mais, en cas de contrôle, il ne faut pas se tromper. C'est la mésaventure sans grave conséquence qui arrive début avril 1794 à Pierre Bodet, laboureur choletais de soixante-huit ans : le comité révolutionnaire local décide de l'élargir[58].

Être titulaire de ce type de passeport conduit le plus souvent son détenteur à la mort. En 1793, Bedrume, lieutenant-colonel de la Légion germanique, est fait prisonnier par les Vendéens qui finissent par le libérer. De retour parmi les républicains, il s'empresse de dénoncer la politique des rebelles vis-à-vis de leurs prisonniers bleus, expliquant que les Vendéens « ont deux feuilles volantes, celle pour ceux qui ne voulaient pas s'enroller, une autre pour devenir rebelles[59] ». Il ajoute qu'il a accepté le passeport ennemi pour sauver sa vie. Son calcul s'avère mauvais, car il est conduit au peloton d'exécution par sa hiérarchie qui doute de son honnêteté.

Si les juges de 1793 sont obsédés par les passeports – il suffit pour s'en convaincre de lire les procès-verbaux de Rabouin et Duval, envoyés à Chartres pour faire un premier tri entre les prisonniers[60] –, ceux de 1794, placés dans le contexte de la Virée de galerne et du ratissage des colonnes, ne les mentionnent que plus rarement. L'organisation vendéenne disloquée par ses difficultés stratégiques et par les assauts de la République rendent moins efficiente cette preuve. Les représentants du peuple Hentz et Francastel règlent définitivement la question en mars 1794. À cette date, ils enjoignent tous les habitants de la zone insurgée à se « réfugier à 20 lieues du théâtre de la guerre[61] » (80 kilomètres), sous peine d'être considérés comme des rebelles. Dès lors, le passeport perd de son intérêt. La Vendée militaire est devenue une zone interdite. Tous ceux qui y restent ou s'y rendent sont de facto hors la loi.

Inculpation sur la base des dénonciations publiques et anonymes

Sous l'Ancien Régime, les dénonciations entraient pleinement dans la procédure judiciaire. Dans son étude sur la justice bretonne entre le XVIe et le XVIIe siècle, l'historienne Christiane Plessix-Buisset montre qu'elles étaient même encouragées par les juges pour appréhender plus rapidement les faits et convoquer des témoins jugés essentiels à l'avancée d'une enquête. Toutefois, au début de la Révolution, la pratique de la dénonciation n'avait pas pour vocation d'envoyer les accusés vers les tribunaux criminels[62]. Les magistrats révolutionnaires devaient se débarrasser de cet arbitraire archaïque et incertain au nom du progrès de la raison.

Les comités révolutionnaires reçoivent cependant de nombreuses dénonciations émanant des citoyens. À l'exemple du journaliste Marat, « dénonciateur patriote » modèle, tous les Français sont appelés à la même vigilance républicaine[63]. L'historienne Annie Crépin, étudiant les comités du département de Seine-et-Marne, a énuméré les différents sujets de dénonciations qu'ils recueillent, un père qui bat son enfant aveugle, l'endommagement des routes, des chiens errants… On dénonce aussi des subsistances cachées par des paysans, ce qui conduit à des perquisitions dans les fermes[64]. Ce département se situe toutefois dans la France loin de la guerre étrangère et des mouvements contre-révolutionnaires. Dans un pays en guerre civile, le contexte change complètement la donne. Là s'exacerbe la recherche de complots qui favorise un climat de suspicion de plus en plus généralisé, voire entretenu et stimulé par les autorités révolutionnaires.

Depuis mars 1793, la Vendée incarne la trahison suprême à l'encontre de la République et elle légitime une dénonciation dont la définition est élastique. Non sans mal, signe que les choses ne vont pas de soi, certains révolutionnaires s'essaient à distinguer délation et dénonciation. Ainsi, en octobre 1793, le 22e régiment des chasseurs, stationné à Angers à l'arrière proche du front guerrier, estime que « si la délation est un crime, la dénonciation est une vertu et tout républicain doit se faire un devoir de dénoncer non seulement tous les abus mais sans miséricorde les abusans[65] ». Le délateur serait donc un mauvais patriote, animé par la jalousie, la vengeance ou la cupidité, visant à protéger des intérêts purement personnels et égoïstes. Le dénonciateur, à l'inverse, aurait à cœur de défendre le bien commun et de débusquer les ennemis de la République. Il y aurait donc de « bonnes » et de « mauvaises » raisons de dénoncer des citoyens français. De l'un à l'autre, il faut bien reconnaître que le distinguo n'est pas évident, ouvrant une terrible boîte de Pandore.

Des justiciables se retrouvent ainsi convoqués devant les cours de justice à la suite de « témoignages » souvent anonymes, à cause d'une « mauvaise réputation » ou encore d'intentions contre-révolutionnaires justifiées par de mauvaises paroles qui leur sont prêtées. À s'en tenir stricto sensu aux occurrences des mots « dénoncer » et « dénonciation » dans les archives de la justice d'exception angevine, on a comptabilisé 64 individus qui ont dénoncé leurs voisins, auprès des comités révolutionnaires et des commissions militaires.

Des magistrats répugnent néanmoins à faire entrer la dénonciation dans la procédure judiciaire. En août 1793, Rabouin et Duval, deux juges de paix mandatés par les représentants du peuple, se déplacent jusqu'au Mans puis à Chartres pour interroger des prisonniers venus de Maine-et-Loire. Ils restent dubitatifs sur l'arrestation de certains, détenus sur une simple dénonciation qui « ne suffit pas [car] il faut une preuve par témoins ou literralle[66] ». Ce motif les conduit à en remettre immédiatement plusieurs en liberté.

Au début de l'année 1794 encore, certains chefs militaires engagés dans la Vendée connaissent des cas de conscience identiques. Le général Caffin est l'un d'eux. À la mi-janvier, il vient d'arrêter 21 hommes sur une simple dénonciation[67]. Caffin balance entre la culpabilité effective des captifs et la fragilité de la preuve obtenue par la délation : « J'aurais bien évité la peine de les faire conduire en les fesant fusillé », d'autant qu'à la lecture de leur chef d'accusation « personne n'a nié ». Et pourtant, un seul délateur ne lui suffit pas pour régler le sort d'une vingtaine de coupables. L'équation est faussée. Le général préfère laisser le dossier au comité révolutionnaire de Cholet. Les prisonniers échappent – provisoirement – à la fusillade.

De façon générale, au moment où des colonnes infernales, après la mi-janvier 1794, sillonnent la zone insurgée, la délation a valeur de preuve à part entière. Elle est même encouragée entre les prévenus pour qu'ils s'accusent mutuellement, pouvant aussi en profiter pour vider de vieilles querelles de voisinage. Telle est l'épreuve vécue par René Hudon de Chanzeaux. En avril 1794, il se retrouve devant la première commission militaire d'Angers, pour avoir été dénoncé comme rebelle vendéen par l'un de ses voisins, un certain Joubin[68]. Hudon n'arrive pas à le croire – c'est « impossible », proteste-t-il auprès des juges, arguant que son voisin et lui ont « été élevés ensemble dès l'enfance ». Pourtant, une preuve matérielle, un « grand chapelet » trouvé sur lui, scelle son sort. À son tour, il dénonce alors, non seulement Joubin, mais aussi trois autres membres de la municipalité, Albert, Banchereau et Plancheneau, eux aussi en prison. Ces trois individus sont interrogés. Pour sauver leur vie, les accusés chargent d'autres compagnons d'infortune. Cette posture est contre-productive et fragilise la position des détenus, car, en s'accusant réciproquement, ils sous-entendent leur participation à l'insurrection et livrent aux magistrats des arguments supplémentaires pour les compromettre et les condamner à mort. On voit bien l'effet boule de neige qu'entraîne le procédé de la délation et l'atout répressif qu'il représente pour les républicains. On est bien loin d'une distinction fantasmée et moralisatrice entre délation et dénonciation.

Les mauvaises paroles suffisent également à une condamnation. Crier « Vive le roi » ou « Vive Louis XVII », aller à la messe « réfractaire », porter la cocarde blanche ou le Sacré-Cœur signent le fanatisme des prévenus. Pour les républicains de 1793-1794, la royauté et la religion sont étroitement imbriquées. En moyenne, un tiers des interrogatoires des comités révolutionnaires et des commissions militaires porte sur ces questions. Le plus souvent, les suspects nient, répondent qu'ils ne s'en souviennent plus ou qu'ils ont été forcés. Mais les commissions militaires disposent de témoignages à charge circonstanciés, compromettant les accusés à partir de propos rapportés très précis : les « j'emm… la République[69] » apparaissent à quatre reprises dans les registres de la commission militaire Parein-Félix. Les atteintes aux symboles révolutionnaires, cocardes et écharpes tricolores, dénoncées par des témoins, sont citées et coûtent cher. Un curé, pourtant assermenté, pour avoir dit « ba ba, il faut envoyer tout ça au diable[70] », est condamné à mort.

Les menaces contre les patriotes sont soigneusement rapportées et étayées à charge. Il est difficile pour les inculpés de nier les faits. L'un des transfuges vendéens regrette publiquement de ne pas avoir « tiré un coup de fusil au général Santerre le jour de la prise de Saumur[71] ». Il le paie de sa vie. Un Choletais s'en prend à Cambon, président du comité de la ville et frère du conventionnel : « Gueux, ton frère a voté la mort du roi, tu vas payer pour lui[72]. » Il est condamné à mort. Une femme est menacée par une autre à La Flèche : « Où est ton sacré gueux et mari ? […] il n'y a pas de plus grand patriote que le mari de cette femme là ; s'il était là, le mâtin ! je lui couperas le cou, il faut fouiller dans cette maison, il doit y avoir des armes[73]. » Elle est exécutée.

On reproche à d'autres d'avoir encouragé les populations à prendre les armes contre la République par des

« propos inciviques » qui coûtent la vie à leurs auteurs. Là encore, les faits se font précis : « La république est foutue; dans peu nous aurons un roy, il vaut mieux en prendre un que de s'y refuser, car il faut en venir là[74]. » La commission militaire est à l'aise pour statuer le sort d'un prisonnier ayant exprimé ses doutes quant à l'avenir du nouveau régime : « Jamais la nation ne gagnerait [...] que le peuple n'était pas assez sot pour se soumettre à une poignée d'individus dont la convention nationale était composée, vive le roi, voilà des batteaux qui viennent, il faut faire mettre à bas la cocarde et recevoir les brigands[75]. » Une femme s'en prend à un « courageux républicain à qui les scélérats avaient coupé les doigts et les cheveux » et l'exhorte à reconnaître la victoire vendéenne : « Eh bien l'armée des brigands en sabots a pourtant chassé tous nos faquins de Saumur qui traînaient des sabres après eux [...] vous auriez mieux fait de rester dans vos pays »[76]. La « contre-révolution est faite, restez ici, après la prise de Saumur[77] ». Un marchand de Baugé interpelle des Saumurois en criant « au diable les démocrates [...] et excité les bons citoyens[78] ». D'autres promettent aussi aide et soutien aux insurgés, comme « un quart de vin de ma maison de campagne et des légumes[79] ». Une autre est « charmée de vous voir [...] soyez les bien venus. Venez mes bons amis, il y a longtemps que je vous désire, je n'en voudrais pas voir d'autres[80] ». Ces paroles défaitistes et antirépublicains conduisent la grande majorité de ceux qui les prononcent à l'échafaud.

Tant que les Vendéens apparaissent puissants, c'est-à-dire jusqu'à l'automne 1793, leurs partisans se dévoilent imprudemment. Une fois que les républicains reprennent la situation en main, les voilà déférés devant une justice impitoyable, pour les brigands comme pour les traîtres. Accusés par des témoins rapportant fidèlement des propos contre-révolutionnaires, ce sont des preuves suffisantes pour placer leurs auteurs sous le coup de la loi des suspects. Si les militaires sont souvent excusés et réintègrent leur corps d'armée, les civils ont peu de chance de bénéficier de la même clémence.

La précision des faits reprochés, consignés dans les dossiers des archives judiciaires, montre combien, en pleine guerre civile, les gens s'invectivent, s'insultent, règlent leurs comptes et se débarrassent opportunément de voisins. Par le biais des dénonciations et des délations, preuve est faite que les communautés de l'Anjou ne se sont pas soulevées unanimement. Des républicains côtoient des partisans de la Contre-Révolution. Tous se connaissent et vivent en mauvaise intelligence tout en se supportant. Quand l'occasion devient favorable, les mauvaises paroles, proférées au vu et au su de la communauté, suffisent à déférer des individus devant la justice d'exception qui sait exploiter habilement les erreurs commises pour purger le département de ces éléments indociles.

Dit autrement, l'accusé, placé dans une chaîne de délations dont il ne maîtrise pas les aboutissants, devient une proie facile pour la commission. Les aveux obtenus par recoupements servent à remonter les filières de « brigands » et affaiblir l'insurrection. Comités révolutionnaires, magistrats et commissions militaires ont bien compris tout le parti politique et militaire à tirer des délations. La guerre civile a donc changé les enjeux juridiques de la dénonciation. Celle-ci fait désormais partie de l'arsenal répressif révolutionnaire permettant, à peu de frais, de confondre les ennemis de la République. À partir de janvier 1794, il ne se trouve plus de républicains pour rechigner devant cette méthode. La dénonciation est considérée comme une preuve absolue en droit révolutionnaire, témoignant de l'échec de l'idéal juridique des premiers temps de la Révolution.

Inculpation sur la base de la parole des prévenus

À court de preuves matérielles, les juges cherchent à obtenir des aveux des prévenus. Souvent confrontés pour la première fois à la justice et perdus dans les arcanes d'un organigramme politico-juridique méconnu, les accusés évaluent mal les enjeux des procédures judiciaires et surtout la portée de leurs paroles. Que peut comprendre un Maugeois, raflé par les soldats républicains puis déféré devant le comité révolutionnaire, des conséquences des mots lâchés lors de son interrogatoire ? Le contexte général chronologique et spatial pèse également sur le destin des justiciables. Les interrogatoires à Chartres en 1793 par deux juges de paix loin du front n'ont pas les mêmes effets pour un suspect que ceux réalisés à Cholet par le comité révolutionnaire ou encore à Angers par la commission militaire ou les recenseurs des prisons au contact direct de la zone insurrectionnelle.

Nombreux sont les prisonniers mutiques devant leurs examinateurs, par soumission, par incompréhension, par peur. Lors de la recension des prisons, en janvier 1794, ni Jacques Ménard, serger, ni René Martineau, cardeur de laine, habitant Neuvy et âgés tous deux de dix-sept ans, ne peuvent répondre aux « interrogations ». Ils sont « renvoyés à examen »[81]. C'est une stratégie de défense qui peut se révéler payante, même si elle est aléatoire[82]. Peut-être se savent-ils condamnés par avance. En juillet 1793, Jean Rétif, prêtre « insermenté[83] », comparaît devant la commission militaire Fabrefonds-Sénart. Les habits sacerdotaux qu'il porte le mettent *de facto* hors la loi. Décidant n'avoir « rien à répondre là-dessus », ni sur ses complicités, ni sur ses déplacements, il est condamné à mort.

D'autres essaient habilement de s'adapter, tant bien que mal, aux pièges de l'interrogatoire. Certains, par leur répartie, leur gouaille ou leur humour, cherchent à amadouer des juges. Ils ont parfois le sens de la formule à tel point que les juges le consignent. Augustin Blanvillain, marchand de La Jumellière, répond à Duval et Rabouin que, si les prêtres réfractaires « lui avaient parlé de religion, il les aurait envoyés se faire f…[84] ». S'il allait voir les curés constitutionnels ? Jacques Brisieux, laboureur de vingt-cinq ans à Angers, répond « qu'il aimait mieux aller voir les filles[85] ».

En revanche, quand le prévenu est trop bavard, qu'il se recoupe, son sort est alors vite scellé. Les juges et les membres des comités révolutionnaires ne supportent pas d'être bernés. Questionner à plusieurs reprises le prisonnier s'avère la méthode la plus fiable pour vérifier ses dires, bien que chronophage. Rabouin et Duval adoptent régulièrement cette méthodologie vigilante. Sur 126 prisonniers qu'ils interrogent, ils en libèrent 57 et en assignent 69 devant une cour supérieure de justice, dont un quart, non pour fait grave, mais pour mensonge caractérisé.

En janvier 1794, les membres du comité révolutionnaire de Cholet en font tout autant. François Charbonnier, « scieur de long de Mazières[86] », se dit victime d'une injustice. Dès le début de l'insurrection, il s'est engagé dans les troupes républicaines. Il a été fait prisonnier par les brigands pendant sept mois. « C'est l'armée de Mayence » qui l'aurait délivré. Seulement, au deuxième interrogatoire, il s'emmêle dans son récit. La conclusion tombe alors, définitive : « C'est un scélérat, ses deux interrogatoires prouvent qu'un brigand peut tromper au premier, mais qu'il se couppe au second... Il s'est démenti partout. »

À l'inverse, une histoire difficilement vraisemblable peut convaincre le même comité révolutionnaire de Cholet. Le 7 janvier 1794, Louis Grolleau de Maulévrier a été le guide d'une patrouille attaquée par les Vendéens en rase campagne. Les Bleus se retranchent alors dans une maison où ils sont finalement retrouvés tous égorgés, sauf Grolleau qui s'était « caché derrière la porte quand les brigands l'ont enfoncée » ! Il justifie sa survie en expliquant que, « parmi eux comme ils entraient en foule, ils ne me distinguèrent point parce que j'étais habillé comme eux »[87]. Il dit connaître « un chef la Rochejaquelein » et avoir été convié par un autre, « Stoflet chef de la grande armée des brigands », qu'il aurait dû voir le soir de l'embuscade. La rencontre n'a pas eu lieu « parce que je me sauvé de suite [*sic*] ». Un tel récit, émaillé de nombreuses contradictions, interpelle naturellement les juges. Il est étonnant en effet qu'un simple guide au service des républicains réussisse à se glisser parmi les insurgés et rencontre des chefs vendéens d'importance. Comment imaginer également que l'un des principaux commandants ennemis puisse vouloir le recevoir en personne ? À cela s'ajoute la réaction des officiers municipaux de sa commune qui l'accusent d'avoir pris les armes et suivi les « rebelles en différentes rencontres », même si c'est « seulement en qualité de simple soldat et pour gagner sa vie ». Est-ce parce qu'il « a remis ses armes » et témoigné « son repantir » qu'il est finalement élargi ? L'histoire est difficile à croire. Pourtant, le comité choletais, habituellement suspicieux, le relâche.

Des prévenus espèrent aussi que la perte « de la raison[88] » due à l'ivresse, le temps d'un moment d'égarement, soit un argument recevable par le tribunal. Devant le comité révolutionnaire de Cholet, trois d'entre eux avouent avoir tenu, pour cela, « quelques propos malhonnêtes[89] ». C'est le cas de Bridonneau, journalier de Treize-Vents, qui avoue « avoir tenu un propos en passant a la tessouale mais comme [il était ivre, il ne sait pas ce qu'il a dit]. Vous êtes accusé d'avoir donné l'alarme à la tessouale et d'avoir dit qu'il y venait beaucoup de brigands[90] ». Il ne se rappelle de rien et change de sujet en se plaignant de fièvre, de rhumatisme, de claudication.

À ces civils s'ajoutent cinq volontaires et soldats républicains, eux aussi pris de boisson. Passés à l'ennemi, puis rattrapés par les républicains, ils se retrouvent dans une bien mauvaise posture devant le comité de Cholet. Ils se défendent par leur addiction à l'alcool et la perfidie des Vendéens qui les avaient conduits à boire. Pour quatre d'entre eux, l'ivresse est recevable ; pour le cinquième, c'est la mort qui l'attend[91].

La stratégie de défense des prisonniers la plus commune est d'avoir marché avec les Vendéens sous la contrainte et la menace et « charroy[é] » pour le compte des insurgés ou être « forcés de monter la garde », « deux ou trois fois pas plus ». Mais, de l'avis des juges, ces arguments ne sont pas crédibles, car ils savent que, s'ils sont appelés une fois, les combattants assurent ensuite plusieurs dizaines de jours de garde[92]. Ils se disent toujours mal armés, « d'un bâton » est la réponse la plus courante, ou d'un « mauvais fusil qu'on m'a donné ». Les accusés veulent convaincre leurs interlocuteurs qu'ils ne sont pas des combattants consentants, mais bien des victimes contraintes par la force. Devant le comité révolutionnaire de Cholet en janvier 1794, Pierre Charrier, tisserand chemillois, a ainsi l'espoir d'échapper à la justice. Certes, il a un « fuzil »qu'il a trouvé « en une haye cachée il y a environ trois mois »[93]. Il a d'ailleurs « tiré un coup de fusil à l'age de dix-sept ans et j'eu si grand peur que je promis au bon dieu de ne jamais m'en servir ». Est-il coupable « de s'être trouvé à beaucoup d'affaires avec les brigands » ?

Il n'a effectué que six jours de garde et n'a participé à aucune bataille, « à part celle de Cholet ». Il perd cependant bientôt le fil de ses réponses et avoue aussi avoir été à celle de Coron. L'agent du comité le place alors devant ses contradictions et conclut que Charrier « parait convaincu d'avoir pris part aux troubles de la Vendée et ses réponses contradictoires annoncent sa mauvaise foi ». Il est finalement déféré devant la commission militaire d'Angers. Comme Charrier, François Chupin a été forcé, lui qui n'a « jamais approuvé cette révolution, au contraire [il a] toujours regardé comme [leur] perte à tous. [Il était] bien content avant et [il désirait] bien que la république eut le dessus [*sic*][94] ». Mais, signe qu'il identifie mal les camps politiques, il qualifie la guerre de Vendée de « révolution ». À juste titre, le comité n'apprécie pas la confusion et le défère à Angers.

L'affaire est encore plus difficile à défendre si les Vendéens inculpés avouent avoir fait partie du conseil royaliste de leur commune. Quand ils répondent qu'ils « ne pouvaient pas refuser » et que les preuves sont établies, ce type d'aveux les condamne immanquablement. Dès novembre 1793, le représentant du peuple Francastel avait réfuté un tel argument en prescrivant qu'« un homme convaincu d'avoir été président ou membre d'un comité contre-révolutionnaire, bien qu'il ait été reconnu avoir été forcé, doit être regardé comme suspect et traité comme tel. Un républicain ne consentirait jamais, même le poignard sous la gorge à faire un acte contraire au salut de sa patrie[95] ». Selon lui, ce principe doit s'appliquer à tous les prisonniers sans discussion, gare donc aux juges qui seraient tentés d'en acquitter certains un peu trop facilement.

Enfin, une toute petite minorité affiche son hostilité devant la procédure judiciaire. Entre juillet 1793 et avril 1794, sur 3 613 suspects auditionnés par le comité révolutionnaire de Cholet et les commissions militaires, seuls six prévenus angevins refusent de répondre aux questions. Leur silence est clairement preuve d'hostilité, à tel point que les procès-verbaux républicains le relèvent.

En juillet 1793, la même commission Fabrefonds-Sénart écoute Jacques-Philippe Renault, dénoncé par des citoyens pour avoir tenu des propos « contre-révolutionnaires[96] ». Interrogé avec soin par les juges qui le soupçonnent en plus d'être un ex-noble et de profiter de son commerce de vin pour nouer des liens avec des chefs vendéens, Renault, loin de se justifier, s'agace ouvertement auprès des juges : il leur a fait « observer que les questions étaient trop longues qu'il fallait aller au fait et le condamner s'il était condamnable. La commission militaire lui a répondu que la longueur des demandes était pour lui donner la facilité de se justifier ». Les faits reprochés à Renault le conduisent à la mort, mais son attitude agressive a certainement pesé sur son dossier.

Le plus célèbre cas de suspect à afficher son hostilité est l'évêque « auto-proclamé » *in partibus* Guillot de Folleville[97]. Début janvier 1794, consciente de l'enjeu de cette prise, la commission militaire l'interroge soigneusement à deux reprises sur son rôle dans l'armée des brigands. Si, dans un premier temps, il répond aux questions, lors du second interrogatoire, sans doute se sachant condamné, il adopte une posture inverse. Les juges en concluent qu'il « en impose, ou plutôt qu'il ne veut pas desserrer les dents, mais que c'est en vain[98] ». Il est condamné à mort et guillotiné à Angers le 5 janvier 1794.

Comment expliquer que certaines expressions employées par des prévenus ont été mentionnées dans les comptes rendus d'interrogatoires ? Les juges ont sans doute été frappés par tel ou tel cas émergeant de la foule des inculpés entendue en audience. Jusqu'à quel point cependant les juges se sont-ils laissés émouvoir par les suspects ? « L'excuse de la contrainte[99] » est rarement recevable. Si l'historien doit se contenter des traces écrites de l'interrogatoire, il doit être conscient qu'une partie de l'histoire lui échappera toujours. Le moment intime de la rencontre inédite et inégale entre l'accusé et son juge, rencontre au cours de laquelle peut se nouer sans aucun doute une relation sensible entre l'enquêteur et le suspect, se dérobe.

Certains juges vivent un véritable « cas de conscience » face à des prisonniers qu'ils peuvent avoir du mal à cerner. Que faire des « imbéciles » qui croupissent dans les geôles de la République ? Nous avons cité le cas d'Angélique Guimbretière, interrogée à quatre reprises entre janvier et mars 1794 par cinq enquêteurs différents, sans que leur opinion sur la prisonnière ait pu s'établir sûrement. Trois d'entre eux la qualifient de « pauvre d'esprit ». Trois semaines plus tard, interrogée à nouveau, aucune mention de fragilité mentale n'est consignée dans le rapport d'audience. À un moment où la psychiatrie n'existe pas encore[100], où les corps comme les esprits sont malmenés par la guerre civile et soumis à la pression obsidionale de l'univers carcéral, est-ce à dire que la jeune femme a perdu pied ? Son cas montre la difficulté pour le juge de bien mesurer le degré de solidité morale des prisonniers. À l'opposé, ils sont confrontés à des individus en véritable « attaque de démence[101] » ou simples d'esprit. Dans ces cas précis, ils l'écrivent. On peut évaluer ces constats à huit seulement parmi les milliers de Vendéens et de Vendéennes qui ont transité dans les geôles angevines, quatre en 1793 et quatre autres en 1794. C'est dire à quel point l'hésitation face aux accusés est restée bien marginale chez les magistrats et les enquêteurs.

Ceux-ci ne s'attardent jamais longtemps sur les symptômes constatés lors d'une audience. Pierre Albert fait partie des exceptions. Son interrogatoire montre un homme sans doute trop bavard, sûrement perdu. Il s'est engagé du côté vendéen « dans une armée où il y avait des bayonnettes, il était fort contant d'être avec eux ». Il aimerait bien être avec les commandants de l'armée catholique qui « ne font point de mal, qu'ils voudront bien être les maîtres des démocrates, mais qu'ils ne le pourront ». Le métayer est manifestement confus : il suit « mieux les démocrates que les aristocrates », mais « il aime bien les nobles ». Est-il réellement perturbé psychologiquement ? Feint-il et cherche-t-il à se jouer des juges ? En 1793, Rabouin et Duval, les commissaires dépêchés à Chartres, restent dubitatifs. Ils estiment les réponses d'Albert « presqu'imbéciles cependant assez suspectes pour le faire détenir », en attendant « d'en référer à la commission centrale ». Ces deux juges sont tout aussi démunis sur trois autres situations. Deux d'entre eux sont finalement « élargis[102] », mais ils restent en prison, sans doute par souci de sécurité publique.

Six mois plus tard, en 1794, le recensement des prisons ne signale que quatre cas de folie sur 3 471 prisonniers interrogés. Le handicap supposé n'épargne pas forcément les individus incarcérés. Un homme et une femme reconnus malades mentalement sont condamnés à la fusillade. Les deux autres sont en « sursis ». Et pourtant, comme le notent les recenseurs, il « a été bien facile de reconnaître [que les interrogés avaient] l'esprit égaré depuis longtemps. [Ils ne peuvent] être utiles à rien[103] ». Les tribunaux révolutionnaires ont sûrement été confrontés à plus de huit Vendéens psychologiquement perturbés, mais, comme le doute n'est guère permis en guerre civile, tous ces individus ont probablement été emportés dans la cohorte des ennemis contre-révolutionnaires à détruire.

Entre janvier et avril 1794, des envoyés de la commission militaire supervisés par Hentz et Francastel reçoivent 52 ordres de mission consistant à vider le plus rapidement possible les prisons d'Angers. Certains sont sans aucune légitimité ni compétences judiciaires. Les auditions sont expéditives. Les agents commis pour ces recensements ne cherchent même pas à maquiller leurs jugements expresses. Près de 3 500 prisonniers sont entendus en 33 recensements. Plus de la moitié est condamnée à mort. Sans discrimination de sexes ni d'âges, hommes, femmes, enfants, affrontent un verdict sans appel.

Simultanément, des procès respectent à la lettre les procédures judiciaires. Les preuves sont établies, les auditions soignées et le jugement motivé, ce qui n'empêche pas les juges d'être tout aussi intransigeants. La justice d'exception balance donc entre le formalisme et l'opacité juridique.

Dans le face-à-face glaçant entre le juge et le détenu, c'est toute la puissance froide et déterminée de la terreur révolutionnaire angevine qui transparaît. Dans les circonstances singulières de la guerre civile, pour l'appareil répressif et pénal, la vigilance ne va donc pas au respect scrupuleux de la règle de droit, mais bien plutôt au règlement efficace, quitte à être arbitraire, de la question vendéenne qu'il s'agissait de criminaliser pour mieux détruire.

Chapitre VI

Dénouement de la procédure judiciaire : exécution des sentences au service d'une destruction militaire et politique de la Vendée

Après le temps du procès, véritable épreuve punitive pour les suspects, vient celui de la sentence à rendre. Il existe deux types d'exécution à mort : la guillotine et la fusillade. La peine de mort, prononcée dans le cadre de la mise hors la loi de mars 1793, doit être infligée très vite, dans les heures ou les jours qui suivent le verdict. Elle doit aussi s'accompagner d'une « publicité spectaculaire donnée aux châtiments dans le but d'effrayer et de détourner du crime[1] ». La guillotine répond à cette attente du pouvoir judiciaire républicain, mais son coût est élevé. C'est pourquoi elle est plutôt réservée à une certaine catégorie de Vendéens, prêtres, nobles et chefs, jugés particulièrement coupables par l'influence néfaste qu'ils exercent sur les populations rebelles. Le second procédé d'exécution est la fusillade. C'est le sort funeste le plus répandu promis à peu de frais à l'encontre du « commun » des rebelles extirpés du bocage. Il en va ainsi de la justice d'exception qui doit se montrer sévère et implacable jusqu'au bout avec les ennemis de la Révolution pour assurer la victoire de la République attaquée et elle-même menacée de mort.

Guillotiner pour l'exemple

Les statistiques montrent que le travail de liquidation des Vendéens suit la temporalité de la politique répressive de leur insurrection. Dans l'hiver 1793-1794, la destruction monte en puissance pour atteindre son pic au tournant de fin mars-début avril 1794. Il y a bien une corrélation directe entre le traitement militaire et sécuritaire de la guerre civile et l'intensification de la mécanique judiciaire dans laquelle la guillotine tient sa place. Actionnée au nom de la loi républicaine, elle frappe l'opinion publique et affirme la puissance de l'État.

L'image de rationalité technicienne démontre la modernité du nouveau régime. Coûteuse, l'exécution par la guillotine requiert des professionnels. L'utiliser trop souvent, c'est donc prendre le risque de sa banalisation. Elle doit rester une sanction criminelle exceptionnelle.

La guillotine à Angers, l'arme de l'anéantissement

Selon le comité révolutionnaire de Cholet ou encore le général Commaire en poste au cœur du pays insurgé, la Vendée militaire est une terre de « gibiers de guillotine[2] ». L'engin de mort, régulièrement associé aux insurrections de l'Ouest, fait partie du spectacle morbide de la justice répressive en province.

L'histoire de la guillotine est bien connue[3]. Dès le 10 octobre 1789, le docteur Guillotin propose à l'Assemblée nationale une machine qui fait « sauter la tête en un clin d'œil[4] » pour en finir avec les terribles et longues mises à mort de l'Ancien Régime[5]. Le 25 avril 1792, la machine est adoptée et utilisée pour la première fois contre un voleur d'assignats. Un an plus tard, elle est indissociable de la justice d'exception, car, comme l'écrit Pierre Serna, « la justice révolutionnaire et son instrument, la guillotine, vont imprimer dans les esprits comme un moment de Terreur, de peur irraisonnée, de panique... Animale[6] ! »

Selon les registres des commissions militaires, le premier guillotiné angevin serait Abraham Carrefour, « dit la Pelouse[7] », un officier d'artillerie saumurois, accusé de trahison lors de la prise de sa ville par les Vendéens en juin 1793. Il monte sur l'échafaud le 28 août. De 1793 à 1794, en Anjou, la guillotine sévit exclusivement contre les insurgés de la Vendée militaire, combattants ou non, condamnés pour crime contre-révolutionnaire.

Son installation dans les départements prend beaucoup de temps et, dans les faits, elle rencontre des problèmes

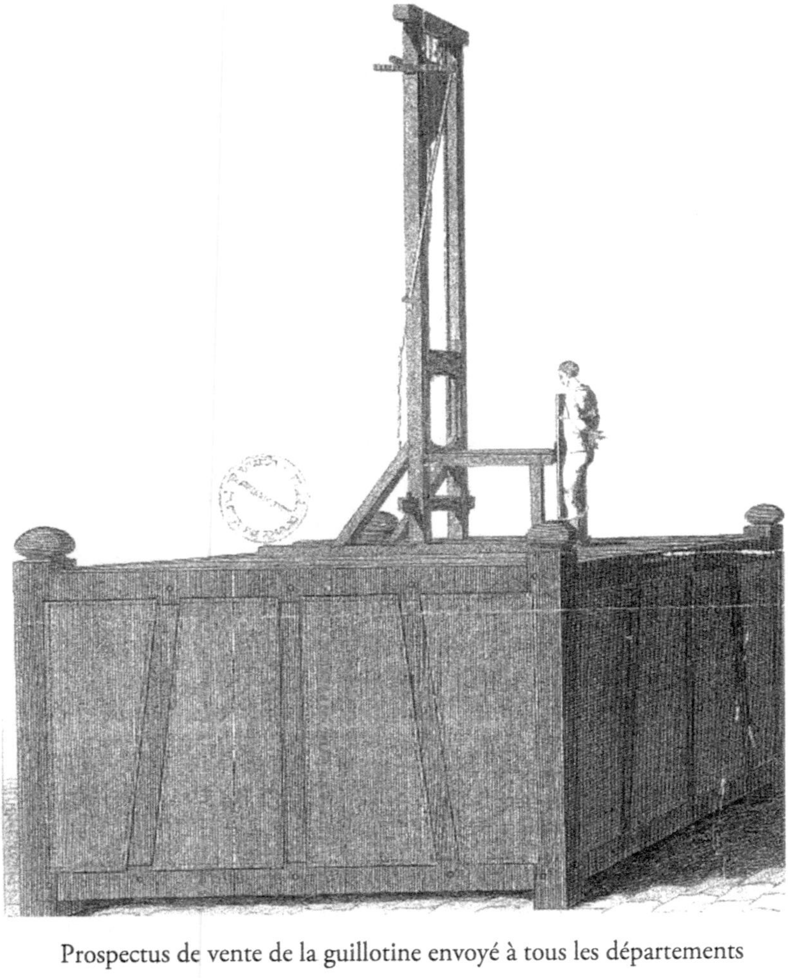

Prospectus de vente de la guillotine envoyé à tous les départements en 1792. Source : ADML, 1L1453.

pratiques et matériels imprévus. Dans le Maine-et-Loire, il faut plus d'un an entre sa commande en 1792 et son utilisation en 1793. En juin 1792, le directeur du directoire et le procureur général syndic de Maine-et-Loire avaient reçu un prospectus de Schmidt constructeur officiel des guillotines des « 83 départements[8] ». Celui-ci profitait d'une disposition de la loi qui prévoyait que chaque tribunal criminel, un par département, devait disposer d'une guillotine.

Schmidt fournit un croquis et un texte publicitaires pour vanter les mérites de « la machine à Louis », présentée comme un simple objet de la vie quotidienne. « L'artiste qui a construit pour Paris et Versailles la machine destinée a l'execution du supplice de la tête tranchée a l'honneur d'offrir ses services a Mr le procureur général syndic du département, qui sans doute est déjà instruit de l'effet qu'elle a eu a Paris. Le prix de cette machine qui peut durer un grand nombre d'années, et qui doit être payée par le trésor public, est de 40 louis. Si le département consent a charger l'artiste de la construction de celle qui est nécessaire, il offre de l'exécuter avec promptitude[9]. » Le prospectus n'oublie aucun argument de « vente » pour séduire des autorités départementales peu familières de ce supplice judiciaire d'un nouveau genre. On vante l'efficacité pratique de la machine, ayant déjà fait ses preuves à Paris, la rentabilité de son coût, la résistance et la longévité de l'instrument, en somme un excellent rapport qualité/prix ! L'échelle est habilement tronquée pour saisir l'opinion par la puissance de l'engin d'exécution.

L'investissement est pourtant élevé pour le département : 40 louis, soit 960 livres, c'est-à-dire l'équivalent du salaire annuel de neuf à dix journaliers[10]. Est-ce pour emporter le marché que Schmidt fait une ristourne ? Toujours est-il qu'il propose sa machine pour 824 livres, sans compter les « frais d'envoi et de transport ». Dès le 12 juin 1792, le bon de commande avait été établi pour « obtenir la machine à décapiter ». Elle n'a encore pas eu l'occasion de servir quand, à l'été 1793, lors de la prise d'Angers par les Vendéens, elle est détruite. L'aggravation de la guerre civile remet la question à l'ordre du jour. Les commissions militaires réclament à leur tour une « machine à décapiter ». Ce sont elles qui détiennent, comme on l'a vu, une sorte de « monopole de la violence[11] » d'État et, à ce titre, elles sont les seules aptes à pouvoir condamner les insurgés à cette peine. Le tribunal criminel, dessaisi peu à peu des affaires liées à la Vendée, n'en aura pas l'usage. En juillet 1793, la commission militaire Parein-Félix et les représentants du peuple réitèrent à l'administration du département « de faire faire à l'instant une guillotine[12] », finalement livrée assez vite, entre fin juillet et août 1793, au département de Maine-et-Loire.

À l'automne, à la suite de la victoire républicaine de Cholet à la mi-octobre 1793 et à cause de l'afflux de prisonniers, une deuxième commission militaire, présidée par Proust, est créée à Angers pour épauler celle de Félix et Parein. Les deux tribunaux d'exception se partagent alors l'utilisation de la guillotine. Mais, en décembre 1793, la commission Proust doit siéger au nord de la Loire, pour juger plus rapidement les Vendéens refluant en grand nombre vers la Mayenne et l'Anjou, après l'échec de la Virée de galerne. Malgré « un puissant besoin[13] » d'échafaud, Proust et ses collègues doivent d'abord « se contenter » des fusillades[14], le temps que les administrateurs du département de Maine-et-Loire conviennent d'équiper ladite commission d'une guillotine.

La machine est utilisée par cette instance répressive à partir du 28 janvier 1794 d'abord pour huit Vendéens arrêtés à Laval et ayant participé à la bataille du Mans, puis pour quatorze autres détenus à Sablé accusés des mêmes faits. Au début de l'année 1794, après s'être fait tancer en juillet 1793 pour leur lenteur à obtenir une guillotine, les administrateurs du Maine-et-Loire se montrent plus efficaces pour la mettre à la disposition de la justice révolutionnaire. Il ne leur a pas fallu plus de deux jours pour la transporter jusqu'au lieu où siège la commission itinérante de Proust.

En Vendée militaire, ce supplice mécanique exorcise la guerre menée sur le terrain. Les républicains sont conscients que la mécanisation de l'exécution contribue à l'éclat de la répression. Le général Carpantier évoque « la juste publication[15] » que méritent les Vendéens condamnés à cette peine. L'objectif est bien que ce « spectacle brutal et inattendu de la mort génère la terreur[16] ». C'est, selon Michel Bée, « une liturgie judicaire[17] » où dignité et tempérance sont attendues des spectateurs, des bourreaux et des condamnés. Pour ces derniers, Anne Carol n'hésite pas à parler d'« ars moriendi[18] » complètement laïcisé qui garantit le succès du spectacle pénal assumé par le crédo judiciaire du nouveau régime. D'ailleurs, jouant sur ce registre laïco-religieux, les républicains en poste en Vendée évoquent ironiquement « la Sainte guillotine » ou encore la « sacro-sainte guillotine[19] », une façon de se moquer de la religion des « fanatiques vendéens », tout en élevant ce procédé au plus haut rang des peines des Temps modernes.

On retient souvent de la guillotine « l'éclat des supplices », pour reprendre l'expression de Michel Foucault sur la peine de mort, mais il ne faut pas oublier comment les coulisses de son installation montrent la complexité d'un organigramme révolutionnaire en province où chacun, des juges des commissions militaires, des administrateurs départementaux aux représentants du peuple, joue sa partition dans la chaîne pénale. Les uns financent et obtiennent la machine à décapiter, les autres en font un usage terroriste contre les ennemis du régime. L'histoire de la guillotine est donc aussi une histoire en condensé de l'adaptabilité politique et judiciaire d'un département en insurrection. Elle révèle les enjeux de pouvoir des différentes instances judiciaires de la jeune République exposée au péril mortel d'une guerre civile qui s'est emballée et enracinée dans le territoire provincial et dans l'espace politique national.

Les guillotineurs, bourreaux de la mort mécanique[20]

À la Révolution, sur 83 départements, 17 recherchent des candidats guillotineurs. Le Maine-et-Loire est plutôt bien doté en « exécuteurs des jugements criminels[21] ». Forts d'une expertise de la sentence criminelle, ils sont deux à avoir déjà exercé la profession particulière de bourreaux à la fin du XVIIIe siècle[22], Filliau, à Angers, et Dupuis, à Saumur. Le premier y réside durant toute la Révolution[23]. Le second suit l'armée de l'Ouest et les commissions militaires. La charge itinérante est nettement plus lourde pour Dupuis : en quatre mois, de novembre 1793 à mars 1794, il a fait un périple de près de 300 kilomètres sur des routes pas toujours sûres, « de Saumur jusqu'à Laval à Angers aux Ponts de Cez et à Doué, actuellement à Saumur[24] ».

Si la guillotine s'inscrit au sommet de la justice d'exception, elle est aussi une affaire de comptabilité. Le décret du 13 juin 1793 fixe la rémunération du bourreau en fonction du nombre d'habitants de la ville où il est affecté. Son salaire est de 2 400 livres dans les villes de moins de 50 000 habitants, de 4 000 livres pour les villes comptant entre 50 000 et 100 000 habitants et de 6 000 livres pour les villes comptant entre 100 000 et 300 000 habitants, soit respectivement deux, trois ou quatre fois le salaire annuel d'un professeur d'université à la fin du XVIIIe siècle. À la fin de l'Ancien Régime, Angers compte 30 000 citoyens. Le salaire de l'exécutant devrait donc être au plus bas dans la grille prévue par la loi. Il semblerait que, devant la situation de crise exceptionnelle vécue par le Maine-et-Loire, les règles en aient été modifiées.

Louis Dupuis a soigneusement consigné ses frais sur une sorte de carnet. C'est une source exceptionnelle.

Dans son cas, la démographie des villes où il a exercé importe peu. Son salaire dépend en réalité du nombre de têtes tranchées. Chaque guillotiné lui rapporte en moyenne 53 livres. Quand il officie sur la place du Ralliement à Angers, là où la guillotine est à demeure, il touche 30 livres par condamné. Les administrateurs révolutionnaires reprennent tout simplement le barème des tarifs des dernières années de la monarchie. Le prix le plus élevé, 30 livres, concernait le supplice de la roue – plus technique, plus long, plus éprouvant, y compris pour le bourreau. Trancher une tête à la hache lui rapportait alors 25 livres[25]. Sous la Révolution, on y ajoute une sorte de « fixe » journalier, 10 livres, versé en plus des exécutions. *In fine*, entre novembre 1793 et mars 1794, Louis Dupuis a touché un salaire mensuel de 436 livres, soit 2 180 livres pour cinq mois d'exécution, bien au-dessus de ce que la loi prévoyait, preuve de l'importance de sa fonction dans la procédure pénale.

Même à considérer le prix le plus bas par tête tranchée, soit 30 livres comme nous l'avons dit, les autorités départementales remettent aux exécuteurs une petite fortune : 7 290 livres au total pour Dupuis et Fillau. On est très loin des revenus de leurs homologues d'Ancien Régime, gratifiés de pas plus de 100 livres par an pour celui de Tours par exemple[26]. Dans le contexte de guerre civile propre à l'Anjou, les bourreaux ne chôment pas et s'enrichissent. C'est un fait attesté dans d'autres régions : là où les exécutions sont nombreuses, les émoluments augmentent proportionnellement. Il y a donc une forme d'indexation des tarifs suivant le degré de crise politique du ressort judiciaire. Les registres de Dupuis se placent dans un exercice comptable, mais ils légitiment politiquement et moralement la mise à mort des Vendéens. En rappelant précisément les noms, les dates, les lieux des exécutions, Dupuis justifie à la fois son salaire et s'inscrit comme un instrument de la justice révolutionnaire.

En 1793 et 1794, la commission militaire a en charge le budget de la justice et accorde primes et salaires à ses agents. À partir de 1795, la « commission des administrations civiles, police et tribunaux[27] », désormais dépositaire de cette charge pour les exécuteurs, annonce aux administrateurs du Maine-et-Loire qu'elle baissera les rémunérations. Depuis l'été 1794, la répression a, en effet, marqué le pas, en raison de la déflation des combats, et, avec elle tout logiquement, le nombre des peines de mort. Désormais il leur sera attribué un salaire annuel fixe de 1 600 livres, soit un recul des 4/5e de leur rétribution.

Ce n'est pas le cas pour leurs deux aides ou « porteurs » chargés de préparer le théâtre des supplices, en répandant « son[28] » et sciure autour de la guillotine. Ces adjoints se munissent d'un panier pour recevoir la tête et de cordes pour attacher le condamné. Une fois la sentence exécutée, ils doivent mener les corps jusqu'au cimetière. Le décret du 13 juin 1793 prévoit que les deux employés toucheront 1 600 livres. Placé au cœur de la guerre civile, l'Anjou se démarque une fois de plus par son investissement économique dans la justice d'exception. En 1794,

Dupuis obtient 9 livres supplémentaires par tête tranchée pour ses deux subalternes, bien au-delà de ce que la loi avait prévu. À partir de 1795, la baisse des traitements les atteint également. Désormais, ils ne toucheront plus que 800 livres chacun par an – deux fois moins que leur patron.

En Anjou, comme en Loire-Inférieure, à l'occasion du procès Carrier, les témoignages se multiplient contre les commissions militaires. Mais rares sont les protestations émises contre l'usage même de la guillotine. En fait, après la dissolution des commissions, les contemporains dénoncent davantage les exécutions de masse que la sentence par la guillotine, dont le scénario est plus ritualisé.

La guillotine a immanquablement occupé le paysage de la terreur provinciale et parisienne, mais elle n'a été pourtant que « la partie visible de l'iceberg[29] », car elle ne détient pas le monopole de la destruction des opposants. S'il ne conteste pas son usage contre les Vendéens, Benaben, commissaire aux armées, préconise les noyades, comme il l'écrit aux administrateurs de Maine-et-Loire en décembre 1793 : « On met tous ces coquins-là dans des batteaux qu'on fait couler ensuite à fond. On appelle cela envoyer au château d'eau. Je ne scai qui a imaginé cette espère ce de supplice, mais il est beaucoup plus prompt que la guillotine[30]. » Pragmatique, Benaben sait bien que la guillotine ne peut être employée dans le cadre d'une répression de masse, contre les enfants, les femmes, les combattants de retour de la Virée de galerne. Au tournant de l'hiver 1793-1794, l'heure est à la « mort de masse » et, dans ces circonstances, « l'éclat des supplices » de la guillotine ne peut y pourvoir. L'usage de la sentence judiciaire réglée n'est alors plus compatible avec le moment déréglé du paroxysme de la crise politique et militaire. Les agents de la justice révolutionnaire ont été contraints de s'adapter, dans l'urgence, aux contingences de la guerre civile en dérégulant la mécanique judiciaire d'exception. Une justice d'exception hypertrophiée s'est insinuée dans la justice d'exception normée, en quelque sorte, fatalement avalisée par des autorités républicaines angevines bousculées par l'urgence répressive.

Richard Cobb a montré, à Paris notamment, que, par la guillotine, « la Révolution avait indubitablement dépouillé la mort de son décorum : la guillotine était indécemment fonctionnelle et expéditive[31] ». Il n'en a rien été à Angers. Si la commission militaire Proust et surtout celle Parein-Félix concentrent à elles seules 95 % des condamnations à mort par ce moyen de sentence extraordinaire, elles ne le veulent ni expéditif ni infructueux sur l'opinion publique angevine, mais bel et bien démonstration et garantie de la légitimité judiciaire assumée par un régime républicain en construction. Pendant toute la durée de leur activité, soit de juillet 1793 à mai 1794, 243 hommes et femmes ont ainsi été guillotinés[32] par décision des commissions militaires de l'Anjou. Le « rasoir national » a exécuté 11 % des condamnés de la Vendée militaire (soit un sur neuf).

Les fusillades de masse, paroxysme de la destruction de l'ennemi

Si la guillotine est la sentence réservée aux ennemis de « qualité », la masse des contre-révolutionnaires sous le coup d'une condamnation à mort est, elle, destinée à la fusillade. Il existe quatre lieux d'exécution principaux se situant en périphérie de Doué, des Ponts-de-Cé, de Saumur et d'Angers. Les sites de fusillade ne sont pas autorisés au public, à la différence des exécutions par la guillotine. Cependant, les révolutionnaires orchestrent une mise en scène en amont, afin que nul n'ignore la rigueur de la loi au nom de laquelle la condamnation à mort a été prononcée. Reste une part d'énigme quant au nombre de fusillés encore très difficile à établir avec certitude aujourd'hui.

Fusillades publiques, fusillades hors la loi

Traditionnellement, la nature des délits détermine l'organisation et la mise en scène des fusillades ordonnées par les pouvoirs militaires ou civils. Les crimes militaires donnent lieu à des rituels précis et spécifiques. Ces exécutions ont lieu sur « un échaffaut », au milieu du camp, « à la tête de l'armée »[33]. Des civils sont parfois convoqués pour l'occasion. En juillet 1793 par exemple, le premier condamné à mort de la commission militaire Parein-Félix est le soldat de la 5e compagnie du 2e bataillon de Gravilliers, Payelle. Il a été accusé d'avoir crié

« vive le roi et à bas la république ». Il est décidé que « tous les officiers de l'état-major et une députation de la ville de Chinon[34] » assistent à l'exécution. Son supplice a eu lieu en public en fin de journée à « six heures de l'après-midi », le 23 juillet 1793. Cinq mois plus tard, en décembre 1793, Alexandre Roger, chef d'état-major aux Sables, encourage le Comité de salut public à ne pas renoncer à ces mises à mort codifiées, sinon : « Qu'en résulte-t-il ? Que le châtiment ne fait nulle impression sur l'esprit des autres militaires, parce qu'ils n'en ont pas été témoins. » Il faut donc fusiller les coupables « à la tête des troupes »[35].

Les mises à mort par fusillades des contre-révolutionnaires considérés comme des criminels politiques suivent un rituel bien différent. Quand les peines ont été prononcées à Angers, dans le cadre d'une cour judiciaire, et qu'elles ont donné lieu à un jugement écrit, motivé selon les « lois révolutionnaires[36] », les fusillades sont dites judiciaires. Les condamnés sont alors sortis de leurs geôles et parcourent le centre-ville. Ils suivent le chemin des grandes fêtes religieuses à la fin du XVIIIe siècle, mais cette fois pour une procession laïque et macabre puisqu'elle annonce aux habitants la mise à mort prochaine des ennemis de la République. Au début du cortège, Ménard, le commandant de la place, mène les tambours, suivi par des gendarmes et des chasseurs à cheval. Des membres du comité révolutionnaire et agents de la justice d'exception accompagnent le funeste cortège jusqu'au lieu de son supplice.

La justice d'exception à Angers : institutions et lieux d'exécution (1793 - 1794)

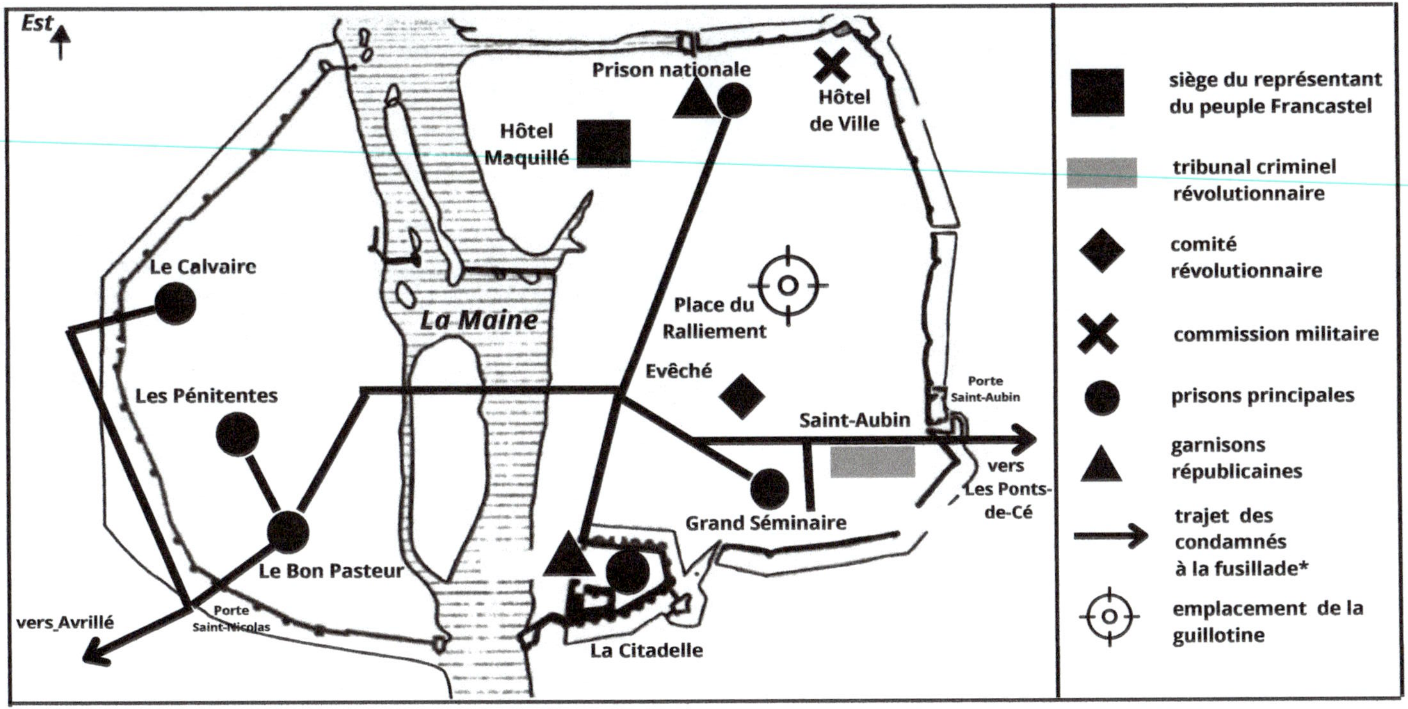

Sources et réalisation : A. Rolland.-Boulestreau. & B. R., 2023

*d'après les travaux de Christophe Tharreau, *Histoire et mémoire du Champ-des-Martyrs d'Avrillé*, UCO, 2006.

Le comité révolutionnaire d'Angers oblige « révolutionnairement » les habitants à « tenir leurs boutiques ouvertes et établées tous les jours, sans que sous quelques prétextes, elles puissent être fermées »[37]. Devant la chaîne de prisonniers conduits à la fusillade, les citoyens angevins sont donc tout à la fois spectateurs et témoins, consentants ou non, d'une répression légale en démonstration[38]. Chacun doit être conscient de sa place sur le front de la guerre civile. L'exceptionnel – la mise à mort prochaine des prisonniers – côtoie l'ordinaire – la vie quotidienne banale des échoppes ouvertes. C'est bien à une confrontation manichéenne entre le bien révolutionnaire et le mal contre-révolutionnaire que le pouvoir républicain local décide de convier les habitans.

Mais bon nombre de fusillades sortent du strict cadre judiciaire et ne sont pas exposées au public. Sans registre d'écrou, sans processions publiques, sans motivation judiciaire, elles sont totalement hors la loi. À suivre David El Kenz, spécialiste des guerres de Religion, on pourrait dès lors les apparenter aux massacres, à savoir « le meurtre de civils sans défense, en grand nombre, et en une seule fois[39] ». L'historien Bronislaw Baczko les qualifie d'« exécutions arbitraires de masse[40] ». « Arbitraires », c'est bien le terme qui convient quand on sait que le pouvoir en place à Angers, aux prises avec une insurrection active, assume une gestion débridée des fusillades au nom du salut de la République. Ainsi, le 5 décembre, après l'échec des Vendéens à prendre la ville, le représentant Francastel annonce à

Polarisation de la justice d'exception sous la terreur en Anjou

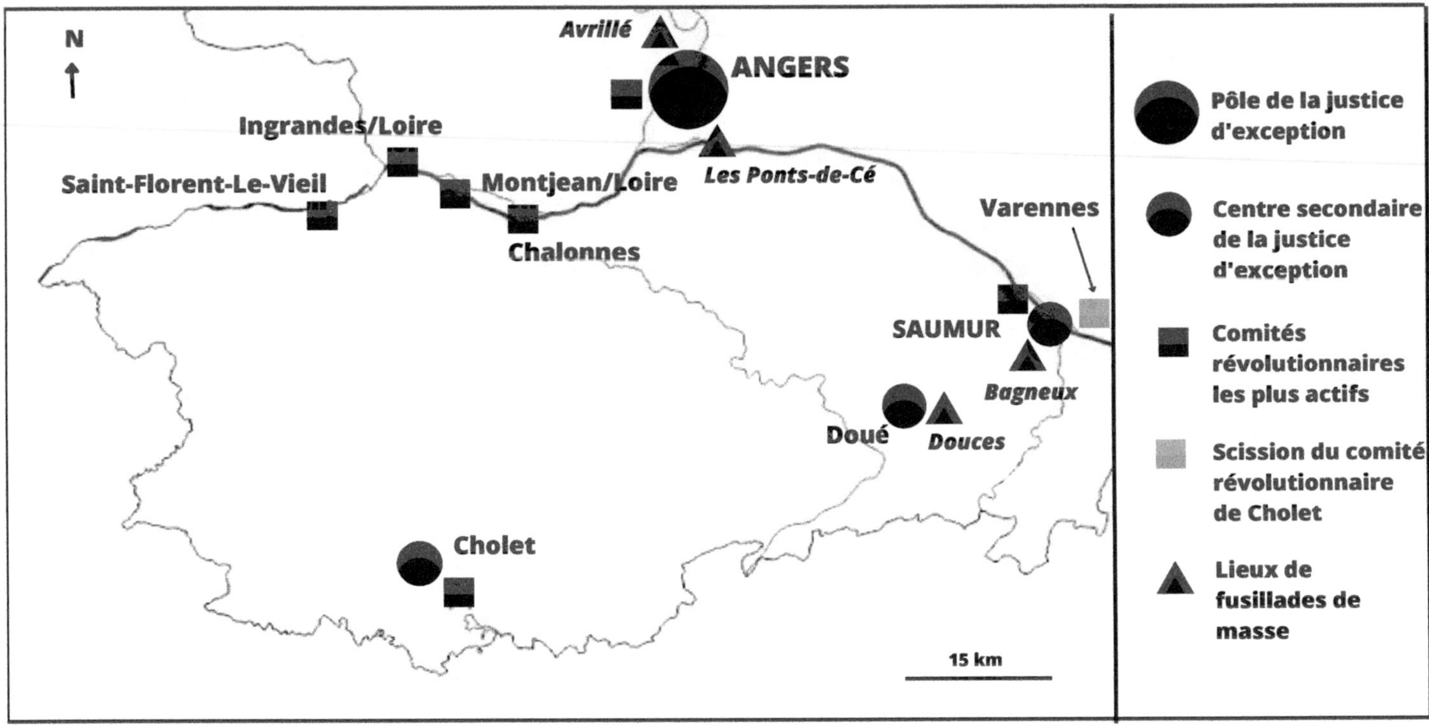

Sources et réalisation : A. Rolland-Boulestreau & B. R., 2023

la Convention nationale que les « rebelles sont fusillés par bandes de 100 ou de 200[41] », « sans autre forme de jugement[42] ». Fin décembre 1793, il encourage encore le comité révolutionnaire à « abréger tout délai et de les faire filer en diligence[43] », soit les fusiller hors de tout procès. Sur son ordre, en janvier 1794 encore, les fusillades arbitraires de masse continuent, comme le rapportent les administrateurs du district au Comité de sûreté générale : « L'immensité des coupables que la destruction des brigands a livré entre nos mains n'a pas permis de dresser des PV d'arrestations ni d'interrogatoire; d'ailleurs la nature de leur délit ne permettait aucun retard dans l'exécution de la vengeance nationale. Des milliers ont été fusillés sur-le-champ par ordre des représentants du peuple d'Angers[44]. » À cette même date, selon le général Cordellier, Robert, chef d'état-major de l'armée de l'Ouest, aurait lui aussi commandé de liquider, hors de toute procédure judiciaire, 1 200 à 1 500 suspects aux Ponts-de-Cé[45]. En décembre 1793 et janvier 1794, Francastel et Robert décident ensemble des exécutions arbitraires tout en prenant leurs précautions. « Francastel demanda si on avait eu soin de faire dresser le PV de rébellion contre la garde, a quoy Robert a répondu que "ouï" et que ce stratagème[46] » a justifié la fusillade. Les deux protagonistes assument ces tueries extrajudiciaires, en veillant à couvrir leurs arrières.

On connaît le schéma général de la mise en œuvre des exécutions collectives. La justice d'exception choisit soigneusement les lieux. Ces places sont toujours situées à l'écart des villes d'Angers, de Doué et de Saumur, où siègent les commissions militaires et les troupes républicaines chargées d'épauler les gendarmes dans ces basses œuvres. Cependant, ces sites sont accessibles en moins d'une heure de marche. Les deux tiers des fusillades se passent à « deux heures de relevée » (14 heures). En plein hiver, le temps de préparer les pelotons et d'assurer la bonne conduite des opérations d'exécution et d'ensevelissement des corps, les soldats mobilisés pour cette besogne ne rentrent pas à Angers avant la tombée de la nuit.

Le bois d'Asnières sur la commune de Douces, les buttes de Bournan à Bagneux, les rives ligériennes des Ponts-de-Cé et le champ d'Avrillé se trouvent tous dans un rayon de 4 kilomètres autour de Saumur, d'Angers et de Doué. La configuration géographique des sites convient aux exécutions de masse et à l'ensevelissement des cadavres. L'aspect « pratique » a été bien soupesé, comme en témoigne par exemple l'adjudant Chevalier. Pour lui, la montée de Bournan est « le lieu le plus propice à cette expédition et où le grand air pouvait évaporer plus facilement les mauvaises exhalaisons que croient nécessairement produire de pareilles expéditions[47] ».

Quelle que soit la nature des fusillades, judiciaires ou hors la loi, la mort des condamnés n'est ni publique ni relatée, bien au contraire. Entre 1793 et 1794, les *Affiches d'Angers*, journal officiel du Maine-et-Loire qui compte jusqu'à 400 abonnés[48], n'en rendent jamais compte, alors même qu'elles publient fréquemment les sentences des commissions militaires. Bien des sujets y sont évoqués, de la vente de biens courants, des billards, des chiens, des propriétés, des discussions à la Convention nationale, des fêtes nationales, des adresses et des demandes d'abonnés, mais jamais aucune chaîne de prisonniers traversant les rues du centre-ville d'Angers n'a fait l'objet d'un article. Il y a là, de la part de l'imprimeur Mame, comme une forme d'autocensure, alors qu'aucun Angevin ne peut ignorer le sort funeste qui attend ceux conduits en cortège hors de la ville.

Il faut attendre Thermidor[49] pour que les langues se délient. Huit mois après les faits, à partir de septembre-octobre 1794, des témoins viennent devant des juges pour raconter le traumatisme psychologique subi à l'occasion des tueries, surtout si, comme Élie Trouillard, ils ont été réquisitionnés par l'armée ou la gendarmerie chargées des exécutions de masse. Ce Saumurois se souvient de ce qu'il a vu et entendu, comment il a « dû creuser une fosse, se retirer à l'écart, [se reculer] de 4 à 500 pas dans les bois et [il entend] plusieurs décharges de coups de fusils », avant de revenir ensuite pour recouvrir les cadavres et s'assurer avec la troupe que les condamnés sont bien morts. Il affirme que les soldats achèvent les survivants à coups de sabre et conclut son terrible récit de façon lapidaire : « Pareille fusillade s'est renouvelée 5 ou 6 fois »[50].

Impossible dénombrement des fusillés

Parmi toutes les commissions militaires établies dans l'ouest de la France, celle de Parein-Félix fut la plus active et la plus pérenne. Du 13 juillet 1793 au 9 mai 1794, elle interroge au moins 2 188 prisonniers, civils et combattants. À partir de décembre 1793, au retour des Vendéens de la Virée de galerne, jusqu'au printemps 1794, elle multiplie les auditions des combattants vendéens et en condamne 1 172, près de 54 %, à la peine capitale[51]. Parmi eux, 80 % sont fusillés. Si on y ajoute le recensement des prisons, réalisé entre janvier et avril 1794, sous la houlette de la commission Parein-Félix, les « F » dans la marge (pour « À fusiller ») représentent 90 % des peines de mort prononcées. La fusillade est donc le mode dominant de liquidation par la justice d'exception angevine.

Le nombre de fusillés par cohorte se situe autour d'une centaine d'individus. Le plus petit peloton compte 16 Vendéens tués, le plus important, 233. Le nombre de gendarmes et de soldats républicains mobilisés pour ce type d'exécution en plein champ, depuis la sortie des prisonniers de leurs geôles jusqu'à la mise à mort après une marche en convoi de plusieurs kilomètres, se monte à une trentaine. La 35e division de gendarmerie est la plus fréquemment requise pour cette mission. Elle reçoit salaires et primes, à hauteur de 450 livres pour trois mois d'opération meurtrière, entre février et avril 1794[52].

La commission militaire Parein-Félix juge 633 militaires. Trente-cinq, soit 5 %, sont condamnés à mort pour « intelligence avec l'ennemi », trahison, assassinat et désertion aggravée s'il s'agit d'un officier républicain. À ce total s'ajoutent 13 autres militaires fusillés sans autre forme de procès[53]. Si le bilan des militaires fusillés reste imprécis, celui des victimes « civiles » des fusillades l'est encore davantage. En effet, des juges ont pu profiter du départ d'un convoi pour y adjoindre des prisonniers supplémentaires, à fusiller hors de toute procédure judiciaire[54]. Ces fusillades que l'on qualifiera d'« hybrides » sont attestées à plusieurs reprises entre janvier et avril 1794. Durant cette période, les recenseurs des prisons, en rayant promptement des « À examiner » dans les marges de leurs cahiers, expédient des suspects dans une cohorte de la mort.

Enfin, les « fusillades arbitraires de masse », totalement hors la loi, alourdissent le bilan : en décembre, après que les Vendéens ont échoué à prendre une deuxième fois la ville d'Angers, des fusillades ont lieu au Port de l'Ancre. Durant quinze jours, du 5 au 25 décembre 1793, de nombreux suspects sont engloutis dans la Maine, sans qu'on puisse estimer leur nombre, sans que ces fusillades aient donné lieu à de quelconques estimations. Corps et nombre sont pareillement engloutis dans la Maine et dans l'histoire. Entre 1 200 à 1 500 individus auraient aussi été fusillés aux Ponts-de-Cé, en quatre fusillades, les 27, 28, 29 décembre 1793 et le 12 janvier 1794 ; plus de 2 000 autres à Avrillé, lors de neuf fusillades de masse extrajudiciaires, essentiellement en janvier 1794, les 12, 15, 18, 20, 21 et 22, les 1er et 10 février, puis enfin le 16 avril 1794[55]. À suivre les jugements de la commission militaire Parein-Félix, deux autres groupes comptant au total 203 prisonniers sont conduits à la mort, à Avrillé, le 12 janvier et le 16 avril 1794. Or des fouilles archéologiques, menées en 1868, ont révélé douze fosses communes contenant dix fois plus de victimes que le nombre consigné sur le registre. Même si les archéologues du XIXe siècle n'ont pas effectué de relevés scientifiques poussés, comme on le ferait aujourd'hui, ils ont démontré d'autres exécutions en plus des fusillades officiellement prononcées par une cour de justice.

Bien des fusillés échappent donc à toute recension précise. Pour autant, ils ne sont pas totalement tombés dans le néant. Grâce à de nombreux témoignages souvent liés à la période thermidorienne, leur supplice n'est pas ignoré. Des républicains, affligés par ces exécutions sommaires et massives, commencent un long travail d'enquête moins de deux mois après les faits. C'est le cas notamment de Macé, président du jury d'accusation de Maine-et-Loire, nommé par les autorités départementales afin de rechercher les criminels « terroristes ». Les papiers du comité révolutionnaire d'Angers sont saisis et les listes – partielles – de fusillés sont établies. Au total, cette recension à chaud livre 460 noms de fusillés en dehors de toute procédure légale officielle[56].

Ces fusillades collectives, qu'elles aient été décidées par la justice d'exception, qu'elles aient été « hybrides » ou totalement hors de la loi, posent la délicate question historiographique du bilan des massacres perpétrés par les révolutionnaires dans l'ouest de la France. Malgré des sources abondantes, toujours circonstanciées, car consignant jusqu'à l'heure des fusillades, elles n'en restent pas moins dissimulées par leurs auteurs. Il faut attendre Thermidor pour que les langues se délient et que les forfaits soient dénoncés.

Même si certaines analyses de Michel Foucault sur la justice d'Ancien Régime ont été critiquées, « l'économie des châtiments » qu'il avance dans son ouvrage *Surveiller et punir* souligne à quel point la mise à mort judiciaire poursuit toujours des objectifs politiques précis. La justice d'exception se donne en spectacle pour montrer aux populations comment la répression s'exerce sur les rebelles vendéens. Elle est le monopole de la violence légitime d'un État nouveau et moderne, reléguant ainsi vengeances, guerres privées et justice monarchique dans un passé archaïque. Elle souligne également la fermeté de la République dans son combat idéologique contre la Vendée.

Selon les républicains, la guillotine doit être didactique : rituel adapté, technicité de la machine, professionnalisation de la « mort judiciaire sans souffrance ». Les juges angevins sont plus embarrassés par les fusillades. Plus rapides, moins coûteuses, elles sont finalement moins faciles à orchestrer et donc à rendre acceptables auprès de l'opinion publique. Si les acteurs de la justice d'exception organisent une sorte de parade festive avec tambours et parcours précis dans les rues d'Angers, ils ne peuvent montrer la phase finale décidée par l'acte judiciaire. Les fusillades sont rejetées hors des villes et de la civilisation par des agents d'une justice d'exception conscients de l'obscénité à y associer le peuple. En somme, la procédure reste incomplète et manque sa cible. Ce huis clos de la fusillade qui réplique le huis clos du procès est l'acmé de l'arbitraire répressif de la justice d'exception. Au moment de Thermidor, c'est moins la guillotine, instrument rationnel et contrôlé, que les fusillades, procédé cruel et anomique, qui concentrent toutes les critiques contre la terreur angevine.

Selon Jean-François Couet qui a, récemment, publié une étude portant sur les prisons à Angers, « une organisation impeccable[57] » expliquerait la force de la répression républicaine contre les Vendéens. En réalité, les aléas des procédures judiciaires et extrajudiciaires sautent aux yeux à de nombreuses reprises dans les archives. L'application de la loi est tributaire de multiples facteurs exogènes et d'injonctions contradictoires entre les différents rouages politiques et judiciaires. Les improvisations, les hésitations et la versatilité des décisions de justice ne rendent pas moins lourdes les sentences à l'encontre des insurgés. L'arbitraire de la justice, tant décrié à la fin du XVIIIe siècle sous l'Ancien Régime, n'en est que plus flagrant sous la Révolution française, alors que celle-ci escomptait en débarrasser la justice pour toujours, en consacrant des procédures judiciaires d'un âge nouveau, à la fois simplifiées, rationalisées et irréprochables, aux dires des conventionnels. Placés sur le front de la guerre civile, les juges républicains angevins, armés de la loi de mars 1793 et de celle de septembre 1793, ne s'embarrassent pas de ces principes. Tout au contraire, ils aggravent, sans concession, la condition juridique du justiciable-rebelle délibérément sorti du cadre légal. Hors la loi par définition, l'accusé politique mérite justement d'être exclu de la cité et de la loi par la loi elle-même, celle que les agents de la justice d'exception se sont donné pour mission d'appliquer sans faiblesse au nom de la République en guerre.

Conclusion

Punir pour détruire : telle était bien la vocation de la justice d'exception en Anjou, entre mars 1793 et juin 1794. Les protagonistes révolutionnaires ne s'en sont pas cachés en exhibant une nette prédilection pour la « destruction » de la Vendée, « des brigands », « du pays »[1]. Tous les agents révolutionnaires, militaires, juges, représentants du peuple, membres des comités révolutionnaires, jouent cependant sur l'ambiguïté du terme et le rôle qu'ils ont pu occuper pour remplir l'objectif de la victoire républicaine. Le 1er avril 1794, Joseph Lequinio, représentant du peuple à La Rochelle, a laissé un mémoire au Comité de salut public. Il le publie six mois plus tard. Il y dénonce le « plan de destruction[2] » du général Turreau et les noyades de Carrier qui, selon lui, procèdent d'un « nouveau moyen de destruction qui semble porter avec lui le caractère souverainement odieux d'un calcul glacé de dépopulation, d'une méditation froide de la mort des autres et d'une jouissance approfondie de la calamité commune[3] ». Jouissance d'un côté, calcul prémédité de l'autre, la destruction des Vendéens conduit, selon lui, aux malheurs de la

République. Pour autant, Lequinio ne trahit pas la cause révolutionnaire, affirmant qu'il « ne faut point faire de prisonniers dès que l'on trouve des hommes ou les armes à la main ou en attroupement de guerre quoique sans armes ; il faut les fusiller sans déplacer[4] ». Dit autrement, la fusillade des insurgés, sans autre forme de procès, est légitime quand elle se conforme au texte de la mise hors la loi du 19 mars 1793. À l'inverse, la destruction des Vendéens est mortifère pour la République quand elle s'associe aux excès de la soldatesque, couvre les meurtriers et tangente la légalité révolutionnaire.

Punir et détruire en Vendée n'est pas un travail sans filiation. Il participe d'une réflexion historique sur la violence politique et judiciaire en temps de guerre et, nous le croyons, il enrichit la connaissance de la guerre de Vendée, en éprouvant une nouvelle fois la méthode de la microhistoire, appliquée à la justice révolutionnaire en guerre civile, par le prisme républicain[5]. Notre enquête sur l'action de la justice d'exception révolutionnaire à l'encontre des opposants vendéens, au travers de son système institutionnel et normatif spécifique au temps de guerre civile, s'inscrit ainsi dans le fil des études amorcées, il y a déjà plus de cinquante ans, par Michel Foucault. Dans son ouvrage *Surveiller et punir*, il explorait, en effet, les rapports entre la justice, les prisons, les juges, les accusés, les sentences et les protagonistes du « rite » judiciaire dans la France d'Ancien Régime. Foucault se plaçait dans une démarche sociologique et anthropologique, plus qu'historique d'ailleurs. Ce livre doit aussi à deux historiens contemporanéistes et à leurs ouvrages, Christian Ingrao,

Croire et détruire, et Jacques Sémelin, *Purifier et détruire*. Ce dernier estime que la destruction des ennemis contribue à la définition du pouvoir dans l'histoire[6].

La destruction suppose de puissants moyens coercitifs à la fois pour identifier un groupe jugé dangereux pour la République et pouvoir le combattre à toutes les échelles, locale, départementale ou nationale. La destruction est synonyme d'extermination, expression également utilisée par les acteurs révolutionnaires engagés en Vendée[7]. Mais, selon eux, la punition d'un groupe hostile, tels les Vendéens, doit suivre des règles prédéfinies, la haine sans la cruauté, la mort sans la vengeance, grâce à la justice sans le meurtre et la loi sans la barbarie.

Or, dans les faits, la justice se concentre entre les mains de quelques dizaines d'hommes. Dans le périmètre de la Vendée militaire, ceux-ci servent la République à des postes de pouvoir *a priori* bien définis, mais aux missions assez vagues et, en réalité, ambiguës. Les fonctions se confondent et s'entremêlent entre justice, police, administration et répression, au moment où la séparation des pouvoirs n'existe pas vraiment et où la guerre civile exacerbe les enjeux politiques locaux et nationaux. Placés au cœur de la justice répressive du département de Maine-et-Loire, ces protagonistes éprouvent une forme d'exaltation patriotique, car il en va pour eux de la sauvegarde de la République contre la Vendée. Ils auraient pu reprendre à leur compte cette analyse de Boissy d'Anglas énoncée après la Terreur : « Nous avons consommé six siècles en six années[8]. »

En Vendée militaire, en 1793 et 1794, les représentants du peuple sont responsables de la mise en œuvre de la terreur judiciaire[9], qu'on nomme justice d'exception, c'est-à-dire une justice expresse où prime le soupçon sur la preuve. Mais ils ne combattent pas seulement sur le front de la Vendée, car ils agissent au sein même de leur propre camp, dans une relative autonomie, en faveur de leurs institutions et réseaux aux dépens d'autres rivaux. Sans lien avec les édiles politiques angevines, avides de pouvoirs, éloignés de la tutelle de la Convention nationale, et de plus en plus indépendants au plan militaire, politique et judiciaire, ils finissent par se comporter en « potentats régionaux[10] ». Ainsi en est-il de Hentz et de Francastel qui choisissent de nommer et de soutenir des hommes parmi les plus radicaux, adoptent des moyens de répression extrêmes, camouflent des actes arbitraires par des procédures illégales, voire les encouragent, parce que, tout comme Carrier à Nantes, la violence leur paraît la stratégie la plus efficace pour « tenir » sur le front et abattre l'ennemi de l'intérieur. Parmi toute l'agentivité de la justice révolutionnaire d'exception, les représentants du peuple en assurent la suprématie.

Dans un tel contexte, la Terreur a permis la libération des instincts les plus primaires chez ces révolutionnaires placés à des postes clés, mais le retour à la concorde nationale fera d'eux des usurpateurs, des imposteurs, des parias. La période de guerre civile a accru mécaniquement la violence politique, plongeant les agents révolutionnaires dans un climat de radicalisation, leur permettant le contournement des règles légales. C'est pourquoi, dans la période de déflation politique, militaire et judiciaire, le destin de ces trois hommes montre dans quelles conditions se liquide la Terreur en province. Comme l'écrit Michel Biard, « dans un contexte politique où il s'agit de dénoncer la Terreur et trouver des boucs émissaires pour mieux faire oublier la responsabilité collective de la Convention nationale[11] », les représentants du peuple sont placés en première ligne. Dès juillet 1794, Francastel est au cœur d'une affaire politique, montée en épingle par son collègue nantais, Bô. Ce dernier a été sollicité par Deterves, citoyen de Morannes, dans le district de Châteauneuf[12]. Signe que l'administration post-terroriste dans l'Ouest semble désorganisée, ce particulier s'adresse à un représentant du peuple dont il ne dépend pas directement. Deterves se plaint que son épouse a été emprisonnée à Angers, sans motif apparent et sur ordre de Francastel qui, pourtant, « ne la jamais ny vu ny parlé ny connu. Toutes les pièces à sa justification sont légalle [*sic*] ». Mère de famille, enceinte, et de « santé très faible », cette femme est l'exemple même des victimes d'une justice arbitraire. Elle n'a jamais été auditionnée et ne connaît pas les raisons de son incarcération alors qu'elle aurait réuni tous les documents prouvant son innocence. Bô envoie cette requête à son collègue Francastel, reparti depuis mai 1794 vers la Convention et, désormais, bien éloigné de l'Anjou belliqueux. Le représentant nantais cherche, à l'évidence, à instrumentaliser l'affaire Deterves pour fragiliser la position de son collègue. L'heure des règlements de compte a sonné. Son intérêt est sans doute double. Le contexte nantais est dans le viseur du pouvoir central et Bô ne veut pas être associé aux exactions de Carrier, même s'il ne renie pas son engagement révolutionnaire, comme l'atteste la constitution d'une commission militaire à Noirmoutier, puis à Nantes en juin et août 1794. Il regrette également la lenteur de la pacification en Vendée militaire. Les mécontentements sont de plus en plus nombreux dans les rangs des républicains. Il dénonce donc la molle application de cette nouvelle politique tout en montrant, par l'affaire de Deterves notamment, combien il s'investit dans la déflation du conflit, en étant soucieux de faire désormais prévaloir le droit sur l'arbitraire. Prudent, mais conscient des enjeux politiques en cours, Bô renvoie l'affaire à Francastel.

Mais le conventionnel a suffisamment l'expérience du collapse de la Vendée pour ne pas commettre une imprudence de plus qui pourrait lui coûter fort cher. Aussi répond-il à Bô un mois plus tard, le 5 août 1794. Il profite habilement d'un contexte parisien devenu incertain, car Robespierre a été guillotiné neuf jours plus tôt. La réponse de Francastel justifie l'accomplissement de sa mission, qu'il veille à replacer dans une « époque[13] » troublée, durant laquelle il a soutenu la vigilance des patriotes ayant dénoncé des « brigands plusieurs ci-devant nobles ». Se montrant pragmatique et désintéressé, Francastel estime habilement que « si des renseignements ultérieurs prouvent qu'à l'époque actuelle la femme peut être mise en liberté sans inconvénient », il ne voit pas d'interdit à ce que son collègue Bô accorde la liberté à la suspecte. Pour Francastel, l'histoire s'arrête là. Si Bô a voulu le déstabiliser, il en reste pour ses frais.

Toutefois, à partir d'octobre 1794, Francastel doit affronter une tempête politique de plus grande ampleur. Juges de paix, administrateurs de directoires de districts, simples particuliers, ils ne sont pas moins de 70 à déposer contre l'ancien représentant du peuple en Anjou. Carrier est, lui aussi, dénoncé par les Nantais. Dans cette atmosphère de « chasse aux sorcières », l'analyse des différentes stratégies défensives choisies par ces deux hommes est éclairante. Carrier choisit de se défendre avec éclat et emphase, en engageant notamment la responsabilité de la Convention nationale[14]. À l'inverse, Francastel s'efface et opte pour le retrait, officiellement pour cause de maladie[15]. Quand il s'exprime à la tribune, il reste prudent, évasif et peu loquace, y compris – et surtout – quand il s'agit de soutenir Carrier. L'historienne Corinne Gomez-Le Chevanton a montré que le procès du sulfureux représentant nantais est un « moment de purification collective » qui doit s'achever par son exécution. Lors de sa dernière comparution devant la Convention nationale, Carrier, incrédule, s'interroge encore : « Quoiqu'on en ait dit, on a commis à Angers, à Saumur, à Laval, etc., les mêmes horreurs qu'à Nantes; qu'il est bien éloigné de croire que ses collègues soient plus coupables des unes que lui des autres; mais il demande pourquoi on lui donne cette horrible initiative de diffamation[16]. » Pourtant, Francastel échappe au couperet[17].

En décembre 1794, la Convention nationale clôt la période de la grande Terreur, en introduisant des réformes importantes, dont le « retour spectaculaire de l'utilisation des députés sinon dans leur propre département, tout au moins dans la zone géographique où celui-ci se situe[18] ». Plus nombreux, dix au lieu de deux, originaires de l'Ouest, ils ont pour tâche d'imposer l'amnistie en allant à la rencontre de populations civiles maltraitées par un an et demi de guerre. Lors de ces échanges pacificateurs, les Vendéens témoignent de deux faits traumatiques : les massacres des colonnes infernales et les noyades de Nantes. Autrement dit, ils connaissent la réputation transgressive et criminelle de Carrier, mais ignorent celle de Hentz et de Francastel. L'historiographie fera de même. Robespierre incarnait la terreur nationale ; Carrier, celle provinciale. C'était pourtant oublier tous les autres agents de la justice d'exception et donner sa chance à l'amnistie-amnésie visée par les révolutionnaires, pour reconstruire une région meurtrie et, par là même, pacifier une nation durement fracturée.

La plupart des autres acteurs de la justice révolutionnaire d'exception, placés sous l'autorité de Hentz et Francastel, disparaissent des instances politiques angevines, à commencer par les deux présidents de la commission militaire la plus sanguinaire, Parein et Félix, le premier dès octobre 1793 et le second en mai 1794. En octobre 1794, au moment où les langues se délient en Anjou, ce dernier adresse la défense de son œuvre auprès de Bézard, représentant du peuple à Angers. Il endosse le bilan des condamnations à la peine capitale prononcées par la commission Parein-Félix : 1 200 à 1 500 au plus, « lesquels ont été condamnés avec toutes les formalités possibles alors » et termine sa défense ainsi : « Pourquoi abreuver d'amertumes les jours de ceux qui ont tout fait pour le bonheur de leurs concitoyens et l'affermissement de la République »[19] ? Minorant ainsi ses actions, il est parfaitement au diapason de la politique nationale.

Peu d'agents de la terreur angevine restent dans le département de Maine-et-Loire. Gouppil et Clemanceau de la Lande en sont les deux illustrations. Les sources post-thermidoriennes les mentionnent régulièrement. Membre du comité révolutionnaire d'Angers, puis de la commission militaire Parein-Félix et de celle de Noirmoutier en juin 1794, Gouppil revient à Angers en octobre 1794. Ce faisant, il prend des risques au moment où la justice d'exception est sur la sellette. Selon Gruget, à plusieurs reprises, il est pris à partie par des Angevins, même si la loi d'amnistie du 26 octobre 1795 le préserve par la suite d'éventuelles poursuites judiciaires[20]. Sans perspective politique, désœuvré et isolé, il se suicide en 1811 à La Baumette, sur les rives de la Maine[21]. Les érudits locaux du XIXe siècle ont fait de Gouppil l'archétype du terroriste cruel, corrompu et responsable des excès de la justice d'exception, et de sa fin, une sorte de justice immanente, laïque ou divine, selon que leur sensibilité ait été favorable à la Révolution ou à la Contre-Révolution.

Tout autre est le destin de Clemanceau de la Lande, commissaire du gouvernement à la fin de l'année 1793. Il s'était fortement engagé dans la répression de ses concitoyens. Il aurait pu suivre la même voie que ses collègues et disparaître des organigrammes politiques de la région. Or, en novembre 1795, il accède à la présidence du tribunal de district, « tribunal de paix ou tribunal de famille[22] ». À ce titre, travaillant avec les juges de paix des cantons placés sous sa juridiction, il doit trancher les litiges les plus importants nés de la Révolution, notamment la vente des biens nationaux. L'État thermidorien lui témoigne toujours sa confiance et reconnaît ses compétences.

Deux ans plus tard, en novembre 1797, René-Mathurin Clemanceau reprend même du service comme commissaire du directoire près du département[23], puis, moins de six mois plus tard, le 15 avril 1798, il prend encore du galon en présidant le tribunal criminel. Enfin, consécration suprême, il entre au conseil des Cinq-Cents le 15 avril 1799, après avoir été choisi au suffrage censitaire parmi les concitoyens les plus aisés afin de les représenter auprès des instances nationales, comme au temps de la Législative. C'est le 18-Brumaire qui met un coup d'arrêt à sa carrière nationale et le renvoie en Anjou. Il exerce néanmoins les fonctions de « juge de paix » à partir de 1802, ce qui, pour un ex-croqueur de fanatiques, n'est pas sans paradoxe !

Pour expliquer les massacres commis par les révolutionnaires, l'historiographie des XIXe et XXe siècles en a longtemps présentés les initiateurs comme des fous, des sanguinaires, des hommes sans instruction ni culture, en somme des brutes épaisses. À l'échelle des « missionnaires de la République », les études de Jean-Clément Martin, Corinne Gomez-Le Chevanton, Anne-Louise Le Cossec et les nôtres ont bien montré, à l'inverse, que les représentants du peuple avaient su rapidement et habilement dompter et exploiter le contexte aux fins de leurs propres intérêts, les institutions locales et les lois pour combattre la Vendée militaire. Hentz et Francastel se distinguent de Carrier par une plus rapide adaptabilité au nouveau contexte politique du printemps 1794, tout en sachant se fondre dans la masse de la Convention. Ils ont une forme d'intelligence tactique salvatrice, car tous deux échappent aux poursuites. Les destins de leurs subalternes sont assez similaires. S'ils n'ont plus leur place dans les nouveaux organigrammes politiques, à l'exception, notable, de Clemanceau de la Lande, la plupart réussissent à se faire oublier et à disparaître.

Emmanuel de Waresquiel souligne à quel point les « périodes de sortie de crise [...] sont particulièrement intéressantes parce qu'elles obligent les États comme les individus qui les ont incarnés à innover, parce qu'elles les placent devant des choix souvent contradictoires autour de la question de la reconstruction des anciens pouvoirs, des anciens systèmes politiques et sociaux éprouvés ou responsables de ces crises, entre rupture et restauration ; enfin parce qu'elles s'inscrivent dans des contextes très fragiles et volatiles où le poids du passé, le défaut de légitimité, l'intensité des divisions politiques et sociales constituent autant de pièges à surmonter[24] ».

La terreur en Anjou s'appuie sur un « système [qui combine] un curieux mélange des deux méthodes théoriquement concevables : peine judiciairement prononcée contre des rebelles, mise à mort sans jugement de brigands hors la loi[25] ». Si, comme le rappelle Jean-Claude Farcy, les instances judiciaires n'ont pas toujours usé d'une répression aveugle, il est certain qu'elles ont fait preuve de « procédure expéditive[26] » en temps de guerre civile. Antoine de Baecque estime, pour sa part, que « l'exemple vendéen [représente] de ce point de vue la plus grave négation des principes républicains[27] », ce que notre travail confirme. La justice d'exception a donc été une justice faite sur mesure pour assumer la transgression de la loi en temps de crise extrême.

Sa force et sa brutalité d'exécution ont résidé dans l'efficience d'un schéma répressif systémique, construit progressivement et empiriquement à partir de la mise hors la loi du printemps 1793, par une agentivité républicaine angevine particulièrement zélée. Ce système répressif inédit se cristallise définitivement à l'hiver 1793-1794 quand achèvent de se combiner les trois faces du triangle de la justice d'exception révolutionnaire que sont l'institutionnalisation de l'armature punitive, « l'économie de la captivité » et l'arbitraire de la condamnation. À l'abri d'un formalisme juridique légal et légitimé à distance par un pouvoir central conventionnel, radicalisé et pressé d'en finir avec l'insurrection vendéenne, les agents révolutionnaires civils et militaires déploient en Anjou une mécanique judiciaire et répressive au service de la destruction des corps et des âmes.

Les guerres fratricides ont ceci de particulier qu'elles engloutissent les civils dans un anonymat de masse exposant l'histoire à « l'impuissance, [à] la limite d'une discipline[28] ». Même pour le nombre des guillotinés, dont la liste devrait être facile à établir, les chiffres varient d'une étude à l'autre, d'un recensement à l'autre, alors que dire des noyades dans la Loire et des fusillades de masse ? Quant aux fusillades hybrides, l'objectif des juges était bien de camoufler leurs forfaits et de diluer leurs responsabilités en confondant sciemment les procédures, les listes des prévenus et les exécutions effectives. En Anjou, les condamnations à mort, officiellement enregistrées, varient ainsi du simple au double. Pour la seule commission militaire Parein-Félix, les chiffres s'échelonnent entre 1 000 et 2 142 morts.

Recensions du nombre de morts décidées par la justice d'exception, selon différents auteurs

Auteurs	**Morts par la « terreur légale »**	**À partir du recensement des prisons**
J. Roblot		400 hommes et 369 femmes ou filles, soit 769 individus, par la seule action de Vacheron et Morin. 1 300 morts pour le recensement total.
C. Berriat-Saint-Prix	**1 158 par la commission Parein-Félix** Proust : 49	766 individus
M. Biard	**À partir des chiffres de Greer :** 1 000 par **la commission Parein-Félix**	
E. de Mari et A. Simonin	8 541 dans l'Ouest de la France	
F. Fayard	Les commissions d'Angers et recensement des prisons : 1 896 prisonniers fusillés en huit « chaînes »	
J.-G. Petit	1 650 des 2 404 prisonniers recensés envoyés à la mort	(chiffres tirés de Jean Petit, selon la note p. 90)
E. Queruau-Lamerie	**la commission Parein-Félix** : 1 169 Proust : 49 morts	
P. Evanno	**la commission Parein-Félix** : 2 142 morts par jugements Dont 1 438 civils Proust : 48 morts	2 608 morts connus. À quoi il faut ajouter les 1 396 fusillés sans jugement ou guillotinés sans jugement et les morts en prison.
J.-C.Martin (*Violence et Révolution*)	737 hommes et 397 femmes sont morts soit 1 134 morts	
C. Petitfrère	1 886 morts	3 540 en Loire-Inférieure et 1 616 dans les Deux-Sèvres

L'historien est encore bien incapable d'évaluer les « effets psychologiques, mais aussi médicaux, causés par les séjours en prison pour celles et ceux qui ont échappé à la guillotine ou au peloton d'exécution tout en se demandant jour après jour quand leur dernière heure allait arriver. Mais comment pouvoir en juger à plus de deux siècles de distance, étant réduit à des témoignages de captivité le plus souvent écrits après Thermidor et évidemment à charge[29] ». L'un d'entre eux, bien connu, celui d'Alexandrine des Echerolles, permet d'approcher les effets psychologiques de la prison sur cette dernière et sa famille : « On n'a jamais plus vécu à la minute qu'alors. On n'avait qu'un instant à soi : compter sur le second était folie[30]. »

Les conditions carcérales pèsent bien évidemment très lourd sur les corps et les esprits. Des bribes de souffrances sont parfois attestées en filigrane dans les archives, comme cette Jeanne Bouin, arrêtée à Montjean, en mars 1794, détenue à Angers pendant plus de six mois, dans un « état pitoyable qui ne provient que de la noire et mortelle mélancolie[31] », à un point tel que l'administrateur de la prison des Carmélites demande avec insistance sa grâce. Les prisons thermidoriennes angevines sont peu à peu vidées par décision des nouveaux représentants du peuple, essentiellement Bézard et Menuau, nommés respectivement en septembre et décembre 1794[32]. Des listes précises de relaxes sont établies à partir de janvier 1795, ici 85 citoyens choletais, là 41 hommes, là encore 81 femmes, plus loin, un vieil « ex-noble » de soixante-treize ans, encore une fille de treize ans[33]…

Selon Marie-Laure Basilien-Gainche, « les crises laissent derrière elles comme une marée d'épais sédiments de pollution juridique », car « les lois exceptionnelles et les tribunaux spéciaux survivent aux circonstances qui les ont faits naître »[34]. On ne passe pas aisément d'un état de justice à un autre. Le Code pénal du Consulat est considéré par certains contemporains comme « un pacte de guerre, il faut qu'on tremble en le lisant; il faut par humanité que tout y soit terrible, jusqu'au style employé par sa rédaction[35] ».

Pourtant, en Vendée, la disqualification de la justice d'exception par les Thermidoriens en fait « des pionniers de la justice de transition », c'est-à-dire une justice punitive contre les protagonistes considérés comme terroristes et « rectificative » des erreurs judiciaires commises. « La justice à l'ordre du jour » est le nouvel axiome des révolutionnaires[36]. La pacification administrative et judiciaire a bel et bien contribué à la reconstruction de l'ouest de la France, même si Éric de Mari estime qu'après Thermidor il y eut peu de réparations effectives des victimes de la mise hors la loi[37]. Un seul exemple suffira pour le montrer. Les débats du printemps 1795, portant sur la restitution des biens séquestrés à leurs familles, montrent une unanimité des conventionnels. Il s'agissait pour le député Doulcet-Pontécoulant de la fin de la tyrannie dont la preuve réside en « ces nombreux cadavres que la Loire a engloutis, et dont tous les jours elle apporte les tristes restes sur ses rives épouvantées ». Le 3 mai 1795, Boissy d'Anglas convainc ses collègues par un argument de poids : « Vous n'avez pas été les complices de Robespierre, mais ses victimes; vous n'avez pas été les collaborateurs de la tyrannie, gardez-vous d'en paraître les complices en hésitant à en restituer les vols[38]. » Finalement, en juin 1795, la loi est votée et les biens doivent être rendus aux familles dont les parents ont été condamnés et les biens, séquestrés, et ce, depuis le 10 mars 1793, « sans qu'il fût besoin de révision des procédures ». Dans les faits, Jourdan constate qu'il « y a guerre ouverte entre les anciens et les nouveaux propriétaires[39] ». Nous avons montré dans notre livre sur la pacification à quel point les questions foncières sont un obstacle à une paix pérenne dans la région[40].

Pour paraphraser le « brouillard de la guerre[41] » de Clausewitz, qui étend son voile sur les manœuvres des militaires, le « brouillard de la justice » recouvre ainsi la Vendée militaire entre 1793 et 1794, un brouillard épaissi par les ambiguïtés politiques, les concurrences de pouvoirs, les réactions autonomes des acteurs et le contexte changeant de la guerre civile et de la révolution politique.

La justice d'exception en Anjou aura donc permis de confirmer que l'historien doit cultiver son « esprit de curiosité, l'exercice de la méthode, les facéties de l'intuition[42] » et se livrer à une « enquête de détective[43] ». Certains sujets historiques sont, à ce titre, plus sensibles que d'autres. C'est pourquoi Paul Ricœur invite à garder une « juste distance au passé[44] ». Comprendre n'est pas légitimer. Si démonter les mécanismes de la justice d'exception en Anjou en 1793 et 1794 n'est pas toujours aisé, il est cependant nécessaire d'en comprendre les dynamiques individuelles et collectives qui, replacées dans des temps incertains et dangereux, ceux de la guerre et de la guerre civile, ceux de la discorde et de la radicalité politique, prennent des résonances toutes contemporaines.

Annexes

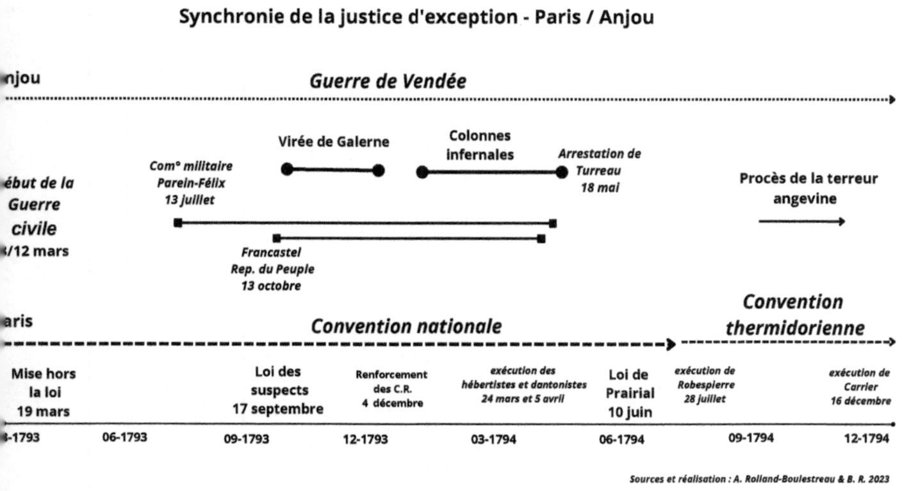

Synchronie de la justice d'exception - Paris / Anjou
njou
Guerre de Vendée
Virée de Galerne
Colonnes infernales
Com° militaire Parein-Félix 13 juillet
Arrestation de Turreau 18 mai
ébut de la Guerre civile
/12 mars
Procès de la terreur angevine
Francastel Rep. du Peuple 13 octobre
aris
Convention nationale
Convention thermidorienne
Mise hors la loi 19 mars
Loi des suspects 17 septembre
Renforcement des C.R. 4 décembre
exécution des hébertistes et dantonistes 24 mars et 5 avril
Loi de Prairial 10 juin
exécution de Robespierre 28 juillet
exécution de Carrier 16 décembre
-1793
06-1793
09-1793
12-1793
03-1794
06-1794
09-1794
12-1794
Sources et réalisation : A. Rolland-Boulestreau & B. R. 2023

Composition de la commission militaire Parein-Félix (été 1793-printemps 1794)

Juillet 1793	Août	Octobre	Novembre	Décembre	Janvier	>Mars 1794
Parein		(départ)				
Félix		Félix	Félix	Félix	Félix	Félix
Hudoux		Hudoux	Hudoux	Hudoux	Hudoux	Hudoux
Laporte		Laporte	Laporte	Laporte	Laporte	Laporte
Millier		Millier	Millier	Millier	Millier	(départ)
Hazard	(départ)					
Marcelin	(départ)					
Martin-Lusson	Martin-Lusson	Martin-Lusson	(départ)			Loizillon
		Roussel	Roussel	Roussel	Roussel	Roussel
		Gouppil	Gouppil	Gouppil	Gouppil	Gouppil
			Obrumier	Obrumier	Obrumier	Obrumier
				Vacheron Morin	Vacheron Morin	Vacheron (départ)
					Ruffey	Ruffey
					Lepetit	Lepetit
					Brémaud	Brémaud
8 membres		8 membres	8 membres	9 membres	12 membres	12 membres

Recenseurs et peines de mort lors du recensement des prisons – séances renseignées (janvier-avril 1794)

Noms du recenseur		JANVIER 1794			FÉVRIER 1794			FIN MARS et AVRIL 1794			**TOTAL**		
		nbre	morts	%ge	nbre	morts	%ge	nbre	morts	%ge	nbre	morts	**%ge**
VACHERON	seul	85	34	71 %	9	2	22 %				94	34	**38 %**
	accompagné				786	434	55 %	188	73	39 %	974	507	**52 %**
MORIN	seul				91	45	49,5 %				91	45	**49,5 %**
	accompagné				395	209	53 %				395	209	**53 %**
RUFFEY	seul				27	0	0 %				27	0	**0 %**
	accompagné				144	31	21,5				144	31	**21,5**
GOUPPIL	accompagné	84	24	28,5 %	441	176	40 %	591					
HUDOUX	accompagné	65	56	86 %				188	73	39 %	253	129	**51 %**
OBRUMIER	accompagné	84	24	28,5 %	235	3	1 %	713	124	17 %	1032	151	**15 %**
LEPETIT	accompagné							713	124	17 %	713	124	**17 %**
LEDUC	accompagné							444	80	23 %	444	80	**23 %**
BAUDRON	accompagné				187	66	35 %				187	66	**35 %**
ROUSSEL	accompagné				120	2	1,5 %				120	2	**1,5 %**
LOIZILLON	accompagné				111	26	23 %						
BOUGERE	accompagné							188	73	39 %	188	73	**39 %**
BLOT	accompagné							188	73	39 %	188	73	**39 %**

La provenance des suspects devant le comité de Cholet, à partir de 319 interrogatoires tirés des ADML

Provenance des suspects

	La Tessouale	Mortagne	Cholet	Trémentines	Les Gardes	Bellefontaine		Chanteloup		Maulévrier	Le May		Coron
H	4	5	48	1	2	2		11		23	9		3
Fe	9	10	43	2	7			9		35	2		4
	Pouzauges	Luçon	La Plaine	Chemillé	Vezins	Tourlandry	Mazières	Tiffauges	St Léger	St Pie D'Echaubrogne	St Hilaire		
H	1		1	3	7	3	1	2	2	1	2		
Fe		N		1		1		1	3				
	Les Ponts de Cé	La Verrie	La Durbelière	Cossé	Longeron	Ysernay	Jallais	Neuvy	St Lézin	Chatillon	La Séguinière	Nuaillé	La Romagne
H	1	1	1	3	2	5	2	2	1	4	1		2
Fe					5+N		4			4	2	1	4
	Montfaucon	Puy St bonnet	La Gaubretière	Tigné	Les aubiers		Clisson	St Melaine		Les Cerqueux	Treizevent		Les Moutiers
H		3	1		1			1		1	1		1
Fe	1			1			3	1					
	La Jubaudière	Vihiers	Melay	St Jean des Mauvrets									
H			1	1									
Fe	1	1											

TOTAL 152 femmes (28 % de Cholet et 23 % de Maulévrier) et 167 hommes (35 % de Cholet et 14 % de Maulévrier) = 319 individus

Plan historique de la ville d'Angers, Moithey, 1792, Gallica © Bibliothèque nationale de France

Description des conditions sanitaires dans les prisons d'Angers, ADML, 1J5297, 8 février 1794

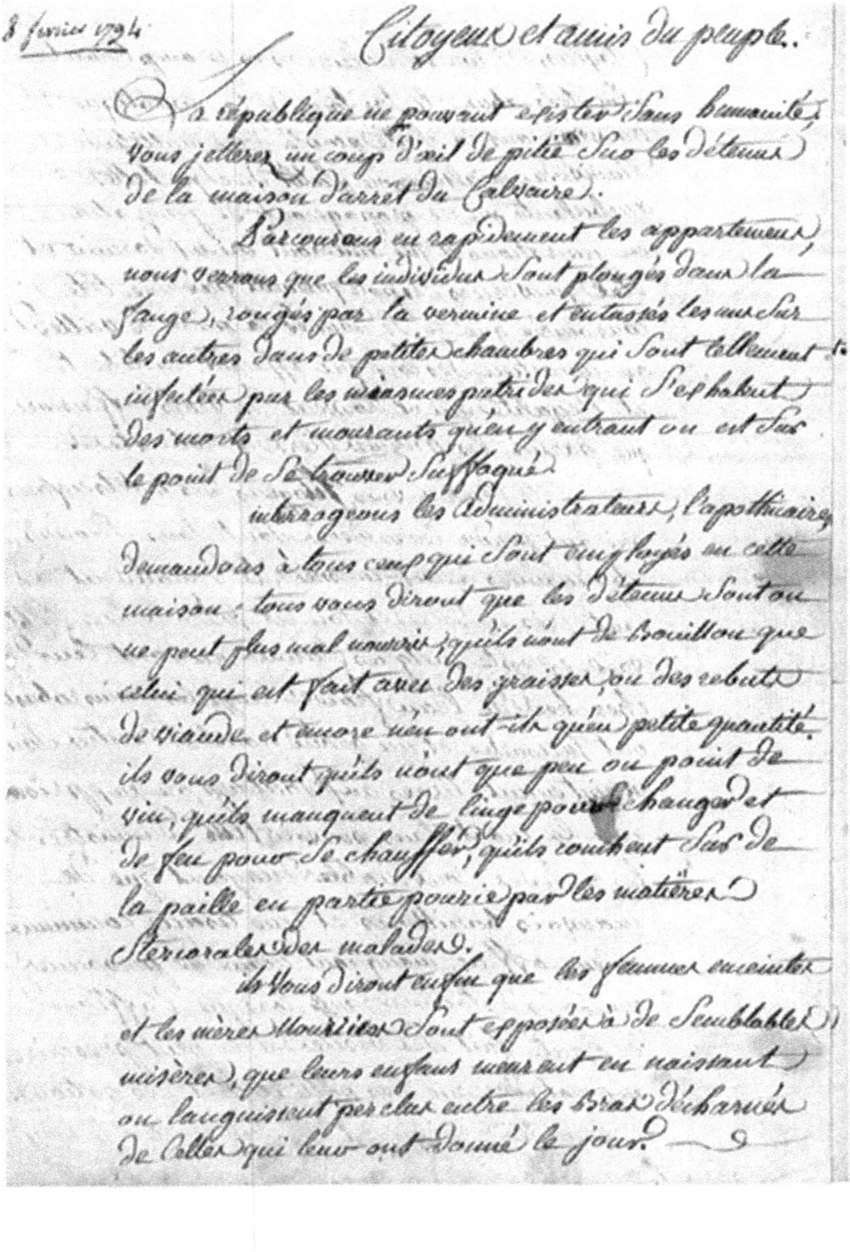

8 février 1794

Citoyens et amis du peuple.

La république ne pouvant exister sans humanité, vous jetterez un coup d'oeil de pitié sur les détenus de la maison d'arrêt du Calvaire.

Parcourons en rapidement les appartemens, nous verrons que les individus sont plongés dans la fange, rongés par la vermine et entassés les uns sur les autres dans de petites chambres qui sont tellement infectées par les miasmes putrides qui s'exhalent des morts et mourants qu'en y entrant on est sur le point de se trouver suffoqué.

Interrogeons les administrateurs, l'apothicaire, demandons à tous ceux qui sont employés en cette maison : tous vous diront que les détenus sont on ne peut plus mal nourris, qu'ils n'ont de bouillon que celui qui est fait avec des graisses ou des rebuts de viande et encore n'en ont-ils qu'en petite quantité. Ils vous diront qu'ils n'ont que peu ou point de vin, qu'ils manquent de linge pour changer et de feu pour se chauffer, qu'ils couchent sur de la paille en partie pourrie par les matières stercorales des malades.

Ils vous diront enfin que les femmes enceintes et les mères nourrices sont exposées à de semblables misères, que leurs enfans meurent en naissant ou languissent [illegible] entre les bras décharnés de celles qui leur ont donné le jour.

Citoyens, si l'on ne remédie pas promptement à de tels abus ; le territoire de la république se trouvera dans la suite peuplé d'une multitude d'individus malsains ou plutôt de squelettes ambulants qui se propageront de générations en générations et qui aimeront mieux dormir et être gouvernés despotiquement par une tête couronnée que de se donner la peine de veiller au maintien des loix qui assurent la liberté et l'égalité qui ne trouvent de vrais deffenseurs que parmi les hommes fiers et robustes.

Le croiriez-vous, citoyens, des petits enfans qui ont perdu leurs mères sont sans secours, abandonnés à eux-mêmes, ils demandent à haut cris à boire et l'on est sourd à leur foible voix, excepté quelques femmes qui vont leur chercher de l'eau froide : aussi les moins robustes ont succombé et un grand nombre d'autres sont maintenant livrés aux douleurs, ou aux prises avec la mort, sans pouvoir leur administrer les remèdes convenables n'ayant que de mauvais bouillons et une tisane commune à leur offrir, manquant même de personnes pour les distribuer ; aussi, lors que l'officier de santé fait ses visites, il ne peut prescrire aux malades que des palliatifs et des potions calmantes craignant de leur porter le coup

de la mort en leur donnant des médicamens
retifs qui ne produisent de bons résultats que
lorsqu'ils sont accompagnés des secours accessoires.

Le croiriez-vous enfin des enfans ont vu
expirer à leurs côtés celles dont ils avaient reçu
l'existance et des mères ont vu périr de misère
et entre leurs bras cinq à six de leurs enfans
sans pouvoir leur procurer le moindre soulagement.

Ce n'est pas tout, voyez les morts, les
malades et les agonisants couchés à côté de ceux
qui jouissent encore de la santé : je dis encore,
car tous ceux qui sont détenus au Calvaire
seront la proie des douleurs et bientôt au nombre
des morts ; calculez et vous verrez que le terme
n'en est pas fort éloigné, car il n'y a pas de
jours qu'il n'en meure six ou huit. je puis même
prouver que les malades de cette maison se
montaient hier trente pluviôse au nombre de
deux cent cinquante ou trois cent, si l'on ne
remédie pas un peu à tous ces abus, l'on verra
les maladies se propager de proche en proche
et se répandre jusque dans le sein même
de la ville.

Cherchons donc les moyens de soulager
l'humanité souffrante et de rendre la
liberté à ceux qui ne sont point coupables.

Citoyens, je ne parlerai pas d'établir
un hôpital en cette maison, il serait fort mal
situé et très-incommode. il n'y a même pas d'eau,
et la plupart des appartemens sont privés
des rayons bienfaisans du soleil. en outre ne
faudrait-il pas détruire les cloisons et réunir
beaucoup d'appartemens pour en former de
grandes salles, ce qui seroit fort dispendieux.
ne faudroit pas faire construire des lits, acheter
du linge &c et élever une pharmacie &c?
tout cela deviendrait fort couteux au gouvernement
et l'on ne serait pas à la moitié des travaux
que presque tous les prévenus de délits seraient
au tombeau.

Les moyens à proposer seraient
1°. de séparer ceux qui étaient sous la tutelle de
leurs pères et mères de ceux qui ne dépendaient
de personne.
2°. De désigner un appartement salubre et
bien aéré pour loger les femmes enceintes et
les nouvelles accouchées à qui l'on aurait
soin de donner une bonne nourriture et de
procurer du lait à leurs enfans.
3°. celles qui ne sont pas reconnues innocentes et
qui sont malades on les examinerait dans un
hôpital.
quant aux enfans et ceux qui dépendaient de
leurs parents, on leur rendrait la liberté; ceux
d'entre eux qui se trouveraient sans secours

 11

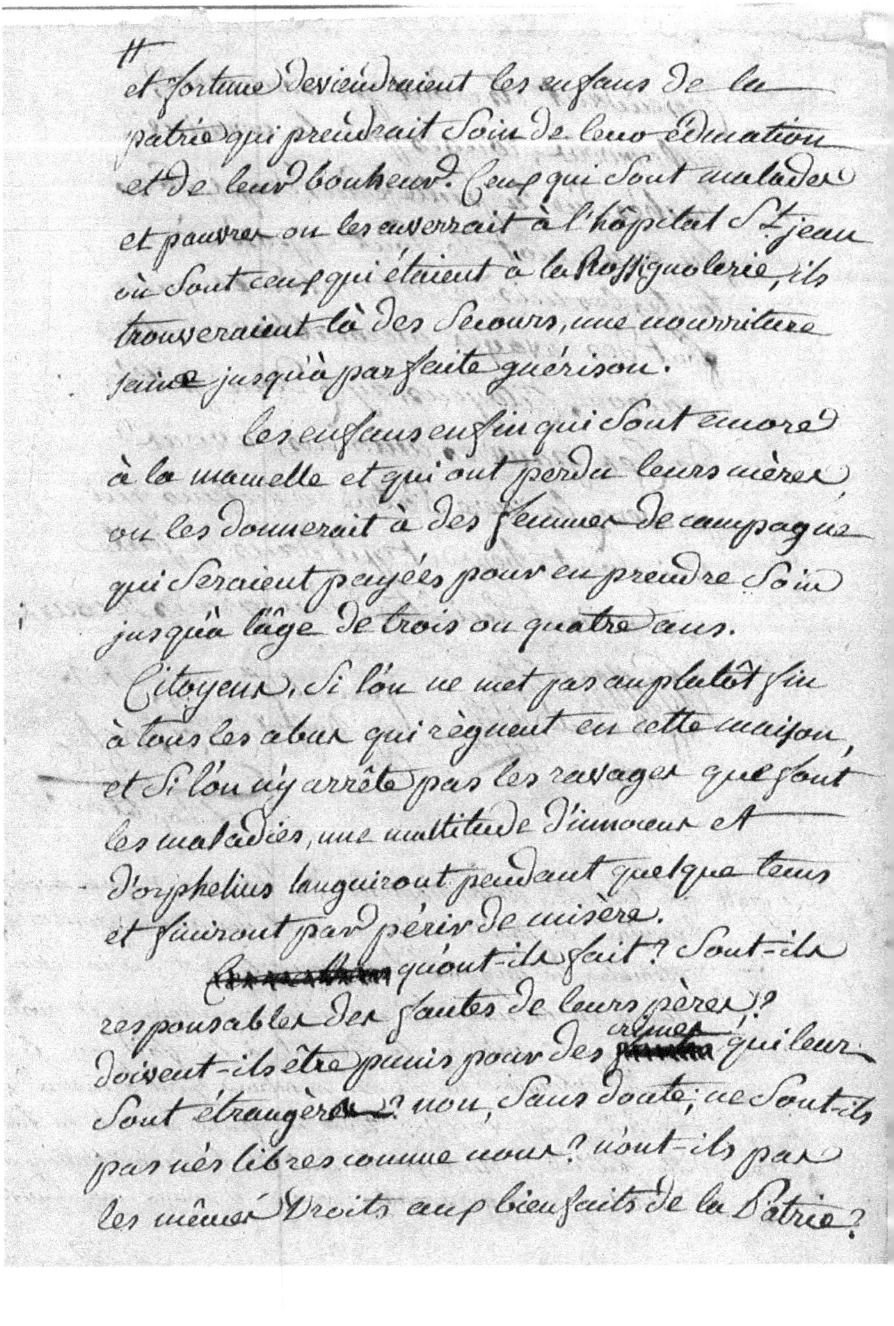

11

et fortune deviendraient les enfans de la
patrie qui prendrait soin de leur éducation
et de leur bonheur. ceux qui sont malades
et pauvres on les enverrait à l'hôpital St jean
où sont ceux qui étaient à la Rossignolerie, ils
trouveraient là des secours, une nourriture
saine jusqu'à parfaite guérison.

les enfans enfin qui sont encore
à la mamelle et qui ont perdu leurs mères,
on les donnerait à des femmes de campagne
qui seraient payées pour en prendre soin
jusqu'à l'âge de trois ou quatre ans.

Citoyens, si l'on ne met pas au plutôt fin
à tous les abus qui règnent en cette maison,
et si l'on n'y arrête pas les ravages que font
les maladies, une multitude d'innocens et
d'orphelins languiront pendant quelque tems
et finiront par périr de misère.

~~[illegible]~~ qu'ont-ils fait? sont-ils
responsables des fautes de leurs pères?
doivent-ils être punis pour des ~~fautes~~ crimes qui leur
sont étrangers? non, sans doute; ne sont-ils
pas nés libres comme nous? n'ont-ils pas
les mêmes droits aux bienfaits de la Patrie?

Cependant ils sont prisonniers, malnourris, rongés par la vermine, couchés sur la paille sans draps, sans feu, en un mot ils sont exposés à toutes les misères et maladies qui font des ravages incroiables en cette maison. Citoyens, ayez donc pitié de ces pauvres innocens, ou vous priverez la mère Patrie d'enfans qui lui sont chers et qui dans la suite pourraient lui être d'un grand secours.

Rossard
off. de santé

je certifie la chose cy dessus énoncée
Laroche
chir de l'hopital n° 1

février 1794 Le Comité Révolutionnaire d'Angers après avoir examiné la pétition ci dessus et des autres parts ensemble les moyens d'améliorer le sort des individus détenus en la maison d'arrestation du Calvaire, et après avoir entendu le Rapport à lui fait par le citoyen Brunier un de ses membres qu'il a envoyé ce jourd'hui pour vérifier tous les faits énoncé en la ditte pétition, Renvoye le tout à l'administration du District pour aviser aux moyens d'assurer aux individus

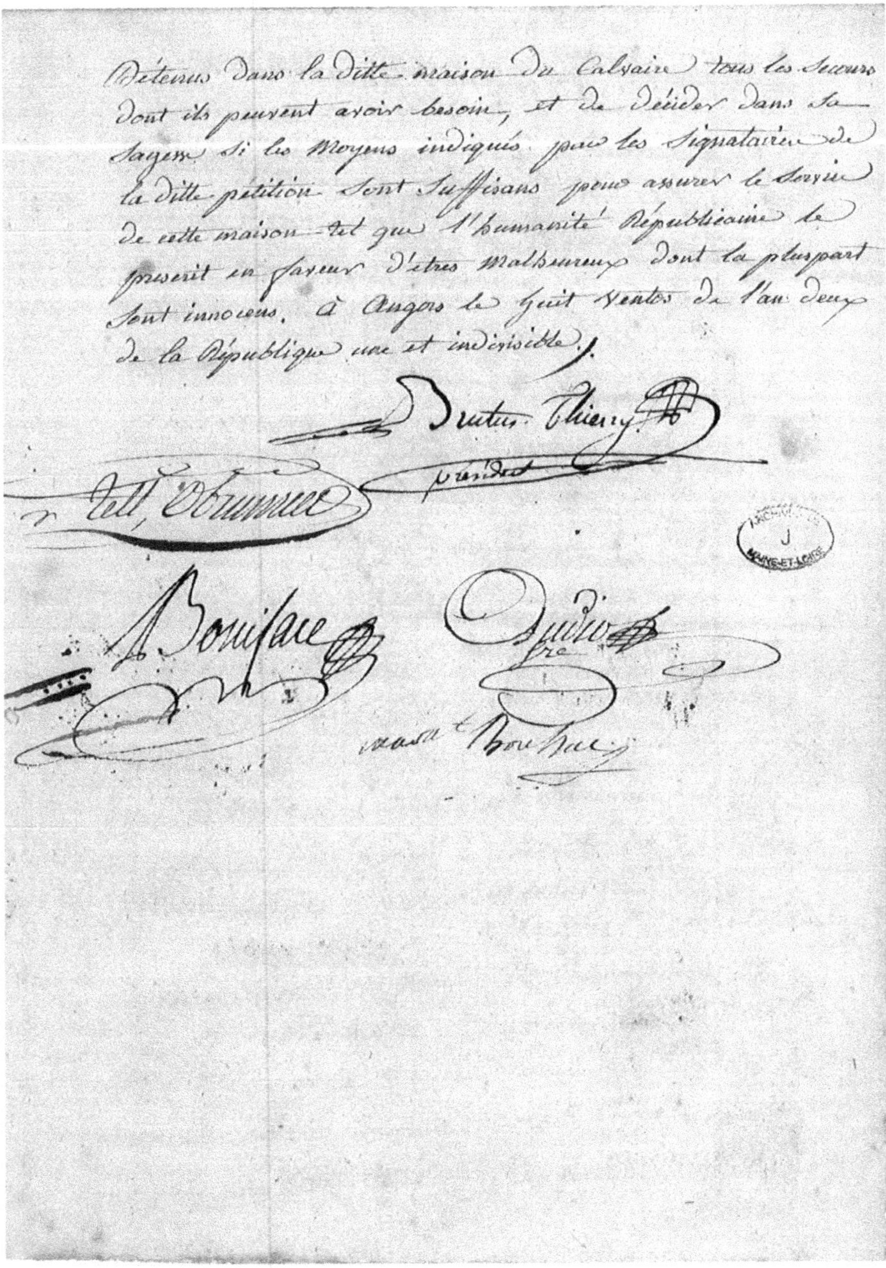

Détenus dans la ditte maison du Calvaire tous les secours dont ils peuvent avoir besoin, et de décider dans sa sagesse si les moyens indiqués par les signataires de la ditte pétition sont suffisans pour assurer le service de cette maison tel que l'humanité Républicaine le prescrit en faveur d'êtres malheureux dont la plupart sont innocens. À Angers le huit ventôse de l'an deux de la République une et indivisible.

président

Boniface

Notes

Avertissement

1. Deux mille trois cent trente-deux sources pour être précis.

Introduction

1. L'espérance de vie à la fin du XVIIIe siècle tourne autour de quarante ans (si l'on excepte la mortalité infantile).
2. ADML, 81L6, 29 germinal an II (18 avril 1794). *In fine*, la religieuse ne paraît pas devant la commission militaire. Elle est tuée sans autre forme de procès.
3. ADML, 81L2, voir par exemple le jugement de la commission Parein-Félix concernant 97 religieuses, ursulines ou sœurs hospitalières, les 2 et 3 floréal an II (22 et 23 avril 1794).
4. Olivier Chaline, *La bataille de la Montagne blanche (8 novembre 1620), un mystique chez les guerriers*, Paris, Noesis, 1999, p. 1.
5. André Burguière, *Dictionnaire des sciences historiques*, Paris, PUF, 1986.
6. Voir l'usage de la majuscule au mot « Terreur » dans Michel Biard et Marisa Linton, *Terreur ! La Révolution française face à ses démons*, Paris, Armand Colin, 2020, p. 191. Hervé Leuwers présente également une analyse claire de la Terreur avec ou sans majuscule. Hervé

Leuwers, *La Révolution française*, Paris, PUF, Quadrige manuels, 2011 et 2020, p. 191 et suivantes.

7. Jean-Claude Farcy, *Histoire de la justice française de la Révolution à nos jours*, Paris, PUF, « Droit et justice », 2001, p. 377 et suivantes.
8. *Ibid.*, p. 381.
9. Hervé Mazurel, *L'inconscient ou l'oubli de l'histoire, Profondeurs, métamorphoses et révolutions de la vie affective*, Paris, La Découverte, 2021, p. 205.
10. Laurent Bourquin, Philippe Hamon, Alain Hugon et Yann Lagadec, *La politique par les armes. Conflits internationaux et politisation (XVe-XIXe siècle)*, Rennes, PUR, Collection Histoire, 2013, p. 11.
11. Haïm Burstin, « La biographie en mode mineur : les acteurs de Varennes, ou le "protagonisme" révolutionnaire », *RHMC*, n° 57-1, janvier-mars 2010, p. 7 et 8.
12. Le concept d'agentivité a fortement évolué en une quarantaine d'années. Il a été forgé par l'historien E.-P. Thompson dans les années 1960, pour interroger la question des classes populaires articulée avec celle de la contestation sociale et des révoltes. Depuis les années 2000, l'agentivité a été utilisée dans l'historiographie, du genre notamment, moins pour désigner les conflits que souligner l'engagement des acteurs et leur conscience de faire partie d'un groupe. Voir notamment Fanny Gallot, « L'agency : un concept heuristique pour penser le genre et les classes populaires », *Écrire l'histoire*, n° 20-21, 2021.
13. Yann Rodier, *Les raisons de la haine, histoire d'une passion dans la France du premier XVIIe siècle*, Paris, Champ Vallon, « Époques », 2019, p. 441. Christophe Granger (dir.), *À quoi pensent les historiens ? Faire de l'histoire au XXIe siècle*, Paris, Autrement, « L'atelier de l'Histoire », 2013. Pour aller vite, Johann Chapoutot, *Les 100 mots de l'histoire*, Paris, PUF, 2021, p. 47-48 et 123.
14. Yann Rodier, *Les raisons de la haine…*, *op. cit.*, p. 5.
15. Jean-Clément Martin, *Violence et Révolution. Essai sur la naissance d'un mythe national*, Paris, Seuil, « L'Univers Historique », 2006, p. 11.
16. Antoine de Baecque, *La Révolution terrorisée*, Paris, CNRS éditions, 2017, p. 97.

17. Hervé Leuwers, *La Révolution française…*, *op. cit.*, p. 191 et suivantes. Timothy Tackett, *Anatomie de la Terreur. Le processus révolutionnaire, 1787-1793*, Paris, Seuil, 2018.
18. Jacques Hussenet, *« Détruisez la Vendée ! », regards croisés sur les victimes et destructions de la Vendée*, La Roche-sur-Yon, éditions du CVRH, 2007, p. 122 et suivantes.
19. Fouquier-Tinville, après la loi de prairial an II. Voir Albert Soboul (dir.), *Dictionnaire historique de la Révolution française*, Paris, PUF, 1989.
20. Patrice Gueniffey, *La politique de la terreur. Essai sur la violence révolutionnaire, 1789-1794*, Paris, Fayard, 2000.
21. Anne Rolland-Boulestreau, *Guerre et paix en Vendée, 1794-1796*, Paris, Fayard, 2019.
22. Anne Rolland-Boulestreau, *Les colonnes infernales. Violences et guerre civile en Vendée militaire*, Paris, Fayard, 2015.
23. Antoine de Baecque, *La Révolution terrorisée*, *op. cit.*, p. 97.
24. Bronislaw Baczko, *Comment sortir de la Terreur, Thermidor et la Révolution*, Paris, Gallimard, 2013, p. 18.
25. Pierre Rosenvallon, *Le Modèle politique français, la société civile contre le jacobinisme de 1789 à nos jours*, Paris, Seuil, « Points Histoire », 2004, p. 125.
26. Samuel Marlot, « Les lois révolutionnaires. La systématisation de la Terreur (1793-1794) », *Jus Politicum*, n° 26, 2021, p. 317.
27. *Ibid.*, p. 326.
28. Pierre Serna, *Comme des bêtes. Histoire politique de l'animal en Révolution (1750-1840)*, Paris, Fayard, 2017, p. 233-234. Voir également Michel Vovelle.
29. *Ibid.*
30. Antoine de Baecque, *La Révolution terrorisée*, *op. cit.*, p. 9 et 10.
31. Voir notamment Cromwell.
32. Anne Simonin, *Le déshonneur dans la République. Une histoire de l'indignité, 1791-1958*, Paris, Grasset, 2008, p. 264.
33. Michel Biard et Marisa Linton, *Terreur !…*, *op. cit.*, p. 65.
34. *Ibid.*, p. 98.
35. Cité par Albert Soboul, *La Civilisation et la Révolution française*, Paris, Flammarion, 1993, p. 290.

36. Antoine Follain, Bernard Lemesle et Michel Nassiet (dir.), *La violence et le judiciaire. Discours, perceptions, pratiques*, Rennes, PUR, 2008, p. 21.
37. Norbert Elias, *La Civilisation des mœurs*, Paris, Calmann-Lévy, Pocket, 2003. Voir les dernières analyses éclairantes sur Norbert Elias : Hervé Mazurel, *L'inconscient ou l'oubli…*, *op. cit.* Sur la violence judiciaire et le rituel de la peine de mort à Paris au XVIIIe siècle, Pascal Bastien, « Usage politique des corps et rituel de l'exécution publique à Paris, XVIIe-XVIIIe siècles », *Crime, Histoire & Sociétés/Crime, History & Societies* [En ligne], vol. 6, n° 1, 2002, mis en ligne le 2 février 2009.
38. Benoît Garnot, « La violence et ses limites dans la France du XVIIIe siècle : l'exemple bourguignon », *Revue historique*, vol. 122, n° 2, 1998, p. 237-254.
39. Pascal Bastien, « Les arrêts criminels et leurs enjeux sur l'opinion publique à Paris au XVIIIe siècle », *Revue d'histoire moderne & contemporaine*, vol. 53-1, n° 1, 2006, p. 34-62. Voir également du même auteur sa note critique sur l'ouvrage collectif de Luigi Delia et Gabrielle Radica (dir.), *Penser la peine à l'âge des Lumières, Lumières*, n° 20, Bordeaux, Presses universitaires de Bordeaux, 2012 et *Annales historiques de la Révolution française*, vol. 381, n° 3, 2015, p. 251-253.
40. Durant la décennie 1770-1780, de nombreuses voix, notamment des juristes angevins, s'élèvent contre la gabelle, dénoncent les excès de la Ferme générale et de ses agents et excusent en quelque sorte le faux-saunage dû à la misère plus qu'à l'insubordination contre l'État.
41. Benoît Garnot, « Délits et châtiments en Anjou au XVIIIe siècle », *Annales de Bretagne et des pays de l'Ouest*, t. 88, n° 3, 1981, p. 292.
42. Selon l'abbé Gruget, la guillotine « et même l'échaffaud » auraient été ôtés au matin du 15 octobre 1794, même si le 6 décembre 1794, selon le même auteur, deux criminels auraient été guillotinés. Gruget, *Mémoires et journal de l'abbé Gruget curé de la Trinité d'Angers*, Angers, Germain et Grassin, 1902, p. 146 et 162.
43. Jean-Yves Guiomar, *L'invention de la guerre totale, XVIIIe-XXe siècles*, Paris, éditions Le Félin, 2004, p. 13.
44. David A. Bell, *La Première Guerre totale. L'Europe de Napoléon et la naissance de la guerre moderne*, Paris, Champ Vallon, « La chose publique », 2010, p. 12.

45. Nous renvoyons à l'analyse de la guerre totale par Pierre Serna, « Comment penser la guerre totale sans la réduire à une guerre totalement française ? », IHRF, 2010. Michel Biard, Philippe Bourdin et Sylvia Marzagalli, *1789-1815, Révolution, Consulat, Empire*, Paris, Belin, « Histoire de France », 2009, p. 515 et suivantes.

Partie I

1. Michel Biard et Marisa Linton, *Terreur !…*, *op. cit.*, p. 103.
2. Louis XIV, *Mémoires*, à consulter sur le site Gallica de la BnF.

Chapitre I

1. Avocat, président du tribunal criminel de l'Hérault en 1791, l'un des promoteurs du tribunal révolutionnaire en 1793.
2. Éric de Mari, *La mise hors de la loi sous la Révolution française (19 mars 1793-An III). Une étude juridictionnelle et institutionnelle*, Paris, Lgdj, 2015, p. 65.
3. Émile Queruau-Lamerie, *La justice révolutionnaire en Maine-et-Loire. Les petites commissions militaires (1793)*, Angers, Germain et Grassin, 1906, p. 6.
4. *A.P.*, Séance du 19 mars 1793, t. LX, p. 331.
5. Jean-Louis Halpérin, « Ambivalences des doctrines pénales modernes », *Revue de science criminelle et de droit pénal*, n° 11, 2010, p. 10.
6. Voir la thèse de Clément Weiss, *L'aristocratie à main armée. Violences, distinction et contre-révolution dans le Paris révolutionnaire (1789-1800)*, soutenue le 6 décembre 2021 à la Sorbonne, sous la direction de Pierre Serna.
7. Voir le discours de Saint Just du 27 décembre 1792, Albert Soboul, *La Révolution française*, Paris, Arthaud, 1993, p. 305.
8. Contrairement à ce qu'affirme Patrice Gueniffey, dans *La politique de la terreur, op. cit.*, p. 34. Jean-Clément Martin, *Violence et Révolution…*, *op. cit.*, p. 150.

9. Comme le montre Alain Gérard, *La guerre de Vendée*, La Roche-sur-Yon, CVRH, Les indispensables, 2006, p. 43.
10. ADML, 6L5, 5 et 11 mars 1793.
11. Félix Deniau, *Histoire de la guerre de la Vendée*, Angers, Siraudeau, 1910, vol. I, p. 571.
12. Jean-Pierre Royer, Jean-Paul Jean, Bernard Durand, Nicolas Derasse et Bruno Dubois, *Histoire de la justice en France*, Paris, PUF droit, 2010, p. 372.
13. Éric de Mari, *La mise hors de la loi sous la Révolution française…*, *op. cit.*, p. 65.
14. Jean-François Dreuille, « Le terroriste, criminel ou "ennemi" ? », *Délibérée*, Paris, La Découverte, 2017/2, p. 13. Et pour une résonance plus contemporaine, Dominique Linhardt et Cédric Moreau de Bellaing, « La doctrine du droit pénal de l'ennemi et l'idée de l'antiterrorisme. Genèse et circulation d'une entreprise de dogmatique juridique », *Droit et société*, Lextenso, n° 97, 2017, p. 615-640. Voir également Jakobs Günther, « Aux limites de l'orientation par le droit : le droit pénal de l'ennemi », *Revue des sciences criminelles*, 2009. Ce juriste allemand a relancé cette théorie du droit pénal de l'ennemi, dans les années 1980, en Allemagne d'abord, puis en Europe, avec une résonance particulière à la suite des attentats du 11 septembre.
15. Patrice Gueniffey, *La politique de la terreur*, *op. cit.*, p. 32.
16. *Ibid.*, p. 35.
17. *Ibid.*, p. 34.
18. Vanessa Codaccioni, *Justice d'exception. L'État face aux crimes politiques et terroristes*, Paris, CNRS éditions, 2015, p. 7.
19. Loris Chavanette, *Quatre-vingt-quinze. La Terreur en procès*, Paris, CNRS éditions, 2017, p. 285.
20. Jean-Clément Martin, *La Vendée et la France*, Paris, Seuil, « L'Univers historique », 1987, p. 224.
21. Selon Jean-Pierre Royer et *al.*, *Histoire de la justice en France*, Paris, PUF, 2016, p. 372.
22. Éric de Mari, *La mise hors de la loi sous la Révolution française…*, *op. cit.*, p. 17.
23. Anne Simonin, *La déshonneur dans la République…*, *op. cit.*, p. 264.
24. Robert Allen, *Les tribunaux criminels sous la Révolution et l'Empire, 1792-1811*, Rennes, PUR, 2005, p. 267.

25. *Ibid.*, p. 235. Éric de Mari, *La mise hors de la loi sous la Révolution française...*, *op. cit.*, p. 410.
26. *Ibid.*, p. 21.
27. *Affiches d'Angers*, n° 47, 23 mars 1793. À consulter sur le portail ADML, Archives numérisées.
28. ADML, 1L1074, 26 frimaire an II (16 décembre 1793).
29. Jean-François Fayard, *La Justice révolutionnaire. Chronique de la Terreur*, Paris, Robert Laffont, « Les Hommes et l'Histoire », 1987, et Robert Badinter (dir.), *Une autre justice, 1789-1799*, Paris, Fayard, 1989, p. 160.
30. Éric de Mari, *La mise hors de la loi sous la Révolution française...*, *op. cit.*, p. 151. ADML, 81L18. La première commission militaire date du 28 juin 1793 et s'organise autour de Fabrefonds et Sénart. Le 13 juillet 1793, la nouvelle commission délibère pour la première fois sur le cas d'un noble, accusé d'avoir porté la cocarde blanche.
31. ADML, 83L5, s.d.
32. Savary, *Collection des mémoires relatifs à la Révolution française, Guerres des vendéens et des chouans contre la République française, ou Annales des départemens de l'Ouest pendant ces guerres, par un officier supérieur des Armées de la République habitant dans la Vendée avant les troubles*, 6 tomes, Paris, Baudoin, 1824 (dans les prochaines notes, nous indiquerons seulement le nom de l'auteur et la date du document), volume III, 25 janvier 1794.
33. Voir par exemple les affiches de condamnation à mort dans ADML, 1L753.
34. Éric de Mari, *La mise hors de la loi sous la Révolution française...*, *op. cit.*, p. 16.
35. Emmanuel Berger, *La justice pénale sous la Révolution, Les enjeux d'un modèle judiciaire libéral*, Rennes, PUR, 2008, p. 26. Jean-Marie Carbasse, *Introduction historique au droit pénal*, Paris, PUF, 1990, p. 320 et p. 437. ADML, 1L945/2, mars 1793.
36. Xavier Rousseaux, « Une architecture pour la justice, organisation judiciaire et procédure pénale (1789-1815) », dans Xavier Rousseaux, Marie-Sylvie Dupont-Bouchat et Claude Vael, *Révolutions et justice pénale en Europe. Modèles français et traditions nationales 1780-1830*, Paris, L'Harmattan, 1999, p. 41.

37. Jacques-Guy Petit, Nicole Castan et *al.*, *Histoire des galères, bagnes et prisons, XIIIe-XXe siècles*, Toulouse, Privat, « Bibliothèque historique », 1991, p. 118.
38. ADML, 1L945/2, mars 1793.
39. ADML, 83L34, 16 germinal an II (16 avril 1794).
40. Maurice Quenet, *Histoire des institutions judiciaires*, Paris, Litec, « Les cours de droit », 1997, p. 137.
41. Robert Allen, *Les tribunaux criminels…*, *op. cit.*, p. 233.
42. ADML, 1L181.
43. Michel Biard et Marisa Linton, *Terreur!…*, *op. cit*, p. 164. Bernard Schnapper, « Les systèmes répressifs français de 1789 à 1815 », dans Xavier Rousseaux, Marie-Sylvie Dupont-Bouchat et Claude Vael (dir), *Révolutions et justice pénale en Europe…*, *op. cit.*, p. 27.
44. ADML, 83L6, 17 et 20 nivôse an II (6 et 9 janvier 1794). La Planche Ruillé sera condamné à mort par la commission militaire, le 13 nivôse an II (2 janvier 1794). ADML, 1L753. Voir Jean-Pierre Royer et *al.*, *Histoire de la justice en France*, *op. cit.*, p. 370.
45. Jean Roblot, *La justice criminelle en France sous la Terreur*, Paris, 1938, p. 212.
46. ADML, 83L5, 23 janvier 1794.
47. ADML, 83L6, 21 germinal an II (10 avril 1794).
48. ADML, 1L1223, 22 floréal an II (11 mai 1794).
49. ADML, 1L1226, registre de correspondance du district de Saumur.
50. ADML, 6L6, 1er floréal an III (20 avril 1795). À cette date, le traité de Saint-Florent-le-Vieil n'est pas encore promulgué. Voir Anne Rolland-Boulestreau, *Guerre et paix…*, *op. cit.*
51. Gautret continue sa carrière dans la justice. Il devient « commissaire du pouvoir exécutif près le tribunal correctionnel de l'arrondissement de Beaupréau », ADML, 1L407, 20 nivôse an VI (9 janvier 1798).
52. ADML, 83L6.
53. Cité par Émile Queruau-Lamerie, *La justice révolutionnaire…*, *op. cit.*, p. 6.
54. Jean-Louis Halpérin, « Le tribunal révolutionnaire : justice et injustices sous la Révolution », *Histoire de la justice*, n° 27-1, 2017, p. 46.
55. Jean-Pierre Royer et *al.*, *Histoire de la justice en France*, *op. cit.*, p. 370.
56. Jean Roblot, *La justice criminelle en France sous la Terreur*, *op. cit.*, p. 219.
57. ADML, 81L10.

58. Les premières commissions militaires ont laissé peu d'archives. Voir ADML, 1L748/1.
59. Cité par Émile Queruau-Lamerie, *La justice Révolutinnaire…*, *op. cit.*
60. ADML, 81L18, 16 juin 1793.
61. Michel Biard et Marisa Linton, *Terreur!…*, *op. cit.*, p. 110 et suivantes.
62. ADML, 81L4, 12 juillet 1793.
63. AN, AF/II/266, 29 juin 1793.
64. Précisément, la commission militaire Parein-Félix auditionne 2 172 prisonniers. De son côté, Philippe Evanno arrive à un total de 2 142 jugements.
65. ADML, 81L3.
66. Précisément 123 individus. Philippe Evanno en comptabilise 104.
67. Voir les occurrences des termes « Tribunal militaire » et « commission militaire » chez Savary, dans les 6 volumes.
68. Mona Ozouf et François Furet (dir.), *Dictionnaire critique de la Révolution française*, volume « Institutions et créations », Paris, Flammarion, « Champs », 1992, p. 247.
69. Gérard Sautel, « Police de sûreté générale et municipalités, en 1792 : genèse d'une loi révolutionnaire », dans Gérard Audin (dir.), *Études offertes à Pierre Jaubert*, Bordeaux, Presses universitaires de Bordeaux, 1992, p. 647.
70. Raphaël Matta-Duvignau, *Gouverner, administrer révolutionnairement : le Comité de salut public (6 avril 1793-4 brumaire an IV)*, Paris, L'Harmattan, « Logiques juridiques », 2013, p. 86.
71. Voir notamment l'étude de Philippe Bourdin sur le département du Puy-de-Dôme, *Rives méditerranéennes*, n° 18, 2004, p. 53 à 68.
72. Danièle Pingué, « Les comités de surveillance : sources et problématique. L'exemple de la Haute Normandie », *Rives méditerranéennes…*, *op. cit.*, p. 32.
73. Danièle Pingué et Jean-Paul Rothiot (dir.), *Les comités de surveillance. D'une création citoyenne à une institution révolutionnaire*, Paris, Société des études robespierristes, 2012, p. 13. Voir également le décret du 21-23 mars 1793.
74. Jean Roblot, *La justice criminelle en France sous la Terreur*, *op. cit.*, p. 180.
75. Jacques Guilhaumou et Martine Lapied, « Paysans et politiques », *Rives méditerranéennes*, 2000 ; Donald Sutherland, « Étude de cas », *Rives méditerranéennes*, 2004. Et Martine Lapied, « Le rôle des

comités de surveillance dans la circulation de l'information, à partir de l'étude des comités du Sud-Est », *AHRF*, n° 330, 2002.

76. Marc Bouloiseau, *Nouvelle histoire de la France contemporaine*, t. 2, *La République jacobine (10 août 1792-9 thermidor an II)*, Paris, Seuil, coll. « Points. Histoire » (n° 102), 1972, p. 153.
77. Voir par exemple ADML, 5L36.
78. ADML, 1L1153.
79. Seulement 75 certificats établis, sur un total de plus de 2 400 documents portant sur la justice d'exception (exactement 2 461 documents des ADML, des AN, du SHD et de Savary. Et pour 10 900 prévenus, civils et militaires, entre 1793 et 1794).
80. ADML, 1L1048/1, duodi frimaire an II (22 décembre 1793).
81. ADML, 83L6, 10 nivôse an II (30 décembre 1793).
82. Jean Roblot, *La justice criminelle en France sous la Terreur*, *op. cit.*, p. 181.
83. ADML, 1L1099, PV du comité révolutionnaire de Montjean au comité révolutionnaire d'Angers, 2 germinal an II (22 avril 1794).
84. ADML, 1L749/1, 28 nivôse an II (17 janvier 1794).
85. ADML, 1L750/1, 19 frimaire an II (9 décembre 1793).
86. ADML, 1L1099, 2 germinal an II (22 mars 1794), deux rapports envoyés à la commission militaire.
87. ADML, 1L1162, 20 frimaire an II (10 décembre 1793). « Marigni » pour Marigny.
88. Camille Bourcier, *Essai sur la terreur en Anjou*, Angers, Barassé, 1870, p. 37.
89. ADML, 1L1012, 29 juillet 1793.
90. ADML, 1L180/3, 21 août 1793.
91. Camille Bourcier, *Essai sur la terreur en Anjou*, *op. cit.*
92. ADML, 1L1104, 16 floréal an II (5 mai 1794).
93. Philippe Evanno, *La Terreur en Maine-et-Loire*, thèse, Paris, Université de la Sorbonne, p. 466.
94. ADML, 1L1153, 1er janvier 1794.
95. ADML, 1L1153, 14 janvier 1794.
96. Voir par exemple Savary, volume III, 27 janvier 1794.
97. ADML, 1L180/3, 11 février 1794.

Chapitre II

1. Haïm Burstin, *Révolutionnaires. Pour une anthropologie politique de la Révolution française*, Paris, Vendémiaire, 2013, p. 17.
2. Rappelons que même si la particule n'est pas signe de noblesse, les révolutionnaires Joseph et René-Mathurin se font tout simplement appeler Clemanceau.
3. Des fours à chaux sont encore visibles dans cette région. Ils datent du XIXe siècle.
4. Nous renvoyons aux travaux de Jean-Pierre Jessenne sur l'Artois.
5. ADML, 1L798 bis.
6. Albert Soboul (dir.), *Dictionnaire…*, *op. cit.*
7. Albert Soboul (dir.), *Dictionnaire…*, *op. cit.*
8. Jean-Marie Augustin, « Claude-Marie Bonnefont, commissaire du Directoire dans le département de la Vienne », *AHRF*, octobre-décembre 2002, p. 139. Le rôle des commissaires du Directoire est similaire à ceux des agents nationaux de l'an II.
9. ADML, 1L1075, 27 brumaire an II (17 novembre 1793).
10. ADML, 1L798bis, 5 pluviôse an II (24 février 1794).
11. ADML, 1L798bis, s.d.
12. ADML, 1L798bis, 3ème jour de la 3e décade de l'an II (13 octobre 1793).
13. ADML, 1L798bis, s.d.
14. ADML, 1L798bis, 27 brumaire an II (17 novembre 1793).
15. Soixante-dix-sept fois pour Joseph Clemanceau contre 23 fois pour Cambon.
16. Haïm Burstin, *Révolutionnaires…*, *op. cit.*, p. 12.
17. Pour reprendre Haïm Burstin, « La biographie en mode mineur… », art. cit., p. 7-24. Haïm Burstin, *L'Invention du sans-culotte. Regards sur le Paris révolutionnaire*, Paris, Odile Jacob, 2005, p. 114.
18. Philippe Evanno, *La Terreur en Maine-et-Loire*, *op. cit.*, vol. I, p. 274 et suivantes.
19. ADML, 1L1225, 26 ventôse an II (16 mars 1794).
20. ADML, 1L1302, 11 frimaire an II (1er décembre 1793), témoignage de Françoise Cotelle qui faisait partie du convoi et qui dénonce Lepetit le 1er brumaire an III (22 novembre 1794).

21. ADML, 1L1225, 1er ventôse an II (19 mars 1794).
22. ADML, 26 ventôse an II (16 mars 1794).
23. ADML, 1L1225, 26 ventôse an II (16 mars 1794).
24. ADML, 24 ventôse an II (14 mars 1794).
25. ADML, 1L1225, 1er ventôse an II (19 février 1794).
26. Philippe Evanno, *La Terreur en Maine-et-Loire*, *op. cit.*, p. 636.
27. Pierre Serna, *La République des girouettes, 1789-1815 et au-delà. Une anomalie politique : la France de l'extrême centre*, Paris, Champ Vallon, « La chose publique », 2005, p. 332.
28. ADML, 1L1225, 24 ventôse an II (14 mars 1794).
29. ADML, 1L1225, 8 germinal an II (28 mars 1794).
30. Nous renvoyons aux travaux du chanoine Uzureau, à Philippe Evanno et, dernièrement, à Jean-François Couet.
31. Éric de Mari, *La mise hors de la loi sous la Révolution française…*, *op. cit.*, p. 153-154.
32. Charles Berriat-Saint-Prix, *La justice révolutionnaire, Août 1792-Prairial an III*, Paris, Lévy frères, 1870, p. 149.
33. Charles-Louis Chassin, *La Vendée patriote*, Paris, Dupont, 1894, vol. I, p. 550 et suivantes.
34. La plupart de leurs biographies est à retrouver dans *L'Anjou Historique*, 1903, 1904, 1911, 1912, 1948. Émile Queruau-Lamerie, *La commission Parein*, Angers, Grassin, 1912. Et Charles Berriat-Saint-Prix, *La justice révolutionnaire…*, *op. cit.*
35. ADML, 81L16, 4ème jour de la 2de décade du 4ème mois an II (13 janvier 1794).
36. ADML, 81L10, 12 germinal an II (1er avril 1794), Archives Parlementaires, 16 frimaire an II (6 décembre 1793), p. 805.
37. SHD, 2 avril 1794. Je remercie Christian Gasnier des ADML pour m'avoir aidée à faire des recherches sur Félix. Le chanoine Uzureau et Célestin Port ont confondu Jean Baptiste Antoine Félix, de la commission militaire, avec Marie Emmanuel Félix Musquinet dit de Saint-Félix, lui aussi engagé sur le front vendéen.
38. Pour reprendre une expression de Mona Ozouf et François Furet, *Dictionnaire de la Révolution…*, *op. cit.*
39. Sylvie Daubresse et Bertrand Haan (dir.), *La Ligue et ses frontières. Engagements catholiques à distance du radicalisme à la fin des guerres de religion*, Rennes, PUR, 2015, p. 29.

40. Hervé Drevillon, *L'Individu et la Guerre, du chevalier Bayard au Soldat inconnu*, Paris, Belin, 2013, p. 12. À propos du soldat républicain.
41. Anne Rolland-Boulestreau, *Les colonnes infernales…, op. cit.*
42. Voir leurs rapports au SHD, B5/8. Le 11 février 1794, Hentz et Francastel sont à Saumur, le 19 février à Nantes, le 5 mars à Cholet.
43. ADML, 80L1, 16 ventôse an II (6 mars 1794).
44. ADML, 81L6, selon l'expression de Morin et Vacheron, 30 nivôse et 1er pluviôse an II (19 et 20 février 1794).
45. ADML, 80L1, 16 mars 1794. François Uzureau, *Histoire du Champ-des-Martyrs*, Angers, Lachèse et Siraudeau, 1906, p. 26 et suivantes.
46. Michel Biard, *Missionnaires de la République. Les représentants du peuple en mission (1793-1795)*, Aubervilliers, éditions du CTHS, « CTHS Histoire », 2002, p. 233. En italique dans le texte.
47. Danièle Pingué, « Les sociétés politiques : des laboratoires de démocratie », dans Michel Biard (dir.), *La Révolution française. Une histoire toujours vivante*, Paris, Tallandier, 2010, p. 101-102. Voir également Jean Boutier, Philippe Boutry et Serge Bonin, *Atlas de la Révolution française, Les sociétés politiques*, Paris, EHESS, 1992, t. 6.
48. ADML, 81L19, 25 messidor an II (13 juillet 1794).
49. ADML, 81L19, 26 messidor an II (14 juillet 1794).
50. ADML, 81L19, 28 messidor an II (16 juillet 1794).
51. ADML, 1L1153, 14 ventôse an II (4 mars 1794).
52. Jean-Joseph Chevalier, « Les Bleus de Cholet », *ABPO*, t. 99, n° 4, 1992, p. 351-369.
53. ADML, 81L13, 6e jour de la 1re décade du second mois de l'an II (27 octobre 1793).
54. ADML, 83L35, 19 prairial an II (7 juin 1794).
55. Selon la carrière que Robin retrace en 1794 : ADML, 83L33, 30 mars 1794. Rappelons que Savary est adjudant-général.
56. ADML, 1L1070, 27 brumaire an II (17 novembre 1793).
57. ADML, 1L1153, 4 frimaire an II (24 novembre 1794).
58. Robin est libéré le 7 juin 1794. Il meurt le 14 août de cette même année. Voir les fiches biographiques des prêtres de la fin du XVIIIe siècle, établies par Raymond Perrin du Rouvray et conservées aux Archives diocésaines d'Angers.

59. ADML, 1L1153, 2 janvier 1794.
60. ADML, 1L1162, 23 nivôse an II (12 janvier 1794). Ils sont cinq membres du comité de Cholet à s'installer à Saumur : Auguste Cambon, le président du comité, Joseph Clemanceau, son frère cadet, Probus, Auteract, Démiand.
61. « Un terroriste angevin », *Anjou Historique*, 1904, p. 590-604.
62. ADML, 1L 1224, 6 pluviôse an II (25 janvier 1794).
63. ADML, 1L1153, 19 février 1794.
64. ADML, 1L1224, 6 pluviôse an II (25 janvier 1794).
65. ADML, 1L1153, 14 ventôse an II (4 mars 1794).
66. ADML, 7L39, 12 mars 1794.
67. Rousseau disparaît du comité révolutionnaire de Cholet et des archives révolutionnaires.
68. ADML, 1L1152.
69. *Anjou Historique*, art. cit., 1904. Guy-Marie Lenne, *Les réfugiés de la guerre de Vendée, de 1793 à 1796*, Courlay, Geste éditions, 2003, p. 54.

Partie II

1. Voir notamment Jacques Hussenet, « *Détruisez la Vendée !* »..., *op. cit.*

Chapitre III

1. Paul Vo-Ha, *Rendre les armes. Le sort des vaincus XVI-XVIIe siècles*, Paris, Champ Vallon, « Époques », 2017, p. 199.
2. Cité par Hugues Marquis, « Le discours sur les prisonniers de guerre, des Lumières à la Révolution », dans Laurent Jalabert (dir.), *Les prisonniers de guerre, XVe-XIXe siècle : entre marginalisation et reconnaissance*, Rennes, PUR, 2018, p. 65 et suivantes.
3. Savary, volume III, 11 février 1794, lettre du Comité de salut public au représentant Lecarpentier.
4. Soit 526 occurrences sur 2 332 documents issus des ADML, du SHD, des AN et des ouvrages de Savary.
5. Loi du 19 mars 1793.

6. Philippe Evanno, *La Terreur en Maine-et-Loire*, *op. cit.*, vol. II, p. 662.
7. ADML, 1L750/1, quintidi de la 2e décade du 3e mois an II (5 décembre 1793).
8. ADML, 1L1153, 14 frimaire an II (4 décembre 1793).
9. Savary, volume IV, extraits des ordres de Francastel, s.d., ordre qui ressort le 2 octobre 1794, au moment thermidorien.
10. Savary, volume IV, rapport du général Boussard au général Vimeux, 24 juin 1794.
11. ADML, 1L180/3, 8 jour 3e décade 3e mois an II (18 décembre 1793).
12. ADML, 1L1086, 9 frimaire an II (29 décembre 1793).
13. ADML, 1L1103, des exemples en 1794.
14. ADML, 1L1129, 29 ventôse an II (19 mars 1794).
15. Savary, volume III, 20 décembre 1793.
16. ADML, 1L1099, 5e jour du 3e mois de l'an II (25 décembre 1793).
17. ADML, 1L1165, 13 ventôse an II (3 mars 1794).
18. ADML, 1L1280, 14 ventôse an II (4 mars 1794).
19. AN, AF/II/412, 9 frimaire an II (29 décembre 1793).
20. ADML, 1L1103, 19 octobre 1793.
21. ADML, 1L1009, 22 et 24 brumaire an II (12 et 14 novembre 1793).
22. ADML, 1L1018, 15 avril 1793.
23. ADML, 1L858 bis, 18 août 1793.
24. Pas le même que celui vu plus haut, arrêté en décembre 1793.
25. ADML, 81L18, 16 ventôse an II (6 mars 1794).
26. ADML, 81L2, 23 avril 1794.
27. Voir notamment la loi du 13 brumaire an II (3 novembre 1793) réduite le 17 ventôse an II (7 mars 1794) à un emprisonnement de deux mois à deux ans d'emprisonnement. Emmanuel Berger, « Les jurys d'accusation à l'épreuve des crises sociales et politiques sous la Révolution », dans Loris Chavanette (dir.), *Le Directoire. Forger la République (1795-1799)*, Paris, CNRS éditions, 2020, p. 87.
28. ADML, 1L1165, 23 nivôse an II (12 janvier 1794). François Uzureau, dans son étude sur les fusillades à Avrillé, trouve 18 évadés déclarés officiellement par le comité révolutionnaire de Cholet. *Histoire du Champ-des-Martyrs…*, *op. cit.*, p. 34.
29. ADML, 1L753, 17 nivôse an II (6 janvier 1794).

30. ADML, 81L19, 5 pluviôse an II (24 janvier 1794).
31. ADML, 81L6, 11 pluviôse an II (30 janvier 1794). Dans la marge, « F » pour « À fusiller ».
32. ADML, 81L6, interrogatoires entre le 11 et le 16 germinal an II (31 mars-5 avril 1794).
33. Angélique Guimbretière est condamnée à la fusillade, comme l'atteste le « F » dans la marge de son dernier interrogatoire.
34. SHD, B5/7, 29 décembre 1793. Souligné dans le texte.
35. Savary, volume III, 4 décembre 1794, le général Amey au général en chef Turreau.
36. ADML, 1L753, 27 frimaire an II (17 décembre 1794).
37. ADML, 1L1303, 8 brumaire an III (29 octobre 1794).
38. ADML, 1L302, 1er brumaire an III (22 octobre 1794).
39. Comme notamment lors de la guerre de Trente Ans. Voir Yann Lagadec, « Prisonniers de guerre et affirmation de l'État : les Espagnols dans l'Ouest de la France de Corbie à la paix des Pyrénées (1636-1659) », *Annales de Bretagne et des pays de l'Ouest*, n° 125-2, 2018/2, p. 66.
40. Sophie Abdela, *La prison parisienne au XVIIIe siècle. Formes et réformes*, Paris, Champ Vallon, « Époques », 2019.
41. Nicole Castan, « Le régime des prisons au XVIIIe », dans Jacques-Guy Petit (dir.), *La prison, le bagne et l'histoire*, Paris/Genève, Librairie des Méridiens, « Médecine et Hygiène », 1984, p. 35.
42. Fabrice Mauclair, *La justice des Lumières, Les tribunaux ordinaires en Touraine au XVIIIe siècle*, Tours, Presses universitaires Français Rabelais, « Perspectives historiques », 2019, p. 181. Voir Jacques-Guy Petit, Nicole Castan et *al.*, *Histoires des galères, bagnes et prisons*, *op. cit.*, p. 75 et suivantes.
43. Jacques-Guy Petit, *Ces peines obscures, la prison pénale en France, 1780-1875*, Paris, Fayard, 1990, p. 17.
44. *Ibid.*, p. 73. Jacques-Guy Petit, Nicole Castan et *al.*, *Histoires des galères, bagnes et prisons*, *op. cit.*, p. 118. Voir l'étude récente de Jean-François Couet, *Dans les prisons d'Angers sous la Terreur (1793-1794)*, La Roche-sur-Yon, CVRH, 2021.
45. Savary, volume III, p. 52 et p. 146, 21 janvier et 4 février 1794.
46. Alfred Lallié, *Les prisons de Nantes pendant la Révolution*, Nantes, Forest et Grimaud, 1883.

47. *L'Anjou historique*, voir par exemple les articles de François Uzureau, sur la Prison nationale (1904), les prisons d'Angers (1912), le Calvaire (1919), « Les cinq prisons d'Angers » (1943). La collection complète des numéros de cette revue est disponible, notamment à la Bibliothèque universitaire de l'Université catholique de l'Ouest à Angers.
48. ADML, 1L1008, Administrateurs de Cholet, 15 messidor an III (3 juillet 1794).
49. ADML, 1L1008, Directoire du district de Vihiers, 4 messidor an III (21 juin 1794).
50. ADML, 1L113, 15 frimaire an II (5 décembre 1794). À cette époque, on y recense 278 femmes.
51. ADML, 1L1213, 23 pluviôse an II (11 février 1794), le comité révolutionnaire de Saumur au représentant du peuple.
52. ADML, 1L1280, 20 pluviôse (8 février 1794), le comité révolutionnaire de Saumur au comité révolutionnaire de Cholet.
53. ADML, 1L1011, 1er jour complémentaire an III (17 septembre 1795).
54. Voir notamment la revue de *L'Anjou historique*, « Les prisons d'Angers sous la Terreur », 1912, p. 593-603.
55. Thomas Pasquier, « Faiblesses et mutations d'un établissement carcéral sous le Directoire. La prison du Bouffay de Nantes (an IV-an VIII) », *Annales historiques de la Révolution française*, vol. 406, n° 4, 2021, p. 55-82.
56. Corinne Gomez-Le Chevanton, « Le procès Carrier, enjeux politiques, pédagogie collective et construction mémorielle », *AHRF*, n° 343, 2006.
57. Alfred Lallié, *Les prisons de Nantes…*, *op. cit.*, p. 231.
58. SHD, B5/7, 27 octobre 1793, le citoyen Maussion au représentant du peuple Pérard.
59. SHD, B5/7, 29 décembre 1793.
60. ADML, 8 nivôse an II (28 décembre 1794), le concierge de Saint-Aubin au comité révolutionnaire d'Angers.
61. ADML, 5L6, 7 nivôse an II (27 décembre 1793), le district de Saint-Florent au représentant du peuple Francastel.
62. Jacques-Guy Petit, *Ces peines obscures…*, *op. cit.*, p. 90.
63. ADML, 1L1106, 16 nivôse an II (5 janvier 1794).
64. ADML, 1L1007, 6 germinal an II (26 avril 1794).
65. ADML, 1L1072, 8 germinal an II (28 avril 1794).

66. ADML, 1L1106, voir à ces prisons, du 31 mars au 18 avril 1794. Pour les Pénitentes, voir notamment au 28 janvier et au 2 février 1794.
67. SHD, B5/10, 2 avril 1794, Félix à la section des sans-culottes à Paris.
68. ADML, 1L1162, 12 frimaire an II (2 décembre 1793). « Marigni » pour Marigny.
69. Savary, volume III, 6 juin 1794, rapport du général Boussard au général Vimeux.
70. Savary, volume III, 29 juin 1794, rapport de l'adjudant-général Delaage au général Vimeux.
71. Savary, volume III, 9 juin 1794, rapports de Dutruy et de Dusirat au général Vimeux.
72. AN, AF/II/412, Lettre de Francastel à la Convention nationale, 2 ventôse an II (20 février 1794).
73. ADML, commission militaire Fabrefonds-Sénart, 11 juillet 1793.
74. ADML, commission militaire Fabrefonds-Sénart, 30 juin 1793.
75. ADML, 1L1099, 20 novembre 1793.
76. ADML, 1L1162, 21 frimaire an II (11 décembre 1793).
77. ADML, 1L749/3, 28 nivôse an II (17 janvier 1794).
78. ADML, 81L1, 22 janvier 1794.
79. ADML, 1L1225, 26 ventôse an II (16 mars 1794).
80. Anne Rolland-Boulestreau, *Guerre et paix…*, *op. cit.*

Chapitre IV

1. ADML, 7L39, 27 février 1794.
2. ADML, 1L1011, 2 frimaire an II (22 décembre 1793).
3. Sophie Abdela, *La prison parisienne au* XVIIIe *siècle…*, *op. cit.*, p. 20.
4. ADML, 1L1007, mars 1794.
5. Jean Sgard, « L'échelle des revenus », *Dix-huitième Siècle*, Au tournant des Lumières : 1780-1820, n° 14, 1982, p. 425-433.
6. ADML, 1L1110, 8 nivôse an II (28 décembre 1793).
7. ADML, 1L1007, 17 octobre 1793.
8. Sophie Abdela, *La prison parisienne au* XVIIIe *siècle…*, *op. cit.*, p. 141.
9. ADML, 81L19, 21 floréal an II (10 mai 1794).
10. Voir par exemple ADML, 1L1103 (11 juillet 1793).

11. ADML, 81L10, 24 pluviôse an II (12 février 1794).
12. Il meurt à Angers, le 1er août 1803. François Uzureau, *Histoire du Champ-des-Martyrs...*, *op. cit.* Célestin Port, *Dictionnaire historique, géographique et biographique de Maine-et-Loire*, Paris, Lachèse, 1878, vol. III, « Trotouin ».
13. ADML, 81L13, 18 germinal an II (7 avril 1794).
14. ADML, 81L1, 2 et 3 floréal an II (21 et 22 avril 1794).
15. ADML, 1L1011, an II.
16. Alain Gérard, *Par principe d'humanité... La Terreur et la Vendée*, Paris, Fayard, 1999, p. 590. Serge Luzzatto, *L'Automne de la Révolution, Luttes et cultures politiques dans la France thermidorienne*, Paris, Champion, 2001, p. 29.
17. *Ibid.*
18. Son action auprès des prisonniers l'aurait même fait connaître au-delà du cadre républicain. En 1796, Bernier, le conseiller de Stofflet, n'aurait-il pas fait appel à lui pour obtenir un passeport vers la Suisse ? Anne Rolland-Boulestreau, *Guerre et paix...*, *op. cit.*
19. Sophie Abdela, *La prison parisienne au* XVIII*[e] siècle...*, *op. cit.*, p. 170.
20. ADML, 1J5297, 8 février 1794.
21. ADML, 1L1007, 6 germinal an II (26 avril 1794).
22. ADML, 81L 6, 27 pluviôse an II (15 février 1794).
23. ADML, 1L1111, 6 novembre 1793.
24. ADML, 1J5297, 8 février 1794.
25. Voir par exemple ADML, 1 L 1280, 15 frimaire an II (5 décembre 1794). Anne Rolland-Boulestreau, *Les colonnes infernales...*, *op. cit.*
26. ADML, 1L115, 26 mars 1794.
27. ADML, 2L5, 5 nivôse an II (26 décembre 1794). Lettre des administrateurs du district d'Angers au Comité révolutionnaire d'Angers.
28. ADML, 1L1008, 8 germinal an II (28 avril 1794).
29. ADML, 1L1011, 2 frimaire an II (22 novembre 1794).
30. ADML, 1J5297, 8 février 1794.
31. ADML, 1L1110, an II, s.d.
32. ADML, 1L1011, prison du Séminaire pour octobre 1793.
33. ADML, 1L1011, 2 frimaire an II (22 décembre 1793).
34. ADML, 1L1011, 21 frimaire au 20 nivôse an II (11 décembre 1793-9 janvier 1794) et 12 fructidor an II (29 septembre 1794).
35. Anne Rolland-Boulestreau, *Les colonnes infernales...*, *op. cit.*

36. ADML, 81L13, 30 germinal an II (19 avril 1794).
37. ADML, 80L3, s.d.
38. ADML, 81L2, 13 floréal an II (2 mai 1794).
39. ADML, 80L3, s.d.
40. Voir notamment, pour les prisons de Paris, Sophie Abdela, *La prison parisienne au XVIII*e *siècle…*, *op. cit.*, p. 223.
41. Fabrice Boudjaaba et *al.*, « 50 ans de démographie historique : bilan historiographique d'une discipline en renouvellement », *Annales de démographie historique*, vol. 129, n° 1, 2015, voir notamment l'introduction : p. 7-8.
42. ADML, 1J5297, 8 février 1794.
43. ADML, 81L6, 7 pluviôse an II (27 décembre 1793).
44. ADML, 81L6, 21 pluviôse an II (10 janvier 1794).
45. ADML, 81L6, 13 germinal an II (2 avril 1794).
46. Jérémy Foa, *Tous ceux qui tombent. Visages du massacre de la Saint-Barthélemy*, Paris, La Découverte, 2021, p. 213.
47. ADML, 2L147, 26 frimaire an II (16 décembre 1793).
48. ADML, 1L1075, 26 messidor an II (14 juillet 1794).
49. ADML, 81L6, 15 germinal an II (4 avril 1794).
50. ADML, 81L6, 15 germinal an II (5 avril 1794).
51. ADML, 81L6, 16 germinal an II (5 avril 1794). Ni l'âge ni l'affectation au corps de la marine ne constituent assurément une chance d'échapper à la mort.
52. ADML, 1L1008, 28 floréal an II (17 mai 1795).
53. ADML, 1L1009, 24 brumaire an II (14 novembre 1793).
54. Jean Sgard, « L'échelle des revenus », art. cit.
55. ADML, 1J5297, 8 février 1794.
56. ADML, 1L1007, 6 germinal an II (26 mars 1794).
57. ADML, 1J5297, 8 février 1794.
58. ADML, 1J5297, 26 février 1794.
59. ADML, 3L 136, 21 février 1795 ; ADML, 1L 137, 24 frimaire an VI (14 décembre 1797).
60. ADML, 1L1106, 16 nivôse an II (5 janvier 1794).
61. ADML, 1L1106, 16 nivôse an II (5 janvier 1794).
62. Pierre Contant, « Le Comité révolutionnaire de Saumur, 1er juillet 1793-1er germinal an III (21 mars 1795) », *Mémoires de l'Académie des sciences, belles-lettres et arts d'Angers*, t. 11, 1992, p. 153 et

suivantes. À titre de comparaison, la Conciergerie de Paris a compté, au plus fort des arrestations, 500 prisonniers.

63. ADML, 1L1213, 1er ventôse an II (19 mars 1794).
64. ADML, 1J5297, 8 février 1794.
65. Alain Corbin, « Purifier l'air des prisons », dans Jacques-Guy Petit (dir.), *La prison, le bagne et l'histoire, op. cit.*, p. 151
66. ADML, 81L13, 30 germinal an II (19 avril 1794).
67. La municipalité de Nantes fait le même constat en février 1794. En un seul jour, 25 grenadiers, chargés de la garde de l'Entrepôt, « ont péri en une heure, emportés par cette peste ». Repris par Félix Deniau, *Histoire de la guerre de la Vendée, op. cit.*, vol. III, p. 516.
68. Jean-François Couet, *Dans les prisons d'Angers sous la Terreur, op. cit.*, 4e de couverture.
69. AN, AF II 273, dossier 2294, *Francastel à Turreau et Prieur*, Angers, 5 nivôse an II (25 décembre 1794). Cité par Anne-Louise Le Cossec, « Francastel représentant en mission dans la guerre de Vendée », *Cahiers de l'Institut d'histoire de la Révolution française*, n° 12, 2017, p. 14.
70. ADML, 1L1008, 28 floréal an III (17 mai 1795).
71. Savary, volume VI, 26 janvier 1796, Adresse du conseil militaire de l'armée d'Anjou et du Haut-Poitou aux armées républicaines.
72. Jean-Claude Caron, *Frères de sang, La guerre civile en France au XIXe siècle*, Paris, Champ Vallon, « La Chose publique », 2009, p. 233.
73. *Journal de Paris*, n° 460, 5 avril 1794, cité par Jean-François Couet, *Dans les prisons d'Angers sour la Terreur, op. cit.*, p. 10.

Partie III

1. Voir le cas de la sœur Joulain.

Chapitre V

1. Voir notamment la remarque consignée dans le registre des interrogatoires menés par Vacheron le 28 janvier 1794. ADML, 81L6, 9 pluviôse an II (28 janvier 1794).

2. Loizillon tombe malade le 28 février 1794 et meurt le 2 mars 1794. Voir notamment François Uzureau *Histoire du Champ-des-Martyrs, op. cit.*, p. 23. Gruget, *Mémoires et journal de l'abbé Gruget…, op. cit.*, 1902, p. 77. Avec une présentation très morale de sa mort, selon Gruget : « De la mort des pécheurs, au millieu des plus violentes douleurs. Il souffrait dans son corps tout ce qu'on peut souffrir de plus violent ; et ces souffrances lui occasionnèrent des contorsions dans les membres et dans la figure qui effrayoient tous ceux qui le voyoient. C'est ainsi que Dieu lui faisoit déjà expier les crimes dont il s'étoit rendu coupable… jusqu'à la mort il a continué ses blasphèmes. »
3. ADML, 81L6, 18 pluviôse an II (6 février 1794).
4. ADML, 81L6, Lepetit.
5. ADML, 1L1225, 8 germinal an II (28 avril 1794).
6. Voir par exemple les auditions de la prison du Calvaire.
7. François Uzureau, « Rose Quenion, de Denée, martyre de la chasteté, fusillée au Champ des Martyrs d'Angers, le 1er février 1794 », *Andegaviana*, 1904, p. 425-430.
8. ADML, 81L6, 1er pluviôse an II (20 janvier 1794).
9. ADML, 1L858/ter, 26 août 1793, 17 août 1793.
10. Éric de Mari, « Les réminiscences de l'ancien droit pénal dans la pratique des justices d'exception sous la Révolution française », dans Jacques Lorgnier, Renée Martinage et Jean-Pierre Royer (dir.), *Justice et République(s)*, Paris, Ester éditions, « L'espace juridique », 1993, p. 249.
11. Nicole Gonthier, *Le châtiment du crime au Moyen Âge*, Rennes, PUR, 1988, p. 125 et suivantes.
12. ADML, Commission militaire Fabrefonds-Sénart, 9 juillet 1793.
13. Sur cette question, nous renvoyons à l'ouvrage et la bibliographie proposée par Jean-Clément Martin, *La révolte brisée. Femmes dans la Révolution française et l'Empire*, Paris, Armand Colin, 2008. Et au numéro spécial consacré à « La condition des femmes de 1789 à nos jours », *Documentation photographique*, n° 3, Paris, CNRS éditions, 2022, notamment p. 7. Voir les différents travaux de Dominique Godineau sur les femmes et l'engagement révolutionnaire. Solenn Mabo, « Les citoyennes, les contre-révolutionnaires et les autres. Participations, engagements et rapports de genre dans la Révolution française en Bretagne », *Annales historiques de la Révolution française*, vol. 402, n° 4, 2020, p. 177-188.

14. Jean-Marie Carbasse, *Introduction historique au droit pénal*, *op. cit.*, p. 191.
15. Nicole Castan, *Les criminels de Languedoc. Les exigences d'ordre et les voies du ressentiment dans une société pré-révolutionnaire (1750-1790)*, Toulouse, Publications de l'Université de Toulouse-Le Mirail, 1980, p. 29.
16. Voir notamment Patricia Paperman (dir.), *Care et sentiments*, Paris, PUF, 2013.
17. De Renée Bordereau aux « amazones » accompagnant Charette, des femmes de Torfou investies dans la bataille aux cavalières aperçues par les républicains sillonnant la Loire depuis des canonnières.
18. Voir par exemple ADML, 1L750/2, 3 ventôse an II (21 février 1794). Interrogatoires de Françoise Chemineau et Angélique Galichet.
19. ADML, 1L749/3, 29 nivôse an II (18 janvier 1794).
20. ADML, 1L1162, 25 brumaire an II (15 novembre 1793).
21. Ce même Boisneau sortira de sa clandestinité à la fin de l'année 1794 et son influence sur les habitants lui permettra de négocier avec des officiers républicains. Voir Anne Rolland-Boulestreau, *Guerre et paix…*, *op. cit.*
22. ADML, 1L1162, 4 frimaire an II (24 novembre 1793).
23. ADML, 1L1162, 30 pluviôse an II (18 février 1794).
24. Voir par exemple l'interrogatoire de Jeanne Ravalay : ADML, 1L1162, 25 nivôse an II (14 janvier 1794).
25. ADML, 1L749/1, 28 nivôse an II (17 janvier 1794).
26. Voir par exemple l'interrogatoire de Jeanne Ferouen, ADML, 1L1162, 3 ventôse an II (21 février 1794).
27. Voir par exemple l'interrogatoire de Marie Chevalier, ADML, 1L750/3, 26 pluviôse an II (14 février 1794).
28. ADML, 1L1162, 25 nivôse an II (14 janvier 1794).
29. Voir par exemple l'interrogatoire d'Anne Bénard, ADML, 1L750/2, 3 ventôse an II (21 février 1794).
30. Voir par exemple l'interrogatoire de Marie Chevrier, ADML, 1L750/2, 3 ventôse an II (21 février 1794).
31. ADML, 1L1162, 26 pluviôse an II (14 février 1794).
32. ADML, 1L1162, Duodi de la 2e décade de l'an II (3 octobre 1793).
33. ADML, 1L1162, 20 pluviôse an II (8 février 1794).
34. ADML, 81L2, 2 pluviôse an II (21 janvier 1794).

35. ADML, 81L6, 6 pluviôse an II (25 janvier 1794).
36. Savary, volume III, 27 mars 1794, p. 317.
37. ADML, 1L858/ter, 21 août 1793.
38. ADML, 81L, 14 nivôse an II (3 janvier 1794).
39. ADML, 1L1213, 25 ventôse an II (15 mars 1794), lettre du comité révolutionnaire de Saumur au représentant du peuple Francastel. ADML, 7L39, 12 mars 1794.
40. ADML, 1L1213, 25 ventôse an II (15 mars 1794), lettre du comité révolutionnaire de Saumur au représentant du peuple Francastel.
41. AN, AF/II/270/B, le comité révolutionnaire de Saumur aux représentants du peuple, 19 ventôse an II (9 mars 1794).
42. ADML, 1L858 ter, 23 août 1793.
43. ADML, 1L750/2, 11 nivôse an II (31 janvier 1794).
44. ADML, 81L10, 19 octobre 1793.
45. ADML, 81L, 21 octobre 1793.
46. ADML, 1L1162, 15 frimaire an II (5 décembre 1793).
47. Ces signes « contre-révolutionnaires » sont à charge dans les jugements de la commission militaire qui prononce alors la peine de mort à 33 reprises.
48. Gérard Noiriel, « Surveiller les déplacements ou identifier les personnes ? Contribution à l'histoire du passeport en France de la Ire à la IIIe République », *Genèses*, 1998, p. 78.
49. ADML, 1L1153, 5 ventôse an II (25 décembre 1793).
50. Philippe Evanno, *La Terreur en Maine-et-Loire*, *op. cit.*
51. ADML, 1L1099, 28 pluviôse an II (16 février 1794).
52. Serge Aberdam, dans Danièle Pingué et Jean-Paul Rothiot (dir.), *Les comités de surveillance…*, *op. cit.*, p. 15 et suivantes.
53. ADML, 1L750/5, 20 nivôse an II (9 janvier 1794).
54. ADML, 1L750/5, 20 nivôse an II (9 janvier 1794).
55. ADML, 1L1099, 26 nivôse an II (15 janvier 1794).
56. ADML, 1L1153, dénonciation du comité révolutionnaire de Cholet, « projet de lettre au Comité de salut public », s.d., à l'automne 1793.
57. ADML, 1L1258, 1er jour de la 1re décade du 2e mois de l'an II (22 novembre 1793).
58. ADML, 1L1153, 14 nivôse an II (3 janvier 1794).
59. ADML, 3 juillet 1793.
60. ADML, 1L858 ter, août 1793.

61. Voir notamment Savary, volume III, p. 298.
62. Timothy Tackett, « Dénoncer au début de la Révolution. Le cas de Bordeaux, 1791-1793 », *Annales historiques de la Révolution française*, n° 392, 2, 2018, p. 3-29. Sophie Wahnich, *L'impossible citoyen. L'étranger dans le discours de la Révolution française*, Paris, Albin Michel, 2010.
63. Serge Bianchi, *Marat*, Paris, Belin Histoire, 2017.
64. Annie Crépin, « Les comités de surveillance en Seine-et-Marne », dans Danièle Pingué et Jean-Paul Rothiot (dir.), *Les comités de surveillance…*, *op. cit.*, p. 140 et suivantes.
65. ADML, 1L1227/2, 3 octobre 1793.
66. ADML, 1L858 bis, 13 août 1793.
67. ADML, 1L1153, 26 nivôse an II (15 janvier 1794).
68. ADML, 1L749/1, 3 avril 1794.
69. Voir notamment ADML, 81L1, 4 octobre 1793.
70. ADML, Commission Parein-Félix, 15 floréal an II (4 mai 1794). Condamné à mort.
71. ADML, Commission Parein-Félix, 6 septembre 1793. Gardé en prison.
72. ADML, Commission Parein-Félix, 5 pluviôse an II (24 janvier 1794). Condamné à mort.
73. ADML, Commission Parein-Félix, 8 pluviôse an II (27 janvier 1794). Condamnée à mort.
74. ADML, Commission Parein-Félix, 4 brumaire an II (25 octobre 1793). Condamné à mort.
75. ADML, Commission Parein-Félix, 17 pluviôse an II (5 février 1794). Condamné à mort.
76. ADML, Commission Parein-Félix, 16 floréal an II (5 mai 1794). Libérée.
77. ADML, Commission Parein-Félix, 9 août 1793. Conduit au tribunal révolutionnaire de Paris.
78. ADML, Commission Parein-Félix, 20 brumaire an II (10 novembre 1793). Condamné à mort.
79. ADML, Commission Parein-Félix, 16 floréal an II (5 mai 1794). Condamné à mort.
80. ADML, Commission Parein-Félix, 12 germinal an II (1er avril 1794). Condamnée à mort.

81. ADML, 81L6, 1er pluviôse an II, (19 janvier 1794).
82. ADML, 81L6, 1er pluviôse an II, (19 janvier 1794).
83. ADML, commission militaire Fabrefonds-Sénart, 30 juin 1793.
84. ADML, 1L858 ter, 19 août 1793.
85. ADML, 1L858 ter, 28 août 1793.
86. ADML, 1L749/2, Duodi, 2e décade de nivôse an II (1er janvier 1794).
87. ADML, 1L1162, 18 nivôse an II (7 janvier 1794).
88. ADML, 1L1162, 4 frimaire an II (24 novembre 1793).
89. ADML, 1L1162, 7 frimaire an II (27 novembre 1793).
90. ADML, 1L1162, 5 nivôse an II (25 décembre 1793).
91. ADML, 81L1, 4 octobre 1793.
92. Voir notamment Pierre Devaud, *Le livre de la Gerre (sic)*, Nantes, Forest et Grimaud, 1882, p. 71. Ce paysan des Cerqueux de Maulévrier écrit ses mémoires en 1800. Lui, a quitté 45 fois sa maison pour aller monter la garde ou combattre aux côtés des Vendéens.
93. ADML, 1L749/2, 11 nivôse an II (31 décembre 1794).
94. ADML, 1L1162, 26 frimaire an II (16 décembre 1793).
95. ADML, 1L1086, 27 brumaire an II (17 novembre 1793).
96. ADML, commission militaire Fabrefonds-Sénart, 11 juillet 1793.
97. Gérard Pelletier, *Rome et la Révolution française. La théologie et la politique du Saint-Siège durant la Révolution française (1789-1799)*, Rome, École de Rome, 2004, p. 429.
98. ADML, 81L8, 16 nivôse an II, (5 janvier 1794).
99. Jean Carbonnier, « La Guerre des Géants sous la toise du Droit », Poitiers, *Société des Antiquaires de l'Ouest*, 1er et 2e trimestres 1945, p. 586.
100. Laure Murat, « La folie en guerre », dans Laurence Bertrand Dorléac, *Les désastres de la guerre, 1800-1914*, Paris, Somogy éditions d'art, Musée du Louvre-Lens, 2014, p. 76 et suivantes. Véronique Fau-Vincenti, « Corps en guerre, raison désaxée ? », dans Laurence Guignard, Hervé Guillemain et Stéphane Tison (dir.), *Expériences de la folie. Criminels, soldats, patients en psychiatrie (XIXe-XXe siècles)*, Rennes, PUR, 2013, p. 153.
101. ADML, AL858/ter, 29 août 1793.
102. Leur destin n'en est pas bouleversé pour autant. Que peuvent-ils devenir à Chartres, loin de chez eux, sans soutien, sans famille,

incapables, en pleine guerre civile, de rallier leur région natale ? Les archives ne les mentionnent plus par la suite.

103. ADML, 81L6, 14 pluviôse an II (2 février 1794).

Chapitre VI

1. Robert Badinter (dir.), *Une autre justice*, *op. cit.*, p. 112.
2. Voir notamment ADML, 1L750/1, 19 frimaire an II (9 décembre 1793) au comité de la force armée de Doué et ADML, 1L1070, le général Commaire à la commission militaire d'Angers, le 16 nivôse an II (5 janvier 1794).
3. Daniel Arasse, *La Guillotine ou l'imaginaire de la Terreur*, Paris, Flammarion, 1987.
4. Antoine de Baecque, *La Révolution terrorisée*, *op. cit.*, p. 148. Et Laurent Bihl et Annie Duprat, « La Veuve et ses amants, l'imaginaire de la guillotine aux XIXe et XXe siècles », dans Michel Biard et Hervé Leuwers (dir.), *Visages de la Terreur, l'exception politique de l'an II*, Paris, Armand Colin, 2014, p. 223-228.
5. Voir le récit bien connu du supplice du régicide Damiens en 1757, relaté notamment par Michel Foucault dans *Surveiller et punir*, Paris, Gallimard, « Tel », 1975, premier chapitre.
6. Pierre Serna, *Comme des bêtes…*, *op. cit.*, p. 233-234.
7. ADML, 81L1, 28 août 1793.
8. ADML, 1L946/1, 6 juin 1792. Éric de Mari, *La mise hors de la loi sous la Révolution française…*, *op. cit.*, p. 209.
9. ADML, 1L946/1, 6 juin 1792. Guillaume Débat a soutenu, le 29 juin 2023, une thèse sous la direction de Valérie Sottocasa, à l'Université de Toulouse 2, portant sur *La guillotine révolutionnaire. Peine de mort, justice d'exception et sensibilités pendant la Révolution française (1789-1804)*. Il vient de publier un article : Guillaume Débat, « La guillotine dans le Maine-et-Loire (1792-1795) », *ABPO*, t. 128, n° 2, 2021. Guillaume Debat, « La guillotine révolutionnaire : de l'incarnation de l'humanisme pénal à une machine effroyable ? (1789-1794) », *Annales historiques de la Révolution française*, vol. 402, n° 4, 2020, p. 33-57.

10. Guillaume Débat, « La guillotine dans le Maine-et-Loire (1792-1795) », art. cit., p. 18. Éric de Mari, *La mise hors de la loi sous la Révolution française*..., *op. cit.*, p. 209.
11. Michel Porret, « Les peurs de la Terreur, Entretien avec Bronislaw Baczko », *Sociétés et représentations*, n° 42, 2016, p. 221.
12. ADML, 1L748/3, 10 juillet 1793.
13. ADML, 1L751 bis, 5 nivôse an II (25 janvier 1794).
14. ADML, 81L3, 2 nivôse an II (22 janvier 1794).
15. ADML, 1L1153, 4 frimaire an III (24 novembre 1794). Rappelons qu'à la première utilisation de la guillotine à Paris en 1792, la déception du public fut grande devant un supplice jugé trop rapide.
16. Solange Vernois, « La peur des peurs : les lâchetés sociales dans l'image satirique en France au tournant des XIXe et XXe siècles », dans Frédéric Chauvaud (dir.), *L'ennemie intime, La peur : perceptions, expressions, effets*, Rennes, PUR, 2011, p. 135.
17. Michel Bée, « Le spectacle de l'exécution dans la France d'Ancien Régime », *Annales. Économies, Sociétés, Civilisations*. 38e année, n° 4, 1983, p. 843-862.
18. Anne Carol, *Au pied de l'échafaud*, Paris, Belin, 2017, p. 149.
19. Par exemple, ADML, 1L1070, 27 brumaire an II, Robin membre du comité révolutionnaire d'Angers, et SHD, lettre du citoyen Maussion au représentant Pérard, 27 octobre 1793.
20. Daniel Arasse, *La Guillotine*..., *op. cit.*, plus particulièrement p. 149 et suivantes.
21. Éric de Mari, *La mise hors de la loi sous la Révolution française*..., *op. cit.*, p. 210. ADML, 1L748/3, 26 juillet 1793.
22. Anne Carol, *Au pied de l'échafaud*, *op. cit.*, p. 151.
23. Ou Fillau ou Fillaud. Il était déjà bourreau d'Angers en 1784. E. Laurain, « Le bourreau d'Angers, 1784 », *Anjou Historique*, 1904. Il touchait des revenus nettement inférieurs. À la veille de la Révolution, Fillau se plaint auprès du subdélégué d'Angers de sa mauvaise situation pécuniaire. Quant à Dupuis, il était également déjà en fonction à Saumur à la veille de la Révolution française.
24. ADML, 81L19, ventôse, s.d (mars 1794).
25. Fabrice Mauclair, *La justice de Lumières*, *op. cit.*, p. 108.
26. *Ibid.*, p. 109.
27. ADML, 1L946/1, 9 nivôse an III (29 décembre 1794).

28. ADML, 1L946/1, 19 pluviôse an III (7 février 1795).
29. Michel Porret, « Les peurs de la Terreur… », art. cit., p. 223.
30. ADML, 2F/39, 6 nivôse an II (26 décembre 1793).
31. Richard Cobb, *La mort est dans Paris. Enquête sur le suicide et la mort violente dans le petit peuple parisien au lendemain de la Terreur*, Paris, Anacharsis, « Essais », 2018.
32. Philippe Evanno retient 285 guillotinés. Il n'a pas pris en compte les dates précises de l'installation de la guillotine à Laval notamment. La commission Proust condamne 47 personnes à mort. Mais il lui faut attendre le 8 nivôse an II (le 28 janvier 1794) pour pouvoir appliquer la peine de la guillotine.
33. ADML, 81L1, 29 ventôse an II (19 mars 1794).
34. ADML, 81L 1, 23 juillet 1793.
35. SHD, B5/7, 3 décembre 1793. Lettre d'Alexandre Roger au Comité de salut public.
36. Samuel Marlot, art. cit.
37. ADML, 1L1124, 5 janvier 1794.
38. Voir Michel Foucault, *Surveiller et punir, op. cit.*, p. 70.
39. David El Kenz et Claire Gantet, *Guerres et paix de religion en Europe, XVI*^e^*-XVII*^e^ *siècles*, Paris, Éditions Armand Colin, « Cursus », 2003, 2e éd. 2009, p. 23.
40. Michel Porret, « Les peurs de la Terreur… », art. cit., p. 221.
41. SHD, B5/7, Sans lieu, 29 décembre 1793 : notes de deuxième main sur la guerre de Vendée, dont action de Francastel et discours de Barère.
42. ADML, 2F4/18, 11 frimaire an II (1er décembre 1794).
43. ADML, 1L1086, 9 frimaire an II (29 novembre 1794).
44. ADML, 2L5, les administrateurs du district d'Angers au comité de sûreté générale de la Convention nationale, 4 pluviôse an II.
45. Archives nationales, W22, déclaration de Cordellier, 21 brumaire an III (11 novembre 1794), devant Delaon juge de paix officier de police et de sureté du canton de Faremoutiers, district de Rozoy, Seine-et-Marne.
46. *Ibid.*
47. ADML, 1L302, chevalier adjudant de place contre le général Commaire, 4 brumaire an III (25 octobre 1794).
48. Et donc de dix à vingt fois plus de lecteurs. Les numéros ont été numérisés par les Archives départementales de Maine-et-Loire et

sont consultables en ligne, sur le site. Voir aussi Jérôme Letortu, *Les Affiches d'Angers*, mémoire de maîtrise sous la dir. d'Anne Rolland-Boulestreau, Angers, UCO, 1999.

49. Fin juillet 1794, au moment de la chute de Robespierre, Saint-Just et Couthon notamment.
50. ADML, 1L1302, 1er brumaire an III (22 octobre 1794).
51. Charles Berriat-Saint-Prix, *La justice Révolutionnaire*..., *op. cit.*, Émile Queruau-Lamérie et Philippe Evanno avancent quasiment les mêmes chiffres : 1 158 pour le premier, 1 169 pour le second, 1 059 pour le troisième.
52. ADML, 81L19, comptes de la commission militaire, du 20 pluviôse au 20 floréal an II.
53. Philippe Evanno, *La Terreur en Maine-et-Loire*, *op. cit.*
54. Un exemple, tiré de l'ouvrage du chanoine Uzureau, portant sur le *Champ des Martyrs à Avrillé*. La fusillade du 18 janvier 1794 comporte 46 femmes. À elles s'ajoutent huit autres dont les noms ne figurent pas sur le registre de la commission Parein-Félix. P. 41.
55. Voir la liste donnée par Christophe Tharreau, *Histoire et mémoire du Champ-des-martyrs*..., *op. cit.* qui reprend les travaux du chanoine Uzureau.
56. Émile Queruau-Lamérie, *Les Fusillades d'Angers et des Ponts-de-Cé*, Angers, Germain et Grassin, 1903, p. 29.
57. Jean-François Couet, *Dans les prisons d'Angers sous la Terreur*, *op. cit.*, p. 55.

Conclusion

1. Selon les occurrences de ces mots, voir ADML et SHD. Les termes « détruit » ou « destruction » sont trois fois plus utilisés par les républicains que « punir » et « punition ».
2. SHD, B5/9, 1er avril 1794.
3. Joseph Lequinio, *Guerre de la Vendée et des chouans*, Paris, 1794, p. 221.
4. *Ibid.*, p. 35.
5. Car riche en sources.
6. Christian Ingrao, *Croire et détruire, Les intellectuels dans la machine de guerre SS*, Paris, Fayard, 2011. Jacques Sémelin, *Purifier et*

détruire. Usages politiques des massacres et génocides, Paris, Seuil, « La couleur des idées », 2005.

7. Alain Gérard, *Vendée, les archives de l'extermination*, La Roche-sur-Yon, CVRH, 2013.
8. Michel Biard et Marisa Linton, *Terreur!...*, *op. cit.*, p. 72.
9. Anne Simonin, *Le déshonneur dans la République...*, *op. cit.*, p. 274.
10. Antoine de Baecque, *La Révolution terrorisée*, *op. cit.*, p. 96.
11. Michel Biard (dir.), *La Révolution française...*, *op. cit.*, p. 62.
12. ADML, 1L1086, 14 messidor an II (2 juillet 1794).
13. ADML, 1L1086, 18 thermidor an II (5 août 1794).
14. Corinne Gomez-Le Chevanton, « Le procès Carrier... », art. cit.
15. Anne-Louise Le Cossec, « Francastel... », art. cit.
16. *Le Moniteur*, tome 22, 5 frimaire an III (26 novembre 1795), p. 578, cité par Anne-Louise Le Cossec, « Francastel... », art. cit.
17. Ni Hentz ni Francastel n'occupent de places politiques cependant. Ils n'ont pas non plus connu l'exil sous la Restauration. François Antoine, Michel Biard, Philippe Bourdin, Hervé Leuwers et Simien Côme, *Déportations et exils des Conventionnels*, coll° des études révolutionnaires, n° 19, Société des Études robespierristes, 2018. Anne-Louise Le Cossec, « Francastel... », art. cit. Hervé Leuwers, Michel Biard et Philippe Bourdin (dir.), *Dictionnaire des Conventionnels*, Paris, Centre international d'études du XVIIIe siècle, 2022.
18. Michel Biard, *Missionnaires de la République...*, *op. cit.*, p. 107-108.
19. Voir *Anjou Historique*, 1938, p. 242.
20. Bronislaw Baczko, « Briser la guillotine. Une amnistie thermidorienne », *Crime, Histoire & Sociétés/Crime, History & Societies*, vol. 8, n° 2, 2004, p. 5-31.
21. Simon Gruget, *Mémoires et journal de l'abbé Gruget...*, *op. cit.* François Uzureau, « Le terroriste Gouppil », *Anjou historique*, 1911.
22. Jean Tulard, Jean-François Fayard et Alfred Fierro, *Histoire et dictionnaire de la Révolution française*, Paris, PUF, 1987, p. 909.
23. Pour le rôle du commissaire, nous renvoyons à l'article de Jean-Marie Augustin, « Claude-Marie Bonnefont... », art. cit. Voir également Anne Rolland-Boulestreau, « Une famille vendéenne contre les "Croque Bon Dieu" : les Clemanceau en guerre civile (1791-1840) », actes du colloque « Familles en Révolution », Valence, avril 2022 (actes du colloque à paraître en 2023).

24. Emmanuel de Waresquiel, *C'est la Révolution qui continue! La Restauration, 1814-1830*, Paris, Tallandier, 2015, p. 59.
25. Jean Carbonnier, « La Guerre des Géants… », art. cit., p. 558.
26. Jean-Claude Farcy, *Histoire de la justice française…*, *op. cit.*, p. 380 et Jean-Clément Martin, *La Vendée et la France…*, *op. cit.*, p. 209.
27. Antoine de Baecque, *La Révolution terrorisée*, *op. cit.*, p. 96.
28. Jérémy Foa, *Tous ceux qui tombent…*, *op. cit.*, p. 213. Cite Delbo, *Ces visages que nous n'avons pas reconnus*, Paris, éd. Minuit, 1970.
29. Michel Biard et Marisa Linton, *Terreur!…*, *op. cit.*, p. 167.
30. Alexandrine des Echerolles, *Quelques années de ma vie*, Moulins, Martial Place éditeur, 1843, p. 130.
31. ADML, 6L37, 3 vendémiaire an III (24 septembre 1794).
32. Michel Biard, *Missionnaires de la République…*, *op. cit.*
33. Voir notamment la cote ADML, 1L1217.
34. Marie-Laure Basilien-Gainche, *État de droit et états d'exception, Une conception de l'État*, Paris, PUF, « Fondements de la politique », 2013, p. 256.
35. Jean-Louis Halpérin, « Ambivalences des doctrines pénales modernes », art. cit., p. 10.
36. Loris Chavanette, *Quatre-vingt-quinze…*, *op. cit.*, p. 101. Hervé Leuwers, Virginie Martin et Denis Salas (dir.), *Juger la terreur (1794-1795) : justice transitionnelle et République de l'an III*, Paris, Documentation française, 2021.
37. Anne Rolland-Boulestreau, *Les notables des Mauges*, Rennes, PUR, 2004, et *Guerre et paix…*, *op. cit.* Éric de Mari, *La mise hors de la loi sous la Révolution française*, *op. cit.*, p. 458.
38. Citant le *Moniteur universel*, Amans-Claude Sabatier, *La Justice pendant la Révolution*, Paris, Lecoffre, 1917, p. 376 et 378.
39. Éric de Mari, *La mise hors de la loi sous la Révolution française*, *op. cit.*, p. 502.
40. Anne Rolland-Boulestreau, *Guerre et paix…*, *op. cit.*
41. Frédéric Encel, *Les 100 mots de la guerre*, Paris, Que sais-je ?, 2020.
42. Emmanuel de Waresquiel, *Juger la Reine, 14, 15, 16 octobre 1793*, Paris, Tallandier, 2016, p. 275.
43. Robert Darnton, *L'Affaire des Quatorze. Poésie, police et réseaux de communication à Paris au XVIIIe siècle*, Paris, Gallimard, « nrf essais », 2014, p. 137. Denis Crouzet, quant à lui, reprend cette idée en parlant « d'enquête policière » pour la Saint-Barthélemy. Denis Crouzet, *La Nuit de la Saint-Barthélemy. Chroniques*, Paris, Fayard, 2012, p. 10-11.
44. Paul Ricœur, *La mémoire, l'histoire, l'oubli*, Paris, Seuil, 2003, p. 96.

Index

Remerciements

Me voici au terme d'une recherche qui m'a conduite sur les chemins des colonnes infernales, de la justice en guerre civile et de la sortie du conflit fratricide qui a déchiré l'ouest de la France de 1793 à 1796. Il est temps désormais de clore ces chapitres pour en aborder de nouveaux, plus optimistes et moins guerriers. Merci aux éditions Fayard et tout particulièrement à Pauline Labey et Aurélie Pawlak pour leur relecture et leur confiance.

Je remercie l'Université catholique de l'Ouest de m'avoir soutenue depuis si longtemps, le personnel de la Bibliothèque universitaire UCO, celui des Archives départementales de Maine-et-Loire. Je n'oublie pas mes étudiants qui me suivent, au sens propre comme au sens figuré, sur ma « planète » vendéenne. Nos explorations *in situ*, de Chanzeaux au Pin-en-Mauges, restent un grand moment de recherches et d'échanges. Merci à Éric Morin, directeur du musée d'arts et d'histoire de Cholet, et à toute son équipe, pour l'accueil qu'ils nous réservent à chacune de nos sorties.

Merci aux amis de France et des États-Unis, à Christian Ingrao, à Bruno Cabanes, de me suivre depuis longtemps sur les traces de la Vendée militaire.

Merci à ma fratrie, à mes parents, aujourd'hui disparus, qui ont su me donner le goût de l'histoire. Nos racines familiales plongent aussi dans ce moment tragique, par l'un des nôtres, Nicolas, emprisonné à Angers, interrogé lors du recensement des prisons et fusillé à Avrillé fin janvier 1794.

Je remercie mes enfants Antoine et Marie, patients et compréhensifs devant cette passion de l'histoire qui bouscule parfois nos semaines familiales. Enfin, je remercie mon mari : Benoit, mes livres te doivent tant, grâce à tes relectures précieuses et pertinentes, tes conseils, ta confiance, ta complicité et tes encouragements. Ma recherche ne peut se concevoir sans cette « petite entreprise » à deux. Je te dédie ce livre.

Table des matières

Deuxième partie
Livrer l'ennemi de l'intérieur à la justice d'exception révolutionnaire

Cet ouvrage a été imprimé en France par
CPI Bussière
Z.I. rue Pelletier Doisy
18200 Saint-Amand-Montrond (France)

pour le compte des Éditions Fayard
13 rue du Montparnasse, 75006 Paris
en septembre 2023

Photocomposition Belle Page

PAPIER CERTIFIÉ

fayard s'engage pour l'environnement en réduisant l'empreinte carbone de ses livres. Celle de cet exemplaire est de :
1,1 kg éq. CO_2
Rendez-vous sur www.fayard-durable.fr

Dépôt légal : août 2023
N° d'édition : 89-8407-8/01 - N° d'impression : 2073755